Ausstellungskatalog des Stadtarchivs Nürnberg
Herausgegeben von Michael Diefenbacher

W0369450

Nr. 9

Nürnberg in Ansichtskarten um 1900 – »Lebendige Altstadt«

Fritzchen" – Scherzkarten-Serie, Farbdruck 1904

Helmut Beer

Grüße aus Nürnberg 3
Nürnberg in Ansichtskarten um 1900
»Lebendige Altstadt«

Eine Ausstellung des Stadtarchivs Nürnberg
vom 4. Dezember 1994 bis 30. April 1995

Nürnberg 1994

Zum Zustandekommen dieses Katalogs und der Ausstellung trugen bei:

Kunst- und Kulturstiftung Dr. J. E. Drexel, Nürnberg

Fa. Ludwig Lauterbach, Messebau, Nürnberg

Uwe v. Poblocki, Nürnberg

W. Tümmels Buchdruckerei und Verlag GmbH, Nürnberg

Den Ankauf der Ansichtkartensammlung Wilhelm Quast
verdankt das Stadtarchiv Nürnberg der
Kulturstiftung der Stadtsparkasse Nürnberg

Leihgeber:
Historische Museen der Stadt Nürnberg
Rainer Gantikow, Nürnberg
Heinz Glaser, Nürnberg
Uwe v. Poblocki, Nürnberg
Maximilian Rosner, Nürnberg

1. Auflage Dezember 1994
© 1994 by W. Tümmels Buchdruckerei und Verlag GmbH, Nürnberg
Ausstellung und Katalog: Helmut Beer, Wiebke Böschemeyer, Heinz Glaser, Ulrike Kettner, Tanja Thaler
Idee und Gestaltung: Helmut Beer, Heinz Glaser
Umschlag und Layout: Heinz Glaser (Stadtgraphik Nürnberg)
Verlag und Gesamtherstellung: W. Tümmels Buchdruckerei und Verlag GmbH, Burgstraße 1–3, 90403 Nürnberg,
Telefon (09 11) 23 56-0, Telefax (09 11) 23 56-50
ISBN 3-925002-79-0

Inhaltsverzeichnis

Zum Geleit

Unter dem Titel „Lebendige Altstadt“ präsentiert das Stadtarchiv Nürnberg den dritten Teil seiner Ausstellungsreihe „Grüße aus Nürnberg. Nürnberg in Ansichtskarten um 1900“. Gerade in dieser Folge wird der Obertitel „Grüße aus Nürnberg – Die Stadt in Ansichtskarten um 1900“ besonders anschaulich. Präsentiert uns doch diese Ausstellung ein Bild unserer Stadt, wie wir es heute nicht mehr sehen.

Die bekannten und weniger bekannten Sehenswürdigkeiten und Attraktivitäten, die historischen Gebäude, Straßen und Plätze der Stadt um 1900 verdeutlichen den Reiz, der von Nürnberg ausgegangen ist, sie zeigen aber auch – vor allem auf der Lorenzer Stadtseite – eine neue, pulsierende Geschäfts- und Großstadt um die Jahrhundertwende.

Wie sehr diese Stadt und ihr Bild dann in den 30er Jahren von den Nationalsozialisten in den Dienst ihrer Ideologie gestellt wurde, ist in der Auswahl nationalsozialistischer Ansichtskarten nachzuvollziehen. Der direkte Weg von der NS-Diktatur in die Zerstörung der „deutschesten aller deutschen Städte“ im Zweiten Weltkrieg schlägt sich ebenfalls in der Produktionspalette der Postkartenverlage nieder. So fanden anscheinend auch Grüße aus der Ruinenstadt ihre Abnehmer.

Ich möchte dem Stadtarchiv Nürnberg und allen Beteiligten dafür danken, daß sie mit großem Einsatz im Vorfeld des kommenden Gedenkjahres 1995 nochmals ein Bild unserer unzerstörten Stadt entstehen ließen und mit der Inanspruchnahme Nürnbergs durch die Nationalsozialisten sowie der Zerstörung des alten Nürnberg an die Schreckensnacht des 2. Januar 1945 erinnern. Ich wünsche der dritten Ansichtskartenausstellung des Stadtarchivs „Lebendige Altstadt“ die besten Erfolge.

Dr. Schönlein
Oberbürgermeister der Stadt Nürnberg

Zur Ausstellung

In zwei Folgen präsentierte das Stadtarchiv Nürnberg 1993 und 1994 seine Ausstellungsreihe „Grüße aus Nürnberg. Nürnberg in Ansichtskarten um 1900". Während diese die Industrialisierung und Stadtentwicklung vor allem im Süden der Stadt und die Funktionen von Zeitgeschichte und Zeiterleben, von Festen, Feiern und Freizeitzielen im Tages- und Jahreslauf der Nürnbergerinnen und Nürnberger zum Inhalt hatten, wendet sich die dritte Ausstellung der Altstadt, ihrem Bild, ihrer Vermarktung, ihrem ideologischen Mißbrauch und schließlich ihrer Zerstörung zu.

Zeigten also die ersten Ausstellungen das „moderne", im Laufe des 19. Jahrhunderts entstandene Nürnberg, die Arbeiterquartiere und Fabriken, aber auch die steingewordenen kulturellen und sozialen Errungenschaften und die geschichtliche Entwicklung der Stadt um 1900, so stellt die jetzige die historische Altstadt in diesen Kontext und folgt dem Umgang mit dem „Mythos Nürnberg", seiner Kommerzialisierung und Pervertierung.

Das anhand der Ansichtskarten zu gewinnende Bild der Altstadt um 1900 ist aber keineswegs einheitlich. Während die Sebalder Stadtseite Grundlage für die historisierende und romantisierende Sicht Nürnbergs als des „Reiches Schatzkästlein" wurde, zeigen sich ganze Straßenzüge der Lorenzer Stadtseite im Gewand des ausgehenden 19. und frühen 20. Jahrhunderts. Hier bieten die Ansichtskarten ein Bild der pulsierenden Großstadt und zeigen die Lebens-, Arbeits-, Wohn- und Geschäftswelt in der Nürnberger „City". Diese Doppelsicht von modernem Fortschritt einerseits und historisierender Gemütlichkeit andererseits wird konfrontiert mit der brutalen Inanspruchnahme des Stadtbildes durch die NS-Diktatur und mit dem Trauerbild der zerstörten Stadt.

Hiermit greift das Stadtarchiv Nürnberg das Gedenkjahr 1995 auf und präsentiert zum 50. Jahrestag der Schreckensnacht des 2. Januar 1945 das Schicksal der Altstadt in unserem Jahrhundert bis zu ihrer Zerstörung. Ergänzt wird die Ansichtskartenschau durch das 1939 gefertigte Stadtmodell aus dem Stadtmuseum Fembohaus und Filmreproduktionen der zerstörten Altstadt.

Wie zu den beiden vorausgegangenen Folgen hat Dr. Helmut Beer, Stadthistoriker und Abteilungsleiter für archivische Sammlungen, die Ausstellung und den begleitenden Ausstellungskatalog konzipiert und erarbeitet. Ihm sei ebenso herzlich Dank gesagt wie allen Kolleginnen und Kollegen, die ihn hilfreich unterstützten. In den Dank mit eingebunden sind alle Sponsoren, ohne deren Zutun die Ausstellung nicht hätte verwirklicht werden können.

Das Stadtarchiv Nürnberg hofft, daß auch die dritte Folge seiner Ausstellungsreihe „Grüße aus Nürnberg. Nürnberg in Ansichtskarten um 1900" die große Resonanz hervorrufen wird wie die beiden vorausgegangenen Ausstellungen.

Dr. Michael Diefenbacher
Leiter des Stadtarchivs Nürnberg

Das Stadtmodell, fertiggestellt im Jahre 1939.
Ansicht von Süden (Leihgabe der Historischen Museen der Stadt Nürnberg).

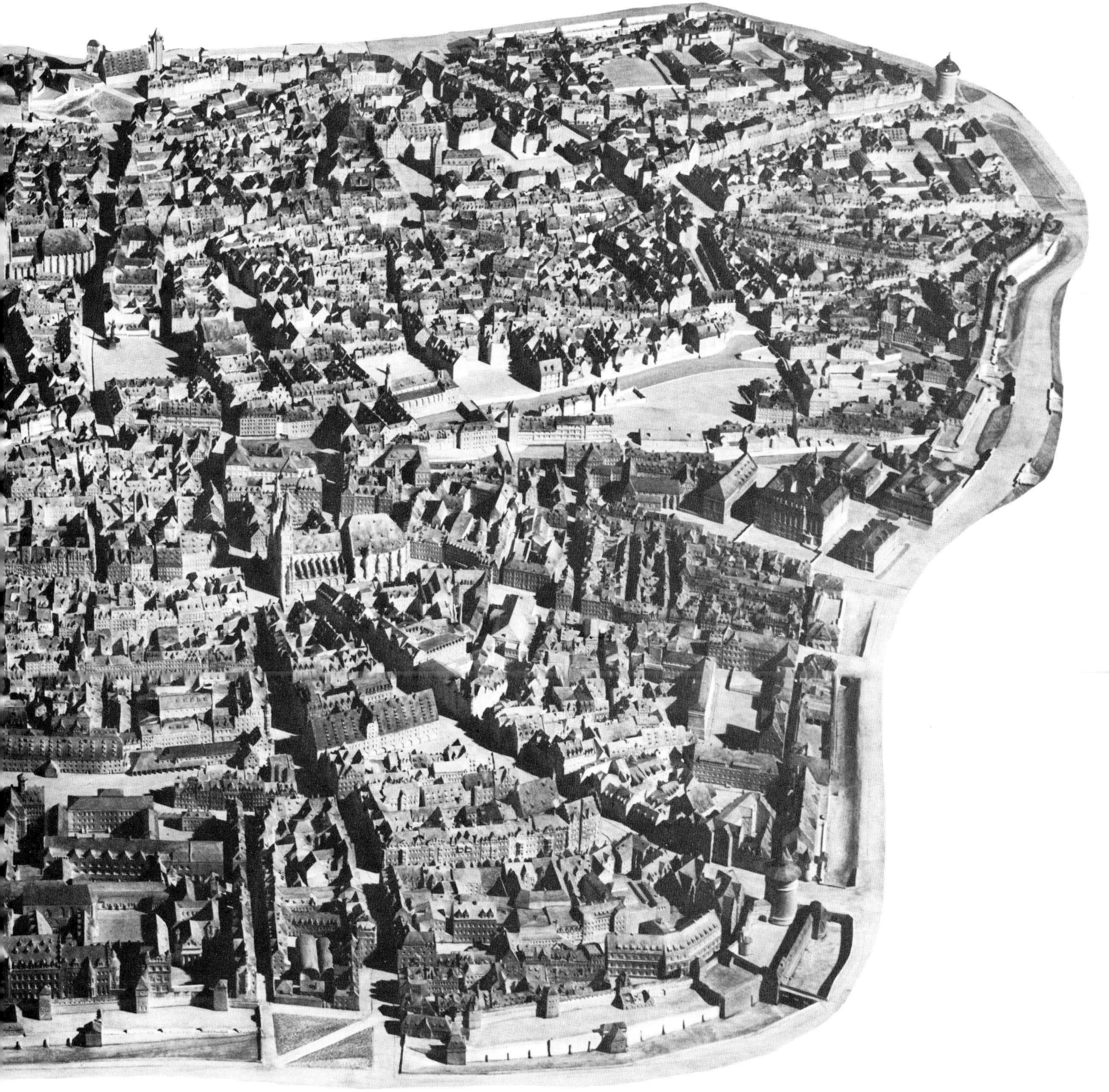

Helmut Beer

Die Nürnberger Altstadt der Jahrhundertwende auf Ansichtskarten

Einführung

Mit einer größeren Auswahl an Ansichtskarten zur Nürnberger Altstadt um die Jahrhundertwende zeigt das Stadtarchiv nun die dritte und vorläufig letzte Ausstellung[1] seiner Serie „Grüße aus Nürnberg – Nürnberg um 1900 in Ansichtskarten". Diese Folge trägt den Titel „Lebendige Altstadt", die sowohl die Funktion der von der Stadtmauer eingegrenzten Innenstadt zu Beginn unseres Jahrhunderts als auch die Themen- und Motivvielfalt der damals erschienenen Bildpostkarten andeuten soll, die die historische Stadt keineswegs nur als das mit einzigartigen Sehenswürdigkeiten erhaltene Schatzkästlein vorstellen. Das natürlich auch, aber in ähnlichem Umfang werden die moderne Großstadt der Jahrhundertwende und ihr bauliches Gesicht aufgegriffen und wird auch das Doppelgesicht der Altstadt in den damaligen Jahrzehnten sichtbar.

Mit rund 1200 Karten und dem Katalog, der etwa ein Drittel davon in Originalgröße gedruckt wiedergibt, ist die Ausstellung zumindest von der Zahl der ausgewählten Ansichten wahrscheinlich der größte Versuch der Nachkriegszeit, ein Bild der Innenstadt vor ihrer Zerstörung im Jahr 1945 zusammenzusetzen, so unvollständig und auf das Medium beschränkt ein solches Unterfangen auch bleiben muß. Durch das in der Pellerhalle zur Orientierung aufgestellte Stadtmodell aus dem Jahr 1939 wurde eine zusätzliche „plastische" Ergänzung des zweidimensionalen Bildmaterials angestrebt.

In den Ausstellungszeitraum fällt mit dem 2. Januar 1995 auch der Tag der Erinnerung, daß diese Altstadt vor genau 50 Jahren mit ihrem bis dahin gewachsenen historischen Bestand und Gesicht unwiederbringlich zerstört und verbrannt wurde. Dieser wohl schrecklichste Tag in der bis dahin fast 900jährigen Geschichte der Stadt ist Anlaß zu Trauer und Nachdenken für die Nürnberger, die diese Feuernacht selbst mitgemacht haben, aber auch für die jüngeren oder hinzugezogenen Einwohner, die die alte Stadt selbst nicht mehr gesehen und erlebt haben. Denn wer sich nur ein wenig mit den Bildern und Ansichten der untergegangenen historischen Stadt beschäftigt, bekommt schnell eine Ahnung und Vorstellung davon, was da verloren gegangen ist – ganz ohne falsche nostalgische Sehnsucht nach dem schönen alten Nürnberg. Eher im Gegenteil, es kann sich wie bei der Vorbereitung dieser Ausstellung der Zorn darüber verstärken, wie diese alte Stadt, die bis dahin von mehr als 40 Generationen bewohnt und aufgebaut worden war, in so kurzer Zeit als Kulisse mißbraucht, zum historischen Zerrbild herabgewürdigt und der Vernichtung überantwortet wurde.

Das ist ein Grund, warum das Stadtarchiv die Stadtansichten der Jahrhundertwende auch um eine Anzahl von Ansichts- und Propagandakarten aus dem nationalsozialistischen Zeitraum erweitert hat. Auch für diesen kurzen, aber in seiner menschen- und kulturvernichtenden Intensität einmaligen Abschnitt in der deutschen und europäischen Geschichte spiegeln die Propagandakarten zu den Reichsparteitagen ein Stück der Stadtgeschichte. Dabei war es keineswegs Absicht, die Kartenproduktion zu diesem Thema vollständig zu zeigen, und in der Ausstellung findet sich nur ein Teil des Archivbestandes. Aber der oben gebrauchte Ausdruck „Zerrbild“ wird schnell verständlich angesichts des über die Stadt und ihre bekannten Ansichten in greller Farbigkeit gewalzten Anspruchs, als sei die Stadt und die darin in Jahrhunderten gewachsene und bewahrte Kultur der Nazi-Bewegung zugewachsen. Als kompakte visuelle Botschaften, bewußt eingesetzt als Teil der charismatischen Inszenierungen, die Nürnberg bis 1938 erlebte, zeigen die Karten mit unverstellter Deutlichkeit die Indienstnahme und Interpretation der alten Stadt als Symbol für nationalistische und auf Endzeit angelegte Wahnideen.

Das Ende und eine ebenso deutliche Antwort, als Kontrast von Schwarz-Weiß-Rot dann allein in Schwarz-Weiß, findet sich im dritten Ausstellungsteil: Als notwendige Ergänzung zeigen Ansichtskarten nach 1945 die Ruinen und die Steppe, zu der die so berühmte Stadt verbrannt worden war. Auch davon wurden sehr schnell wieder Ansichtskarten gefertigt, auch von Fotografen, die in den Jahrzehnten davor mit Propagandakarten der Nazis ihr Geld gemacht hatten. Die Ansichten der geschändeten Stadt boten eine neue Gelegenheit der Vermarktung. Aber das gehört wohl in gewisser Weise zum Medium Ansichtskarte, erklärt aber nicht alles.

Die angeführte Erweiterung des Zeitraums auch auf Karten des 3. Reiches und der unmittelbaren Nachkriegsjahre hat allerdings weniger ausstellungsdidaktische Gründe, sondern ergibt sich aus der Bewertung des Trivialmediums Ansichtskarte als aussagekräftiger stadthistorischer Bildquelle zum Thema Nürnberger Altstadt. Die Ausstellung fordert natürlich zu einem Vergleich mit heutigen Ansichten der Innenstadt heraus, die ja im wesentlichen als Nachkriegsaufbaustadt zu bewerten ist, und eben auch zur Erinnerung, in die aber die Zerstörung eingeschlossen ist. Bilder zur Erinnerung besitzen zu können, das war und ist ja eine der ursprünglichsten Funktionen von Ansichtskarten seit ihrer Erfindung.

Ansichtskarten als Bildmedium und Zeitspiegel

Die Ausstellung „Lebendige Altstadt“ folgt ihren beiden Vorgängerinnen in dem Ziel, historische Ansichtskarten der Jahrhundertwende als Zeitdokument und stadtgeschichtliche visuelle Quelle zu verwenden. Die Karten vermitteln nicht nur einen Eindruck vom Aussehen der damaligen Stadt, ihrer Straßen und Gebäude, von Verkehr und Aspekten ihres Lebens, teilweise in anders nicht mehr erhaltenen Bildern und fotografischen Aufnahmen. Mit ihrer Hilfe lassen sich, zumindest in Ansätzen, auch bestimmte Vorstellungen und Wünsche der damaligen Stadtbewohner erschließen, insbesondere welche Ansichten und Entwicklungen ihres Wohnortes sie besonders schätzten, welches Bild von Nürnberg sie sich selbst machten oder bevorzugten und wie sie wollten, daß andere diese Stadt sehen sollten.

Diese Außensicht aus touristischer, kunsthistorischer oder historisch-politischer Warte, die natürlich vielfältig mit der Innensicht verknüpft ist, spielt bei dem riesigen Angebot von Ansichtskarten der so berühmten Altstadt Nürnbergs, die um 1900 als Inbegriff der „alten deutschen Stadt“ schlechthin galt, natürlich eine deutlich größere Rolle als in den vorangegangenen Ausstellungen. Deren Themenstellungen mit Karten von den großen Veränderungen vor der Stadtbefestigung mit den neuen Großbauten am Ring und dem Wachstum der südlichen Vorstädte bzw. den Kartenproduktionen zu den großen und kleinen Ereignissen, Festen und Veranstaltungen suchten zwar zentrale, die neue Großstadt Nürnberg betreffende Entwicklungen zu dokumentieren, die für die Stadt und ihre Bewohner von eminenter Bedeutung waren, die aber weit weniger das überregionale besondere Interesse berührten[2]. Ausnahme davon sind sicher die Karten zu den großen Veranstaltungen der Schützen, Turner und Sänger in der Stadt, die ja als bedeutende nationalistische Manifestationen sehr bewußt die Altstadt und die damit verknüpften altdeutschen und vaterländischen Idealisierungen benutzten. Die in den beiden früheren Ausstellungen gezeigten Karten spiegelten aber insgesamt weit überwiegend die Innensicht der Nürnberger selbst und sind in vielem ähnlich den Karten anderer Groß- und Industriestädte jener Zeit.

Funktion und Bedeutung der Ansichtskarte als einem der ersten und in den eineinhalb Jahrzehnten nach 1900 wohl wichtigsten und beliebtesten visuellen Massenmedium wurde in den vorangegangenen Ausstellungen und Katalogen hinreichend belegt. Begründet wurde ebenso, wie sie als Bildträger für diesen Zeitraum als stadtgeschichtliche Quelle interpretiert und verwertet werden können[3]. Einige Aspekte davon seien im Blick auf das Thema „Lebendige Altstadt um 1900" noch einmal hervorgehoben:

Im Unterschied etwa zu den zur gleichen Zeit käuflichen Abzügen von Berufsfotografen oder der sich damals ebenfalls in begüterteren Kreisen ausbreitenden Amateurfotografie sind Ansichtskarten in der Regel ein industrielles Produkt und werden in möglichst hoher Auflage für den Verkauf, für einen Markt gefertigt. Ihre Motive, was sie zeigen und wie sie es zeigen, unterlagen damit von vorneherein einem starken Auswahlverfahren durch den Hersteller, meist einem Ansichtskartenverlag oder anderen Auftraggebern wie Firmen, Gasthäusern oder Hotels, aber auch Trägern von Veranstaltungen und politischen Gruppen usw. Schon die fotografische Aufnahme zeigt nur einen bestimmten Ausschnitt aus der Wirklichkeit, Kriterium bei der Produktion von Ansichtskarten ist vor allem der erfolgreiche Verkauf oder die Plazierung einer Botschaft, was häufig auch zusammenfällt. Das heißt, die Auswahl, was als Ansichtskarte und wie es erscheinen sollte, orientierte sich stark am Geschmack, am Interesse und den Vorlieben des Käufers.

Der Käufer erwirbt eine Ansichtskarte, um anderen etwas zu zeigen oder mitzuteilen oder aber zur eigenen Erinnerung. Das setzt nicht nur ein bestimmtes Interesse des Erwerbers für das Bild auf der Karte voraus, sei es nun Örtlichkeiten, Personen oder ein Ereignis, sondern auch seine Identifikation und Übereinstimmung mit dem Bild. Wer kauft und verschickt schon gerne mit seinem Gruß versehene Karten, deren Bildaussage ihm nicht einigermaßen stimmig und mitteilenswert erscheint oder die es wert wären, aufbewahrt der persönlichen Erinnerung zu dienen? Wer das romantische Alt-Nürnberg sucht und zeigen will, daß er es gefunden hat, wird sich der Bilder bedienen, die ihm diese Sicht liefern. Er wird eher mit einer graphisch gestalteten Karte nach Lorenz Ritter oder dem Weinstadel zufrieden sein und wohl weniger zu Ansichtskarten greifen, die die Königstraße voll mit Straßenbahnen zeigen.

Ansichtskarten als Massen- und Marktartikel, die möglichst oft verkauft oder viel verbreitet werden sollen, bedienen sich also in der Regel der beim Karteninteressenten und potentiellen Käufer bereits vorhandenen Wunschvorstellungen und Erwartungen, greifen sie auf und liefern ein adäquates Bild dazu. Gedruckt und vervielfältigt wird, was sich gut verkaufen läßt. Gekauft und verschickt oder zur persönlichen Erinnerung aufbewahrt werden die Bilder, die den eigenen Erwartungen, den Mitteilungs- und Erinnerungswünschen in der Sehweise des Käufers entsprechen oder nahekommen.

Auch in Reklame- und Werbekarten zielt der Hersteller auf die Wunschvorstellungen des Käufers und liefert die dazu passenden Bilder. Ansichtskarten für den touristischen Markt sind durchaus unter diesen Gesichtspunkten zu sehen. Jedenfalls profitieren die Produzenten von Ansichtskarten durch zunehmenden Kartenverkauf bei steigenden Tourismuszahlen, bestätigen und prägen die Sichtweise der ange-

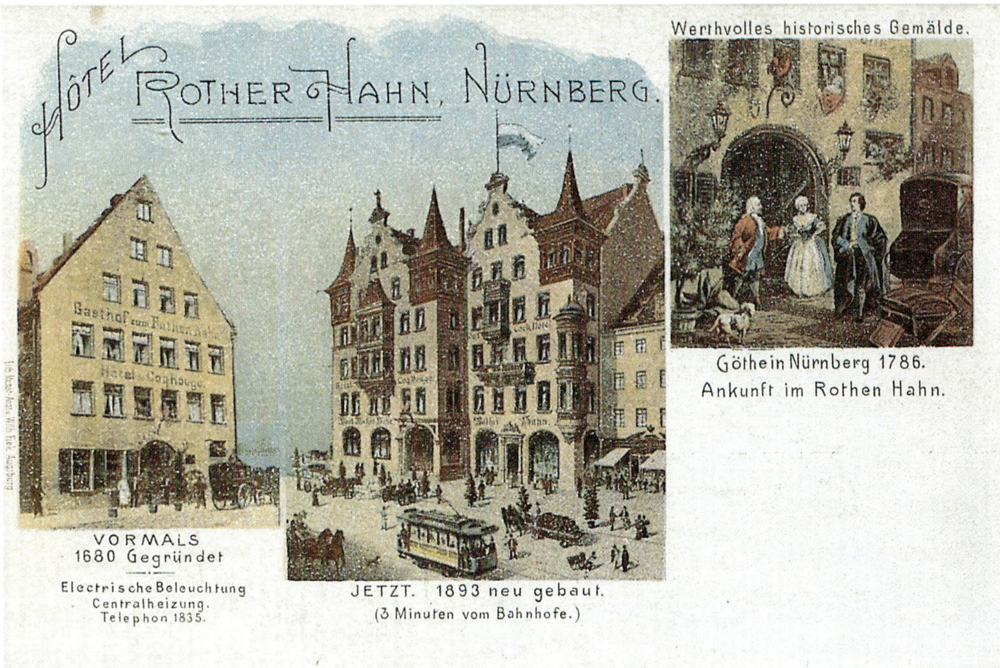

Abb. 1: Alt-Nürnberger Tradition, neuzeitlicher Fortschritt und Goethe – gab es bessere Reklamemittel, um auf den neuzeitlichen Komfort und den großstädtischen Charakter eines expandierenden Hotels aufmerksam zu machen. Der „Rothe Hahn", „vormals" 1680 gegründet, setzt in den drei Bildchen das alles ein: Links der alte Gasthof in der Königstraße mit Postkutsche, in der Mitte das „jetzt neu gebaute" Etablissement mit der wohl noch projektierten neuen „Elektrischen" und stark angeschwollenem Verkehr in der neuen Nürnberger Hauptstraße, mit „electrischer Beleuchtung und Centralheizung". Dazu noch der junge Dichterfürst im „Rothen Hahn", inzwischen nur 3 Minuten für schnelle Leute vom Bahnhof erreichbar. Farbdruck um 1895.

reisten Besucher und tragen schon für künftige Besucher ihr Bild als „das Bild" von der Stadt oder Sehenswürdigkeit in die Welt. Und tatsächlich trugen in der gegenüber heute noch viel bilderärmeren Zeit der Jahrhundertwende die billigen Ansichtskarten „die Welt ins Haus", eine Illusion, die die Kartenbegeisterung dieser Zeit nährte.

Die reichlich vorhandenen Karten von Hotels, Gasthäusern und besonders von typischen Traditionslokalen der Nürnberger Altstadt zeigen in dem, was sie zeigen und präsentieren, die Anpassung an den Geschmack der erwünschten Besucher recht gut. Ein schönes Beispiel gibt eine Karte des alten Gasthofs und 1894–1896 zum modernen Hotel umgebauten „Rother Hahn" in der Königstraße (s. Abb. 1), der sich in späteren Karten eher auf die Präsentation seines Neubaus in zentraler Citylage beschränkte. Auf der Karte aus dem Jahr 1895 sind sämtliche Vorzüge visualisiert, die einen bürgerlichen Gast dieser Zeit anlocken konnten: Das alte Gasthaus aus dem 17. Jahrhundert, den noch projektierten oder gerade im Bau befindlichen Neubau mit der repräsentativen Doppelfassade und Johann Wolfgang von Goethe, der schon die Vorzüge dieses Gasthauses erkannt hatte. Einbindung in die Alt-Nürnberger Tradition, modernen Komfort mit Elektrizität und Straßenbahn vorm Haus und der Hauch der deutschen Klassiker – und das nur drei Minuten vom Bahnhof. Was will man mehr, vermutlich wäre auch ich damals im „Rothen Hahn" abgestiegen.

Die in der Nähe der großen Nürnberger Sehenswürdigkeiten gelegenen Betriebe und Wirtschaften warben aber auch mit diesem Vorzug und begaben sich in deren Aura, wenn sie nicht schon selbst zur Sehenswürdigkeit oder gar zu einem Stadtsymbol aufgestiegen waren wie das „Bratwurst-Glöcklein", als dem berühmtesten Beispiel.

Abb. 2: Auch auf dieser schönen Chromolithokarte aus dem Jahr 1904 ist das, was die meisten Nürnberg-Besucher erwarten (und per Ansichtskarte auch wieder weiterverbreiteten) schön zusammengefügt: Albrecht Dürer, Hans Sachs, Bratwurstglöcklein. Heute hat der Christkindlesmarkt, damals als Touristenattraktion völlig unbekannt, eine ähnliche imagebildende Funktion übernommen.

Die Vielzahl der in immer neuen Variationen gedruckten Karten von der kleinen Bratwurstküche steht in umgekehrtem Verhältnis zu ihrer Größe, und eine vermutlich erheblich geringere Zahl derjenigen, die von ihrem Nürnberg-Besuch und der in dieser Stadt offenbar vorherrschenden altfränkischen Gemütlichkeit mit einer Ansichtskarte vom Bratwurst-Glöcklein Zeugnis ablegten, dürften hier auch tatsächlich gesessen und gespeist haben.[4] Nürnberger verkehrten hier in der Regel nur wenig, das Gasthäuschen in seiner schönen Lage direkt bei St. Sebald, angebaut an die alte Moritzkapelle, war den Fremden vorbehalten. Deswegen waren die Nürnberger nicht minder Stolz auf die immer neu hervorgehobene Stätte besonders typischer Altstadt-Tradition. Die kleine Wurstbraterei, die Außenansicht war dabei wichtiger als die Innenansicht und ist viel häufiger verbreitet, wurde gewissermaßen zu einem Synonym für die Alt-Nürnberger Gemütlichkeit, und ist es bis heute geblieben, auch wenn das Häuschen mit der Moritzkapelle vor 50 Jahren in Trümmer sank und beides nicht mehr errichtet wurde. In der Andenkengraphik des 19. Jahrhunderts nehmen Ansichten des Gasthauses schon einen bedeutenden Platz ein, gleich neben Burg und Dürerhaus, und es gibt wohl kaum eine Nürnberger Ansichtskartenserie von der Altstadt, in der das „Glöcklein" fehlen würde.

In vielerlei Variationen, mit und ohne Bratwürste, sind die Karten verbreitet worden. Beliebt, und damit wurde die Verbindung zu Nürnbergs stolzer Vergangenheit und nationaler Größe ganz unmittelbar geknüpft, war die Aufwertung der Bratwurstküche durch ein Konterfei von Albrecht Dürer oder Hans Sachs als fiktiven Stammgästen. Aber es gibt auch Karten, die den „Bratwurst- und Glöcklein-Mythos" durchaus augenzwinkernd von der lustigen Seite her nehmen (s. Abb. 2 und 3). Die Funktion der Ansichtskartenflut speziell vom „Brat-

Abb. 3: Eine Karte aus dem Bratwurstglöcklein, bei der die kleine Wurstküche in ihr Produkt eingepaßt wurde. An die 1313 auf dem Sebalder Friedhof errichtete Moritzkapelle angebaut, entstand das Gasthaus vermutlich schon im 14. Jahrhundert. 1344 wurden die „Köche am Friedhof“ erwähnt. Schon wegen seiner geringen Größe wurde das Glöcklein weniger von Nürnbergern, sondern vor allem von Touristen besucht. Nicht zuletzt durch die Ansichtskartenflut in alle Welt wurde das „Blaue Glöcklein“ zum Inbegriff der Nürnberger Bratwurstgemütlichkeit. Lithographie 1899.

wurst-Glöcklein“ zur Entwicklung und Potenzierung des heutzutage bisweilen bitter beklagten „Bratwurst-Images“ der Stadt, ist nicht gering anzusetzen. Für München mögen die Karten vom Hofbräuhaus eine ähnliche Rolle zur Verbreitung eines Bierdunst-Images gespielt haben, das sich aber neben anderen, weltläufigeren Vorzügen der Stadt nicht so ausprägen wollte und später in das Herz der „Weltstadt mit Herz“ eingebaut wurde. Sollte das Leiden am Bratwurst-Geruch damit zusammenhängen, daß die früher damit signalisierte herzliche Gemütlichkeit verlorenging und nur Bratwürste und Biederkeit geblieben sind?

Die Ansichtskarten vom „Bratwurst-Glöcklein“ und den darauf in vielen Variationen reproduzierten Würsten sind auch ein gutes Beispiel für den modern abwertenden Begriff vom „Postkartenklischee“, der ja sozusagen „medienkritisch“ die Reduzierung der Wirklichkeit auf ein einziges, häufig noch stark verengtes und schiefes oder auch kitschiges Bild der Wirklichkeit ausdrückt und die Rückkoppelung an den Publikumsgeschmack mit beinhaltet. Jedenfalls entsprachen die Karten vom „Glöcklein“ in ihrer Botschaft von Alt-Nürnberger Gemütlichkeit und Tradition, die bis in die moderne Zeit fortbesteht, wohl in besonderem Maße den Erwartungen und Bildern, die man sich außerhalb von der Stadt machte und auch machen sollte. Diese erfüllte Erwartung wurde durch den Versand einer Bratwurstküchenkarte bestätigt, was dann weitere Erwartungen und auch die Produktion neuer Karten in Gang setzte – ein Verfahren, das, nur als Anmerkung zum „Postkartenklischee“, auch in unseren viel moderneren Medien nicht anders funktioniert, man denke nur an die Relationen von Fernsehprogramm-Gestaltung und Einschaltquoten.

Bei der Betrachtung des Aussagewerts zur Interpretation des Mediums Ansichtskarte sind natürlich der Wandel in Funktion und Benutzung schon in den ersten Jahrzehnten zu berücksichtigen: Mit kleinen Bildillustrationen auf den 1870 neu eingeführten Correspondenz-Karten stehen die frühen Ansichtskarten etwa bis 1890/95 weitgehend in der Tradition der bekannten Andenkengraphik des 19. Jahrhunderts und verbreiten, teilweise von bereits früher benutzten Druckvorlagen, die bevorzugten Stadtansichten und Sehenswürdigkeiten. Schöne Beispiele bilden die frühen Lithokarten der graphischen Anstalt von Amersdorffer (s. Abb. 141, 147, 209). Die Karten dienen der Fremdenwerbung und -erinnerung ähnlich den in der Frühzeit ebenfalls gut vertretenen Motiven aus dem Gaststätten- und Hotelgewerbe. Auch aus einer anderen Entwicklungslinie, den zur Jahrhundertmitte beliebten Gebäude- und Stadtansichten auf Briefköpfen, Rechnungsunterlagen und Werbekarten aus der Firmenkorrespondenz gelangen Bilder auf die frühen Ansichtskarten.

Die Entwicklung des touristischen Massenprodukts Ansichtskarte aus der Andenkengraphik folgt dem steigenden Tourismus gegen Ende des letzten Jahrhunderts und der wachsenden wirtschaftlichen Bedeutung des Fremdenverkehrs und seiner Kommerzialisierung. Der seit der ersten Hälfte des 19. Jahrhunderts sich vervielfachenden Zahl von Reise- und Fremdenführern entsprach sozusagen als Gegenstück die wachsende Vielfalt und Zahl der Reiseandenken. Der Tourist erfuhr aus den Führern nicht nur, was „besonders sehenswert“ und typisch ist, sondern durchaus auch, wie es zu sehen ist. Am besuchten Ort bestätigt die angebotene Bildauswahl, auch hier natürlich stark begrenzt und konzentriert auf die „besonders sehenswerten“ Motive, die getroffene Vorauswahl. Mit den käuflichen Bildern läßt sich dann gegenüber anderen oder der eigenen Erinnerung bezeugen, dagewesen zu sein und auch tatsächlich das Richtige gesehen zu haben. Die Motive und Ansichten auf den touristischen Leporellos oder den mit aufgedruckten Abbildungen versehenen Briefbögen werden auf die sie später verdrängenden touristischen Ansichtskarten übernommen, mit dem Unterschied, daß Karten ohne die Last des Briefeschreibens schnell versendbar, wesentlich billiger und mit den neu einsetzenden Möglichkeiten, Fotografien drucktechnisch zu reproduzieren, auch der vorgefundenen „Wirklichkeit“ entsprechender waren. An dieser sich im 19. Jahrhundert entwickelnden „Normierung der touristischen Sicht“[5] hat sich bis heute nichts geändert mit dem Unterschied, daß der moderne Tourist selber zum Fotoapparat oder noch besser zur Videokamera greift, um seine Reiseziele mit oder ohne seine Lieben einzufangen. Wer nicht gerade zu „alternativen Reiseführern“ greift, die ihm, weil marktgängig, die alternativ normierte Sicht und Auswahl seiner Ziele bieten, findet in der Regel die gleichen Sehenswürdigkeiten wie der Tourist um 1900, und die Motive der Ansichtskarten sind dieselben. Lediglich die Auswahl ist geringer geworden. Wesentlich für die Funktionserweiterung der Ansichtskarte über die touristische Andenkenfunktion hinaus aber werden ihre unaufhaltsame Verwandlung vom Korrespondenzmittel zum Bildträger für fotografische Aufnahmen.

Die Abbildungen auf dem ursprünglichen Textmedium Postkarte wachsen sich sehr rasch bis in die Mitte der 1890er Jahre von kleinen, eher verschämten Bildbeigaben zu formatfüllenden Bildern aus und werden zum eigentlichen Kartenzweck, der nur noch um die obligatorischen Grüße ergänzt zu werden braucht: Das Textmedium wird zum Bildmedium. Die Post trägt dem erst 1905 Rechnung, indem sie die bis dahin freizuhaltende Adreßseite teilt und eine Hälfte für Mitteilungen öffnet, das Bild hat die andere Kartenseite vollständig besetzt. Längst sind die Ansichtskarten (nach 1895) zum am meisten verbreiteten und schnellsten Bildträger der Zeit geworden.

Abb. 4: Etwa um 1895 beginnt die Blütezeit der Ansichtspostkarten. Etwa zum gleichen Zeitpunkt kommen die schönen chromolithographischen „Gruß aus ...“- oder Potpourrikarten auf den Markt. Das Erscheinen der bunten Kleingraphiken vergrößerte die Postkartenbegeisterung noch mehr. Durch hübsche Zierformen verknüpft, wurden mehrere als besonders typisch oder sehenswert empfundene Ansichten des Ortes ausgewählt, ein wechselnder Spiegel der touristischen „Highlights“. Diese Karte, gelaufen im Jahr 1900, zeigt mit Stadtparkrestaurant und Hans-Sachs-Denkmal auch zwei „moderne“ Attraktionen.

Abb. 5: Hauptansicht dieser Potpourrikarte von vor 1893 ist der Hauptmarkt, abgebildet noch mit den 1893–1895 abgerissenen klassizistischen Arkaden. Obwohl die graphischen Lithokarten sich auch um Aktualität bemühten, nach dem Abriß der Kolonnaden erschienen sofort neue Karten, verloren sie doch nach der Jahrhundertwende gegenüber Lichtdrucken auf fotografischer Grundlage laufend an Bedeutung auf dem Ansichtskartenmarkt: Einmal wegen der teuereren und langwierigeren Herstellung, zum anderen wegen der höheren Wertschätzung, Genauigkeit und Aktualität der Fotografie.

Abb. 6: Zur Landesausstellung 1896 wurde diese Chromolithokarte des für seine Karten bekannten Verlags Wilhelm Schütz aus Eisenach mit fünf typischen Ansichten versandt. Lithokarten sind als kleine graphische Originale heute bei Sammlern in der Regel beliebter als die sie damals verdrängenden Lichtdruckkarten und sind dementsprechend teuer.

Abb. 7: Ebenfalls im Jahre 1896 ging diese Potpourrikarte nach Köln. Im Mittelpunkt steht hier eine weniger bekannte, aber durch das Kriegerdenkmal von 1870/71 wohl herausgehobene Ansicht der Adlerstraße im Zentrum. Dahinter das 1876 von Konradin Walther im Stile der Renaissance umgebaute Haus Adlerstraße 26. Chromolithographie 1896.

Typisch für die noch weitgehend dem Fremdenverkehr und der Verbreitung touristischer Sehenswürdigkeiten verpflichteten Phase und sicher der graphische Höhepunkt der beginnenden Blütezeit sind die Chromolithokarten, die als „Gruß aus -"- oder Potpourri-Karten die besonderen Ansichten, Gebäude und Attraktionen der jeweiligen Orte bis zu den kleinsten Vorortdörfern in immer neuen Variationen auf den rasch angewachsenen und über den Fremdenverkehr ausgreifenden Markt bringen (siehe Abb. 4–9).

Ganz neue Möglichkeiten bieten dann die nach 1890 sich immer stärker durchsetzenden Druckverfahren, die die Reproduktion von Fotografien ermöglichen, vor allem der Lichtdruck, nur kurze Zeit später aber bereits mit Verfahren für gerasterte Bildvorlagen, womit bald auch die Wiedergabe von farbigen (eingefärbten) Motiven einsetzt. Die billiger, schneller, in größeren Auflagen herzustellenden und nach dem Geschmack der Zeitgenossen auch wirklichkeitsgetreueren Lichtdruckkarten[6] verdrängen den bis dahin üblichen Steindruck, der ja erst wenige Jahrzehnte zuvor den Einstieg in das moderne Bildzeitalter einleitete.

Motive und Verwendung der Ansichtspostkarte erweitern sich, sie wächst aus dem Feld der Andenken- und Werbegraphik heraus und wird zu einem universalen Bildträger, der nahezu alles aufnimmt, was als interessant, aktuell, mitteilenswert und verkäuflich erscheint.

Damit wurde die Ansichtskarte zum massenhaften Träger für fotografische Bilder, die beim Fotografen selbst nur wesentlich teurer zu erstehen waren: Die Amateurfotografie war um die Jahrhundertwende ohnehin nur für wirtschaftlich gehobenere Kreise erschwinglich. In einer ganz neuen Untersuchung wurde detailliert beschrieben, wie stark die berufsmäßigen Fotografen durch den Ansichtskartenboom geschädigt wurden. Der Hauptgrund lag darin, daß die fotografischen Vorlagen lange Zeit praktisch ohne Urheberschutz für den Lichtbildner einfach nachgedruckt werden konnten. Die Berufsverbände und Fachzeitschriften der Berufsfotografen widmeten diesem Problem erheblichen Raum. Erst nach einem Urteil des Reichsgerichts 1906 änderte sich diese Praxis[7].

Für die Ansichtskarten aber führte der Lichtdruck zu einer neuen, wesentlich erweiterten Funktion: Sie „wurde ein billiges, daher für fast alle Menschen verfügbares Surrogat von Fotografien ... Der Kauf von Postkarten richtete sich nur noch nach dem Motiv, die eigentliche Funktion als Korrespondenzmittel blieb dagegen zweitrangig. Bereits 1898 stellte ein Experte in der Zeitschrift „Das Atelier" fest, daß der Kauf der meisten Karten gar nicht mit der Absicht verbunden sei, sie als Korrespondenzmittel zu benützen, sondern daß man sie einem „Album als wünschenswerte, eigene Erinnerung einverleiben wolle. Der im Vergleich zu den herkömmlichen Fotoformaten niedrige Preis dieses Surrogats ermöglichte es einem größeren Publikum."[8]

Hatte sich bisher für die meisten Menschen ein Fotografenbesuch auf wichtige persönliche Ereignisse wie die Hochzeit und andere bedeutende Gelegenheiten beschränkt, auch dies schon eine ungeheuere Neuerung in der zweiten Hälfte des 19. Jahrhunderts, so war es nun auch finanziell für viele möglich, sich über Ansichtskarten und Fotopostkarten Bilder des eigenen Ortes und wichtiger Ereignisse darin, der eigenen Straße und anderen wichtig erscheinenden Dingen zu kaufen. So stand mit Ansichtskarten nach Karin Walter „erstmals breiten Bevölkerungskreisen ein Medium zur Verfügung, mit dem sie nicht nur die herausragenden Ereignisse ihres Lebens, sondern auch ihren „Alltag" und ihre Tagesausflüge dokumentieren konnten".[9]

Auf dem Feld der topografischen Postkartenmotive erweitert sich mit den neuen Techniken nach 1895 die Motivbreite und -vielfalt drastisch. Es findet gewissermaßen eine „Demokratisierung" der abgebildeten Stadtansichten statt. Neben die besonderen Sehenswürdigkeiten und traditionellen Touristenziele, die natürlich auch weiterhin, nun in vielen neuen Variationen, Detail- und Innenaufnahmen verbreitet werden, treten die Bilder von den neuen technischen Entwicklungen und der dynamischen, alle bisherigen Grenzen sprengenden Großstadtentwicklung. In Nürnberg reicht die Palette vom Plärrer als neuem Verkehrszentrum bis zur bescheidenen gerade entstandenen Vorstadtstraße, mit der der Bewohner seinen neuen städtischen und sozialen Status belegen kann. Neben vielen Karten mit den „weltstädtischen" Neubauten wie dem Hauptbahnhof oder dem neuen Theater erscheinen solche vom neuen Krankenhaus, vom Schlachthof und Friedhof als Ausweis des neuen Versorgungs- und Entsorgungsstandards. Von beinahe jedem der vielen neuerbauten Vorstadtschulhäuser gibt es eine oder mehrere Ansichtskarten. Sie dokumentieren auch heute noch den Stolz der damaligen Bevölkerung auf diese Einrichtungen und die neuerworbenen Bildungsmöglichkeiten.

Große äußere Ereignisse wie die Kaiserbesuche oder Visiten des bayerischen Prinzregenten bilden den Anlaß für vor- und nachbereitende Kartenserien[10]. In den kaum mehr übersehbaren Kartenausgaben und -mengen zu nationalen oder überregionalen Veranstaltungen und Festen wie zu den beiden bayerischen Landesausstellungen von 1896 und 1906, zum Deutschen Turnfest 1903 und dem aufwendig inszenierten Bundessängerfest 1912 feiern Veranstalter, die gastgebende Stadt und Bürgerschaft den erreichten technischen Fortschritt ebenso wie die wiedererreichte städtische und nationale Größe und vor allem auch sich selbst. Das Medium Ansichtskarte bringt nicht nur Bilder von den großen Ereignissen, sondern wird selbst zum Bestandteil des Ereignisses. Die Zahl der offiziellen und inoffiziellen, schon vor den Festen beinahe amtlich herausgegebenen Karten heben die Bedeutung des Geschehens, so wie heute ein Ereignis oft erst ein Ereignis wird, wenn es im Fernsehen erscheint. Auswärtigen Besuchern und Teilnehmern dienen sie zum Beleg, „wir sind dabeigewesen", den Stadtbewohnern und insbesondere den bürgerlichen Führungsschichten zeigen vor allem die großen nationalen Manifestationen 1903 und 1912 vor der Altstadtkulisse, zehntausendfach vervielfältigt und in die Welt verschickt, den Wiederaufstieg der Noris und ihre neugewonnene Bedeutung als nationales Symbol. Die große Vergangenheit der Stadt, die sich in Burg und Stadtbild sichtbar erhalten hat, wird rückwärtsgewandt zum Erklärungs- und Identifikationsmuster für die Gegenwart und die neuerreichte Größe. In den historischen Festzügen durch die die Kontinuität symbolisierende Altstadt schlüpfen die Zeitgenossen in mittelalterliche Kostüme, in den gedruckten Bildern wird die Botschaft aus der Stadt versandt. Die Trivialisierung des „Nürnberg-Mythos", auf dem die Nationalsozialisten später aufbauen konnten, findet ihren vielfachen Ausdruck auch in den Ansichtskarten dieser Zeit.

Aber auch die weniger bedeutenden Ereignisse, Versammlungen und Tagungen in der Stadt, deren Zahl seit den 1890er Jahren sprunghaft zugenommen hat, betreiben über Ansichts- und Erinnerungskarten die Selbstaufwertung und verbreiten immer neu unter der Aura der Stadtsilhouette und der inzwischen wieder stark mit den Hohenzollern verbundenen Kaiserburg die Kontinuität einer ganz besonderen deutschen Stadt, „wo Dürers Kraft gewaltet und Sachs gesungen hat", natürlich in der Adaption der Nürnberger Meister als frühen Vollendern vaterländischer deutscher Kunst und Tugend.

Ansichtskarten übernehmen die Funktionen heutiger Zeitungs- oder Fernsehbilder, wenn es um aktuelle Ereignisse geht, vom Flug des

Abb. 8: Zwei typische Farblithokarten (s.a. unten) aus der Aquarellkarten-Serie des Nürnberger Martin-Verlages um 1905 mit den gängigen und besonders beliebten Ansichten der Stadt, die in ihrer Darstellung bemüht sind, fast zeitlose Bilder für eine typisierte Nürnberg-Romantik zu schaffen: Burgblick vom Neutor und Bratwurst-Glöcklein.

Abb. 9: Hier sind es Weinstadel und Henkersteg, Schöner Brunnen und Frauenkirche, kaum eine andere deutsche Stadt besitzt oder besaß so viele besonders reizende, charakteristische und dennoch verschiedene Ansichten von hohem Wiedererkennungswert wie Nürnberg. Allerdings prägten die touristischen Ansichtskarten durch die typisierte, meist nur geringfügig variierte massenhafte Reproduktion dieser Ansichten schematisch Erwartungshaltung und das Image der Stadt bei den Besuchern, die dann durch neue Ansichtskarten mit gleichen Ansichten vom gleichen Standort wiederum bekräftigt wurden.

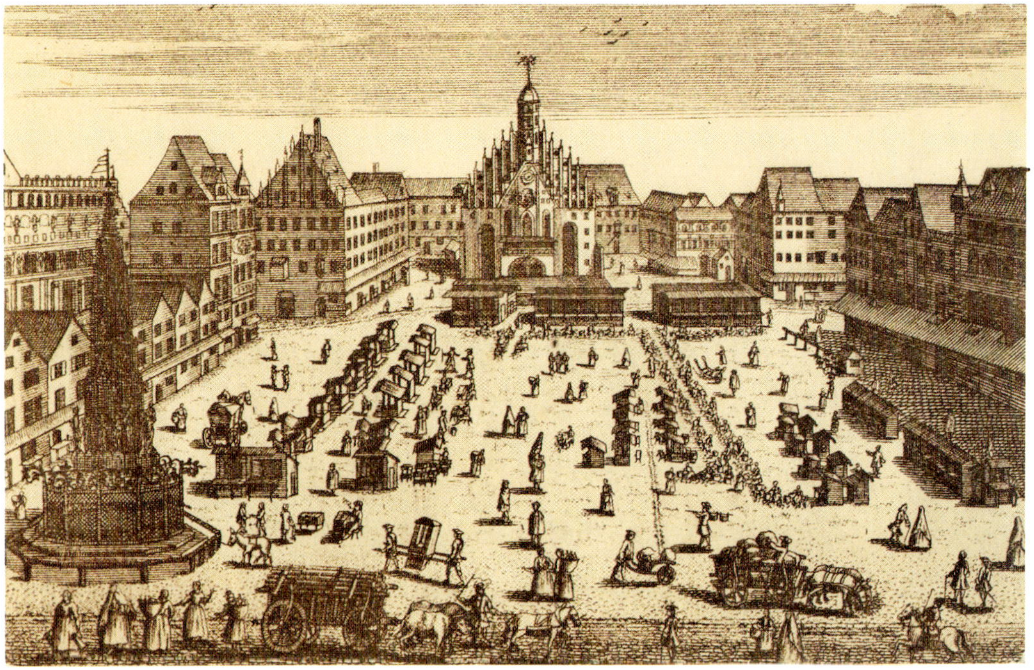

Abb. 10: Auch historische Stadtansichten aus früheren Jahrhunderten waren als Postkartenmotiv beliebt. Aus einer Serie von „Nürnberger Prospecten“ des zeitweise in Nürnberg tätigen Kupferstechers Samuel Mikovini ist diese Ansicht des Hauptmarktes etwa um 1730 entnommen. Diese wie andere historischen Nürnberg-Ansichten, herausgegeben von A. Hardörfer, wurden ohne Herkunfts- oder Urheberangaben im Hans-Sachs-Wohnhaus verkauft.

Abb. 11: Vermutlich auch von Mikovini stammt die Vorlage für diese Karte wohl aus der gleichen Serie, ebenfalls von Hardörfer herausgegeben. Die Ansicht der „Barfüßer oder Königsbrücken“ zeigt einen Netzfischer auf der Pegnitz. Im Hintergrund rechts ist über dem südlichen Pegnitzarm zur Insel Schütt noch die Befestigungsanlage der zweiten Stadtumwallung zu erkennen. Lithographie um 1910.

Zeppelins über der Stadt, über die Hochwasserkatastrophe von 1909, eines der am besten dokumentierten Ereignisse in der Stadt der damaligen Zeit überhaupt, bis zur Vereidigung der Rekruten zu Kriegsbeginn 1914. Die beiden vorangegangenen Ausstellungen haben Beispiele in großer Zahl für die Motiv- und Themenvielfalt des „universalen" Bildmediums zur Jahrhundertwende gezeigt.

Aber ein weiterer, für die stadtgeschichtliche Interpretation sehr wesentlicher Unterschied zur heutigen Funktion und Verwendung von Ansichtspostkarten in der Zeit vor dem 1. Weltkrieg sollte gesehen werden: Abnehmer und Markt sind nicht wie heute in erster Linie Touristen, die ihre Reise- und Urlaubsgrüße mittels Ansichtskarten abdecken, sondern die Stadtbewohner selbst, zumindest was die weit überwiegende Mehrzahl der bisher gezeigten Karten und sicherlich auch den größeren Teil der nach Schätzungen rund 20.000 für Nürnberg erschienenen Kartenmotive insgesamt anbetrifft. Das gilt natürlich nicht für die klassischen touristischen Ansichten von den wichtigsten Sehenswürdigkeiten und malerischen Winkeln der Stadt, hier sind auch die größten Auflagen zu finden, wie ein Griff in die Wühlkisten auf Flohmärkten und Sammlerbörsen bestätigt. Aber die vielen Ansichten der Vorstadtstraßen und Gebäude, der kommunalen Einrichtungen, auch von den modernen Bauwerken und Verkehrsattraktionen oder den regionalen Ereignissen und Vorfällen von der Hochwasserkatastrophe und vom Besuch des Prinzregenten usw. wurden in erster Linie von den Nürnbergern selbst gekauft und für die Nürnberger gemacht. Die nach wie vor vorhandenen ungebrauchten „Hochwasser"kartenmengen, die aus Privathand ans Archiv oder in den Verkauf gelangen, belegen das ganz deutlich[11]. Das gilt natürlich auch für die Karten von Ausflugszielen wie Dutzendteich oder Schmausenbuck, vom Volksfest oder für die Mehrzahl der von Vorstadtwirtshäusern herausgegebenen Karten, von Vereins- und Privatkarten ganz zu schweigen. Die Ansichten wurden gekauft, aufgehoben zur Erinnerung oder versandt, als visueller Beleg für die Zugehörigkeit zur eigenen Stadt oder dem Wohnviertel und ihren Einrichtungen und Geschehnissen. Mit der Karte von der eigenen Wohnstraße, von der Arbeitsstätte, der vielleicht über den Kartenkauf oder andere Spenden mitfinanzierten Vorstadtkirche, aber auch von der Stammkneipe ließ sich die Zugehörigkeit und der erworbene soziale Status oder der als „Städter" dokumentieren. Aus den vielen Karten von den neuen städtischen oder öffentlichen Großbauten und den Großereignissen spricht deutlich bürgerlicher Stolz und zeigt sich Repräsentationsbedürfnis der prosperierenden Großstadt und der sie tragenden Schichten. Viele der herausgegebenen Ereigniskarten, seien es Hochwasser, Zeppelinlandung, die Einführung neuer Müllkübel oder eine Bierpreiserhöhung, wozu eigene Ansichtskarten erschienen[12], waren ohnehin nur für die Nürnberger interessant oder verständlich. Die Mehrzahl dieser Karten wurde im übrigen auch von Nürnberger Verlagen herausgegeben. So sind es vornehmlich die nichttouristischen Karten, die allein schon durch ihre Motive und die Tatsache, daß sie herausgegeben wurden, Rückschlüsse auf Interessen, Vorlieben und Bezüge der damaligen Nürnberger Käufer erlauben.

Aus der Vielzahl der Karten der Innenstadt mit Bildern der neuen „City" in König-, Luitpold-, Karolinen- und Ludwigstraße oder von anderen eher „modernen" Motiven läßt sich schließen, daß die Nürnberger, sicherlich nicht nur die Innenstadtbewohner, auch rege Käufer und Sammler der Ansichten der eigenen Altstadt waren und neben dem Stolz auf die historische Rolle und die besonderen künstlerischen oder baulichen Schätze durchaus die „moderne" Umgestaltung ihrer Stadt vornehmlich auf der Lorenzer Seite mit Interesse und Stolz registrierten und zeigten.

Abb. 12: Das Interesse an Karten mit historischen Bildern von „Alt-Nürnberg" führte ganz offenbar auch zur Neuproduktion alter Ansichten wie hier bei diesem reizvollen Blick zum Pilatushaus und Tiergärtnertorturm über die Stadtumwallung. Personen und Stil imitieren recht gelungen die Biedermeierzeit, jedenfalls konnte bisher keine zeitgenössische Vorlage für die schöne Karte entdeckt werden. Lichtdruck nach 1905.

Abb. 13: Auch diese Karte stammt wie die obere aus der historisierenden und das Biedermeier nachempfindenden Serie „Alt-Nürnberg – Die acht Tore Nürnbergs", die in der historischen Hans-Sachs-Stube verkauft wurde. Sie zeigt einen Blick über die Holzbrücke beim Neutor hinauf zur Burg. Auch hier hat man sich wohl auf das Nachstellen einer historischen Vorlage verlegt, wobei ja die historische Schusterstube des Hans-Sachs-Hauses ebenfalls erst für touristische Zwecke zu Beginn des 20. Jahrhunderts entstanden war. Lichtdruck nach 1910.

Die Altstadt und ihre Sichten um 1900

Es ist nicht unwahrscheinlich, daß der eine oder andere Absender unserer ausgestellten Ansichtskarten bei einem Besuch Nürnbergs nach 1900 auch den „Führer durch Nürnberg und Umgebungen“ aus der Reihe von „Griebens Reisebücher“ in der Tasche hatte. In dem gerade im Jahr 1900 in der 10. neubearbeiteten Auflage zum Preis von 1 Mark erhältlichen und offenbar sehr erfolgreichen Reiseführer wurde unser Reisender unter dem Abschnitt „Geschichtliches“ wie folgt auf den Stadtbesuch eingestimmt:
„Kaum eine zweite Stadt Deutschlands dürfte einen so durchaus eigentümlichen Eindruck auf den Reisenden machen wie Nürnberg, die ehemalige Reichsstadt. Wenn man die wohlerhaltenen, turmreichen, über 12 m hohen Mauern vor sich sieht, um die sich ein 30 m breiter, 16 m tiefer, gemauerter Graben zieht, und vielleicht am dämmernden Abend durch eines der Thore in die erkergeschmückten Gassen tritt, über welche die hohen, spitzen Giebel ragen, so glaubt man sich in ein vergangenes Jahrhundert zurückversetzt und erwartet jeden Augenblick, aus einer der wunderlich verzierten Thüren ein Kind in altdeutscher Tracht heraustreten zu sehen oder einem ehrsamen Patrizier und Kaufherrn in schwarzem Mantel und Wams, das kurze Schwert an der Seite, zu begegnen. Doch die mittlerweile angezündeten Gaslaternen und elektrischen Lampen sowie die erleuchteten Schaufenster der vielen Verkaufslokale und die dahinsausenden elektrischen Wagen der Strassenbahn erinnern uns wieder an die neueste Zeit.

Nicht noch einmal in Deutschland finden wir eine Stadt, in der uns die Geschichte unseres Volkes und seine Grossthaten in so lebendiger Weise entgegentreten wie in Nürnberg, wo ‚Dürer einst gewaltet und Sachs gesungen hat.‘ “[13].

Eine Seite weiter heißt es:
„Nürnberg ist durch und durch eine Charakterstadt, Baukunst, Malerei und Bildhauerkunst vereinigten sich, um ein prächtiges Gesamtbild zu erzeugen, das als ein herrliches Denkmal deutscher Vergangenheit vor uns steht. Jeder Stein erzählt uns hier Geschichte, jedes Haus ist ureigen, so recht deutsch.“[14]

So oder so ähnlich klingen die zusammenfassenden Charakterisierungen in den Reiseführern der Zeit für Nürnberg, das in der Regel mit der Nürnberger Altstadt gleichgesetzt wird. Daß die Stadt zu diesem Zeitpunkt über 250.000 Einwohner zählte, sich in wenigen Jahrzehnten zur größten Industriestadt in Bayern, wenn nicht Süddeutschlands, entwickelt hatte, tauchte in der verbreiteten Reiseliteratur allenfalls am Rande auf, ganz im Unterschied übrigens zu den meist im Umfeld der Nürnberger Verwaltung oder Führungsgruppen entstandenen Festschriften, Führern und Festzeitungen, die im Zusammenhang mit größeren Tagungen oder Veranstaltungen herausgegeben wurden und die neue Großstadt Nürnberg mit ihren modernen wirtschaftlichen, verkehrlichen, gesundheits- und sozialpolitischen Einrichtungen in aller Breite vorstellten und erläuterten, aber natürlich ebenfalls die große Vergangenheit der Stadt und ihre einmalige bauliche Hinterlassenschaft nicht unter den Scheffel stellten.[15]

Nürnberg, eine „steingewordene“, eine „gemauerte Chronik“, die Metapher findet sich in beinahe allen Reiseführern und kunst- oder geschichtsorientierten Stadtschilderungen ebenso wie die Verse von Max von Schenkendorf aus dem Jahre 1814, die Albrecht Dürer und Hans Sachs als die Personalisierungen der Stadt und ihrer Geschichte hervorheben. Tatsächlich steht am Beginn der „romantischen Entdeckung Nürnbergs“, ausgehend von den schwärmerischen Texten Wackenroders und Tiecks, ja die Wiederentdeckung Dürers und seiner „vaterländischen“ Kunst, in die die noch fast unversehrte Altstadt als Gesamtmonument vergangener „altdeutscher Kunst und Freiheit" jedoch rasch eingeschlossen wurde. In der verklärenden Rückschau auf das Mittelalter als goldenem, inzwischen verlorenem Zeitalter der vaterländischen Vergangenheit wird Nürnberg, „die vormals weltberühmte Stadt", von Beginn an zu einem nationalen Denkmal und Symbol. Die Entdeckung des in Deutschland einzigartigen historischen Stadtbilds und die Formulierung eines neuen deutschen Nationalgefühls sind untrennbar miteinander verknüpft. – Nürnberg, von Mozart noch als „häßliche Stadt" abqualifiziert, wird in wenigen Jahren zur steinernen Verkörperung eines deutschen nationalen Erbes.

Ludwig Grote betont in seinem schönen Büchlein ganz deutlich den politischen Zusammenhang dieser „romantischen Entdeckung" und zitiert Carl Gustav Carus über das Erwachen des deutschen Geschichtsbewußtseins im Zusammenhang mit Revolutionskriegen und Napoleonischer Fremdherrschaft: „Erst in der Zeit der tiefsten Erniedrigung des deutschen Volkes, wo sich die Trauer über die Schmach der Gegenwart an den Erinnerungen einer großen Vergangenheit zur kräftigen Reue und frischen Erneuerung stärkte, stiegen die gewaltigen Schöpfungen des deutschen Mittelalters mit ihren Türmen, ihren schattigen Hallen und der frommen Welt gemütvoller Bilder aus dem Nebelschleier der Vergangenheit, der den Enkeln die Größe der Ahnen verdeckte."[16]

Mit der politischen Fundierung der Romantik und ihrer Begründung der Geschichte als geistiger Macht, „die aus der Vergangenheit kommend in der Gegenwart wirkend, auch die Zukunft zu gestalten vermochte"[17], breitete sich auch Nürnbergs Ruhm aus. „Es entbehrt nicht der Tragik, daß zur gleichen Zeit die alte Reichsstadt ihre politische Selbständigkeit und damit viel von ihren mittelalterlichen Sitten und Gebräuchen verlor. Der Zustand Nürnbergs als bayerische Provinzstadt wurde von den Besuchern kaum wahrgenommen, das Interesse galt jetzt allein dem mittelalterlichen Stadtdenkmal."[18]

Die nationalpolitische Komponente der Wiederentdeckung der Stadt wird selbst bei einem neutralen und eher unter künstlerischen Gesichtspunkten schreibenden Beobachter, wie dem Schweden Per Daniel Atterbom, deutlich, der die Stadt bei seinem Besuch im Jahre 1817 als „eine der merkwürdigsten und besterhaltenen Städte in Europa" bezeichnet und formuliert:
„Hier sieht man erst richtig, was deutscher Nationalgeist und deutsches Genie zu der Zeit waren, da das Heilige Römische Reich noch im Flor stand. Stell Dir eine altdeutsche Reichsstadt vor in aller ihrer Herrlichkeit, vollkommen unverändert ... eine unüberschaubare Menge von Gebäuden, von denen kein einziges dem anderen gleicht, die aber in einer gewissen Grundansicht doch miteinander harmonieren; jedes Haus ist als besonderes architektonisches Individuum in Struktur, Zierart usw. zu betrachten, abgesehen von einigen wenigen, die man in späteren Jahren modernisiert hat ... Welche Schätze altdeutscher Kunst und Freiheit, welche historischen, welche poetischen Erinnerungen und Anregungen .... Ich erwartete viel von der Stadt Albrecht Dürers, aber ich fand doch noch mehr, als ich erwartet hatte."[19]

Die außerordentlich wichtige und interessante Rolle Nürnbergs in der Ausbildung eines deutschen Nationalgefühls und Entwicklung eines besonderen „Nürnberg-Mythos", der in dem Wort von der „deutschesten aller deutschen Städte" sicher seinen zugespitzten Endpunkt fand, kann an dieser Stelle nicht nachgezeichnet werden. Die wichtigsten Stationen waren das Dürerjahr 1828, das in Nürnberg 1861 stattfindende 1. Deutsche Sängerfest und die Nürnberg- und Sachs-Rezeption von Richard Wagner in den „Meistersingern" mit deren Uraufführung 1868. Diese mehr äußeren Daten können diesen vielfältigen Prozeß in seinem literarischen, künstlerischen oder politischen Wandel nur andeuten. Nach dem Scheitern der nationalen Einigung auf der Basis der bürgerlichen Emanzipation und nach der Reichsgründung 1871 von oben mit einem autoritären und militaristischen 2. Kaiserreich und einem sich zunehmend aggressiv gebärdenden Nationalismus ließ sich dieser Nürnberg-Mythos an die Bedürfnisse des neuen Reiches auch als Identifikationsmuster für die durch den ungeheuer raschen industriellen und wirtschaftlichen Aufstieg entstandenen führenden bürgerlichen Gruppen in der Stadt anpassen. Verstärkt durch die Herkunft der Hohenzollern als ehemaligen Burggrafen der Stadt und die mit Gründung des 2. Reiches durchaus wieder erwachende Erinnerung an ihre ehemalige Reichsunmittelbarkeit und Reichstreue manifestierte sich dieser „Nürnberg-Mythos“ in den großen Festen und Feierlichkeiten vor und nach der Jahrhundertwende wie bei der Enthüllung von Denkmalen für Hans Sachs 1874, der dort stattfindenden Jubiläumsfeier 1894 und 1905 für Wilhelm I. am Egidienberg, aber auch in den nationalen Inszenierungen anläßlich des X. Deutschen Turnfestes 1903 oder des Bundessängerfestes 1912 oder bei anderer großer nationaler Gelegenheit wie 1902 beim Jubiläum des Germanischen Nationalmuseums. Der Niederschlag in der Ansichtskartenproduktion dieser Zeit war auch Gegenstand der vorangegangenen Ausstellung.

Für die Trivialisierung in der Tourismusvermarktung dieses Nürnberg-Mythos mögen die angeführten Sätze aus dem Grieben-Reiseführer stehen. Es ließen sich genügend ähnliche Beispiele anführen, aber auch in einem Gutteil der Ansichtskarten zu „Alt-Nürnberg“ selbst findet diese Trivialisierung und Vermarktung ihren Niederschlag. Nürnbergs Rolle als frühe und bedeutende Fremdenverkehrsstadt beginnt mit der romantischen Entdeckung der Stadt als einmaligem Gesamtkunstwerk und historischem Symbol und steigert sich mit der Beschleunigung des Reiseverkehrs und der starken Zunahme von Reisen des Bürgertums, und führt nach dem Jahrhundertbeginn zur Gründung moderner Fremdenverkehrseinrichtungen.

Die „altberühmte“ Stadt wird schon in der Mitte des 19. Jahrhunderts touristisches Reiseziel und Fremdenstadt. In der anwachsenden Reiseliteratur findet sich die Stadt aber nicht allein als „Denkmal des deutschen Bürgerthums während der Blüthe des Mittelalters“[20], sondern der Stadtbesuch kann auch der patriotischen Erbauung für die künftige ersehnte nationale Einigung dienen:

„Es möchte wohl kaum eine zweite deutsche Stadt geben, an welcher ein deutscher Patriot mit solch' einer Teilnahme hängen könnte, wo er die ganze Scala vaterländischer Gefühle vom tiefsten Ingrimme bis zum höchsten Jubel so vollständig und so stark in seinem Herzen angeschlagen fühlte, als in Nürnberg.“[21]

Als neue Anziehungspunkte des den „Geist des deutschen Volkes“ spiegelnden mittelalterlichen Stadtbildes, werden die neuaufgestellten Denkmale für Albrecht Dürer (1840) und Hans Sachs (1874) zu modernen Fremdenzielen, die dem besonderen Nürnberger Symbolcharakter entsprechen.

Der Tourismus schlägt sich nicht nur in der wachsenden Zahl von gedruckten Reiseführern nieder, sondern auch in einer umfangreichen Produktion von Andenkengraphik. Die Altstadt und ihre Bauwerke finden sich auf Städterosen, Briefköpfen oder Karten, graphischen oder auch fotografischen Leporellos usw. in immer neuer Variation. Besondere Ereignisse wie die Landesausstellung 1882 oder 1896 locken hunderttausende zusätzlicher Besucher in die Stadt, die nicht nur von den technischen Schaustellungen auf dem Maxfeld angezogen werden, sondern ebenso von der Altstadt und ihren Sehenswürdigkeiten. Beispiele dieser Andenkengraphik als Vorläufer der Ansichtskarten wurden in der ersten Ausstellung „Grüße aus Nürnberg“ in einer Auswahl gezeigt und entsprechende Abbildungen im 1. Katalog reproduziert[22].

Zur Landesausstellung 1882 erschien auch die erste bisher bekannte Nürnberger Bildpostkarte mit einem Lichtdruck des Ausstellungsgebäudes[23]. Die Ansichtskartenzeit hatte begonnen: Nicht mit einer Ansicht des historischen Nürnberg, sondern mit der neuen, von der Industrie bestimmten Gegenwart.

Allerdings produzierten die ab 1882 sich der kommerziellen Ansichtskartenproduktion zuwendenden Verlage wie der Scheiner-Verlag in Würzburg, aber auch Nürnberger Druckereien zunächst fast ausschließlich touristische Karten mit Alt-Nürnberger Motiven und verdrängten in kurzer Zeit die anderen, bis dahin den Markt bestimmenden graphischen Produktionen.

Leider gibt es bis heute keine Untersuchung über die Entwicklung des Fremdenverkehrs vor 1900. Der heutige Verkehrsverein wurde erst im September 1904 gegründet. In diesem Jahr einsetzend verzeichnet die Statistik 168.220 Fremdenbeherbergungen[24] in der Stadt, deren Zahl sich bis zum 1. Weltkrieg kontinuierlich steigerte auf 244.025 im Jahre 1913. Daß es sich bei diesen Besuchern überwiegend um Touristen handelte, belegen die im Juli und August stark anschwellenden Übernachtungszahlen, insbesondere auch für die Besucher aus dem Ausland. Im Jahr 1913 betrug die für Ausländer registrierte Besucherzahl 45.129, was einen Anteil von 18,5 Prozent ausmachte, darunter 9986 Nordamerikaner, die im Jahr 1913 in Nürnberg übernachteten. Für die Hauptreisesaison im Juli und August läßt sich jedenfalls feststellen, daß bereits damals mehr Amerikaner als Österreicher durch die Altstadt wandelten[25].

Auch über den finanziellen Hintergrund der Reisenden lassen die statistischen Zahlen begrenzte Schlüsse zu: Von den im August 1913 insgesamt vorhandenen 3293 Fremdenbetten befanden sich 1796 in Hotels, 1130 in Gasthöfen und Gasthäusern, der Rest in Fremdenpensionen und Herbergen, so die Aufzählung nach den Qualitätskategorien. 58 Prozent der Noris-Besucher dieses Jahres schliefen in den als besser eingestuften Hotelbetten, 18 Prozent immerhin noch in Gasthöfen und 12,7 Prozent in Gastwirtschaften, während die „Rucksacktouristen“ der damaligen Zeit mit bescheidenen neun Prozent die Herbergen aufsuchten. Bei nur 81 zur Verfügung stehenden Betten und 1,7 Prozent Übernachtungsanteil dürfte sich das Pensionswesen damals in Nürnberg wohl erst in den Anfängen befunden haben[26].

Die Werbeanstrengungen des neuen Vereins zur Hebung des Fremdenverkehrs setzten natürlich ganz auf Alt-Nürnberg. Die vom Fremdenverkehrsverein herausgegebenen Reiseführer trugen das Prädikat der Stadt, „des Reiches Schatzkästlein“ zu sein, lange Zeit im Titel. Immerhin finden sich in der Ausgabe von 1904 neben 63 Seiten Schilderung von Stadtgeschichte und Sehenswürdigkeiten, verfaßt von Ernst Mummenhoff, drei Seiten Darstellung der modernen Wirtschaftsschwerpunkte und Betriebe der Stadt.

Der Verkehrsverein verwendete aber auch die Ansichtskarte als Werbemittel und ließ eigene Entwürfe in Auftrag geben (s. Abb. 14). Eine vom Verkehrsverein herausgegebene und nach einem Entwurf von Professor Bek-Gran 1913 erschienene Werbekarte trägt die über Deutsch- land und sogar Europa hinausgreifende Botschaft „Nürnberg ist eine der reizvollsten Städte der Welt“. Darüber erscheinen in moderner Reduzierung, die Vielgliedrigkeit des Panoramas dennoch erhaltend, die Silhouetten von Reichsstadt und Burg. Die damit angedeutete geschichtsmächtige Symbolik des Stadtbilds wird massiv gesteigert durch den in

Abb. 14: Der durch seine Buchillustrationen bekannte Professor der Nürnberger Kunstschule Bek-Gran entwarf 1913 im Auftrag des Verkehrsvereins zur Fremdenwerbung die Vorlage für diese Karte und ein entsprechendes Plakat. Die Botschaft ist textlich und graphisch zu einer Einheit verbunden und wirbt mit dem Fortbestehen der großen Vergangenheit Nürnbergs in der Gegenwart. Lithographie 1913.

ganzer Größe links ins Bild tretenden Albrecht Dürer. Die Karte zählt in ihrer vereinfachend stilisierenden Zeichnung und ihrer modernen, ein wenig düsteren, gebrochenen Farbigkeit zu den ansprechendsten und konsequentesten graphischen Umsetzungen des Mythos von Nürnberg: Die große Vergangenheit ist in Stadtbild und Dürer verkörpert. Ihr unverändertes Fortbestehen in der Gegenwart manifestiert sich in der knappen Textzeile. Ein Vergleich mit einer anderen, frappierend ähnlich aufgebauten Karte aus dem 3. Reich bietet sich an und zeigt die beinahe groteske, propagandistische Umdeutung dieser Stadtsicht (s. Abb. 339 u. S. 223).

Das berühmte, über Ansichtskarten immer neu verbreitete Stadtpanorama über den Hauptmarkt gesehen, wurde 1897 (!) aber schon in ganz anderer Weise aufgegriffen: Zumindest während der Woche verbirgt sich das in den Reiseführern geschilderte Geschichtsmärchen hinter enormen Qualm- und Rußfahnen, die von Haus- und Fabrikschornsteinen den Himmel über der Noris verdunkeln (s. Abb. 15).

Die Karte ist über ihren „Scherz"charakter hinaus deswegen interessant, weil sie nicht nur die bei den Nürnbergern vorhandene Unzufriedenheit über die, heute würden wir sagen, massive Umweltbelastung aufgreift, sondern auch eine ganz andere Realität, in den „Schatzkästlein-Karten" immer ausgeblendet, ins Bild bringt. Qualmende Schornsteine, in den zeitgenössischen Abbildungen in der Regel eher graphische Metapher für Prosperität und Fortschritt, stehen hier als Gegensatz zum berühmten Altstadtbild. Diesen Übelstand beklagen auch die Fremdenverkehrsplaner, aber die Karte eröffnet den Blick auf die veränderte Realität einer im Jahr 1897 mehr als 250.000 Menschen zählenden und von der Industrie und ihrem Gewerbe lebenden Großstadt.

Abb. 15: Daß die beliebten Panoramaaufnahmen über die Stadt nicht immer die ganze Realität zeigten, wird auf dieser Karte mit einem Blick von der Lorenzkirche sichtbar: Kritik an der Umweltverschmutzung 1897. Die starke Rauch- und Geruchsbelästigung wurde auch von den einschlägigen Fremdenverkehrsplanern gerügt. Natürlich existiert auch eine entsprechende rauchfreie Karte von Nürnberg am Sonntag. Rasterdruck 1897.

Weitgehend parallel zum Aufstieg Nürnbergs zum Sinnbild der deutschen Stadt des Mittelalters schlechthin und zum nationalen Symbol hatte sich die Entwicklung zur Fabrik- und Arbeiterstadt vollzogen. Im ersten Jahrhundertdrittel beginnend und nach 1871 in bis zur Jahrhundertwende sich fast überschlagendem Tempo war der Stadt ein zweites, von Fabrikschornsteinen, Arbeiter- und Vorstadtquartieren geprägtes Gesicht gewachsen, das in eine ganz andere Richtung blickte und sich mit seinem eigenen Mythos zu schmücken begann: Nürnberg, das „industrielle Herz Bayerns“, „die rote Hochburg“ und Vorort der Arbeiterbewegung. So schwierig und spannungsreich sich in sozialer, politischer und kultureller Hinsicht Industrialisierung und Verstädterung auch entwickelten, seit den entscheidenden Jahrzehnten zu ihrer Grundlegung vollzogen sie sich in klarer Trennung zwischen alter und neuer Stadt, zwischen drinnen und draußen, die den städtebaulichen Charakter der Innenstadt, ein besonderes Glück für Nürnberg bis heute, zunächst kaum beeinträchtigte. Dieses Glück verdanken die Nürnberger einmal mehr ihrer Stadtmauer, die im 19. Jahrundert noch einmal in mehrfacher Hinsicht zur Schutz- und Trennlinie für die wirtschaftliche und bauliche Entwicklung der Stadt wurde. Die Stadtmauern wiesen eindeutig die Richtung für die industriellen Ansiedlungen vor den Stadttoren und verlagerten so die Schwerpunkte des wirtschaftlichen und städtischen Wachstums nach draußen. Die Spannung zwischen alter und neuer Stadt und beider Bedürfnissen bedrohte schließlich die Stadtmauer selbst. An der Frage der Beseitigung oder des Erhalts der militärisch sinnlosen und wirtschaftlich störenden Stadtmauern fand die für den Erhalt oder die Zerstörung des historischen Bildes der Altstadt entscheidende Auseinandersetzung statt. Heute, und erst recht nach den Zerstörungen dieses Jahrhunderts, ist die erhaltene und wiederaufgebaute Stadtbefestigung das wichtigste und beeindruckendste Denkmal für die Identität und Kontinuität Nürnbergs seit dem Mittelalter.

Nach dem Übergang an das Königreich Bayern 1806 bildeten die Stadtmauern die Grenzen der Stadt. Erst 1825 gewann die Stadt einen Teil ihres ehemaligen Burgfriedens in ihr Gebiet zurück. Alle die Anfänge der Industrialisierung Nürnbergs in der ersten Hälfte des 19. Jahrhunderts und darüber hinaus tragenden Fabriken entstanden vor den Stadttoren: Die Lobenhofersche Tuchfabrik 1822 in Wöhrd, die Zeltnersche Ultramarinfabrik 1839 in Steinbühl, die Späthsche Maschinenfabrik 1825 am Dutzendteich und das für die weitere Entwicklung wichtigste Unternehmen von Cramer-Klett 1841 auf einem Wiesengrundstück in Wöhrd. Grund dafür waren nicht nur die wegen der engen Bebauung in der Innenstadt geringen Entwicklungsmöglichkeiten, sondern ebenso die konservative, gegen neue Niederlassungen und industrielle Neugründungen gerichtete Gewerbepolitik des Nürnberger Handwerks bis zur Einführung der Gewerbefreiheit in Bayern 1868. Bessere Möglichkeiten fand die Fabrikindustrie dagegen in den Dörfern und Gemeinden des Nürnberger Umlands, die dem engen Nürnberger Konzessions- und Zulassungssystem nicht unterlagen. Aus diesen Vororten und Siedlungskernen entwickelten sich Industrialisierung und das damit einsetzende Stadtwachstum, das den raschen Aufstieg und die wirtschaftliche industrielle Dynamik Nürnbergs in den letzten Jahrzehnten vor 1900 bestimmen sollte. Mit den Eingemeindungen von 1825, 1865 und vor allem 1899 wurden diese vielfach schon zur Vorstadt zusammengewachsenen Vororte und Industriekerne in das Stadtgebiet einverleibt.

Die deutliche Trennung zwischen drinnen und draußen blieb bestehen: Während die Altstadt weiterhin Ort und Zentrum des traditionellen Gewerbes und Handels blieb, bestimmten immer neue Fabriken und Siedlungen vor den Toren Bevölkerungs-, Wirtschafts- und Stadtwachstum. Aber nicht nur bezüglich der Wirtschaftskraft, sondern auch des Anteils an der Gesamtbewohnerschaft und Fläche der Stadt ging das Gewicht der Altstadt laufend zurück. Vor allem mit der verstärkten Bautätigkeit in den Außenbereichen nach Aufhebung der Festungseigenschaft Nürnbergs 1866, die bisher die Bebauung im Schußfeld der Stadtumwallung stark eingeschränkt hatte, beschleunigte sich dieser Prozeß: Bereits 1885 überstieg die Einwohnerzahl in den außerhalb der Mauern gelegenen Stadtbezirken die der Altstadt. 1897 lebten bereits zweimal so viele Nürnberger in der Außen- wie in der Innenstadt, und im Jahre 1900 wohnten von den 261.081 Einwohnern 52.210 innerhalb des Mauerrings, aber mehr als viermal so viele in den Vorstädten. Bis Mitte der 1860er Jahre war die Einwohnerschaft der Innenstadt kontinuierlich angestiegen, Einwohnerzahl und Bevölkerungsdichte hatten sich gegenüber 1806 mehr als verdoppelt. Danach wuchs die Innenstadtbevölkerung aber nur noch wenig, und ab 1895 nahm sie stetig ab. 1933 erreichte sie wieder den Stand des Jahres 1852[27]. Heute leben rund 16.000 Menschen innerhalb des Mauerrings.

Verstärkt mit dem Bau des Bahnhofs und des neuen Krankenhauses vor dem Frauentor, wurden die noch geschlossenen Befestigungsanlagen rund um die Stadt zum verkehrlichen Hindernis. Zwar war der Mauerring mit Graben und den davor liegenden Erdwällen und Schanzen noch Bestandteil der militärischen Verteidigung, aber bereits 1842 wurden die Erdwälle am Frauentor beim Eisenbahnbau abgetragen, was den Auftakt zur Beseitigung der übrigen Wallanlagen bildete. Mit der Bahnhofseröffnung 1848 entstanden neben dem Frauentor von 1848–50 mit dem Königstor und nicht weit davon mit dem Färbertor als Verbindung zum Krankenhaus die ersten Maueröffnungen. Es folgten 1856 das Maxtor (auf

Betreiben von Bürgern des Egidienviertels, die sich durch die Lage des Bahnhofs im Süden benachteiligt fühlten), 1859 das Marientor als Verbindung zur seit 1857 entstehenden Marienvorstadt, der ersten geplanten Stadterweiterung vor den Mauern. Es folgten 1863/64, das Ludwigstor und 1863 das Mohrentor.

Noch wurden die Tore im historisierenden Geschmack der Zeit teilweise mit neugotischen Zinnen versehen, aber welch geringer Wert der Stadtbefestigung als historischem Denkmal und Teil des ganzen Stadtbildes beigemessen wurde, zeigen die Maßnahmen und Auseinandersetzungen nach Aufhebung der Festungseigenschaft Nürnbergs im Jahre 1866. Die städtischen Gremien mit dem Patriziernachfahren Otto von Stromer an der Spitze drängten nun sehr rasch auf weitere Öffnungen und Grabeneinfüllungen bis zur Niederlegung ganzer Mauerabschnitte, einer „Lebensfrage für die Stadt Nürnberg ob die bisher unterbundenen Adern ihres Verkehrs nach und nach eröffnet und mit frisch pulsierendem Leben erfüllt werden können“[28], wie es in einem Schreiben 1868 an die Kreisregierung in Ansbach formuliert wurde.

1869 wurde eine erste Abbruchgenehmigung für eine Mauerpartie am Sterntor eingeholt, 1871/72 folgte der Abriß der Bastionen am Wöhrdertor, um die Verbindung nach Wöhrd und vor allem zur Maschinenfabrik von Cramer-Klett herzustellen. Relativ rasch stießen die Abbrucharbeiten in Nürnberg auf Unverständnis und Kritik in geschichtsbewußten Kreisen außerhalb der Stadt. In einer Eingabe an den bayerischen König am 8. April 1869 sprach der Münchner Altertumsverein aus, daß „Bayern von dem Vorwurfe einer sträflichen Vernachlässigung dieser historischen Denkmale bewahrt werde, die von der deutschen Nation nicht als Eigentum einer Stadt, sondern als geistiges Gesamt-Eigentum und als ein Schatz seiner früheren Kulturentwicklung betrachtet und hoch gehalten werden“.[29]

Eine ablehnende Haltung entwickelte schon frühzeitig August Essenwein, seit 1866 Direktor des Germanischen Nationalmuseums, der notfalls wichtige Teile der Mauer dem Museum einverleibt wissen wollte. Trotz der inzwischen in anderen Teilen Deutschlands entstandenen massiven Kritik gegen die Nürnberger „Mauerbrecher“ folgten weitere Abrisse: 1874 der Abschnitt zwischen Wöhrder- und Laufertor, 1877 von dort zum Maxtor. Der Laufertorturm verlor bald darauf seinen Waffenhof. Die Beschlüsse der Stadtgremien, insbesondere die der Gemeindebevollmächtigten, zielten inzwischen auf den fast vollständigen Abriß der Stadtbefestigung mit Ausnahme der vier Rundtürme und eines kurzen Mauerabschnitts zwischen dem Max- und Tiergärtnertor. Abrißgenehmigungen lagen bereits für weite Teile des Rings vor. Die eher provinziellen Planungen der Stadtverwaltung für die geplante Ringstraße in dem 1876 vorgelegten Regulierungsplan wurden 1879 von einem von Adolf Gnauth entworfenen Ringstraßenprojekt großstädtischen Zuschnitts weit übertroffen, das er für die Denkschrift des Bleistiftfabrikanten Lothar von Faber entworfen hatte. Unter dem Titel „Die Zukunft Nürnbergs“ herausgegeben, wurde darin die Ringstraße mit großen Platzgestaltungen und repräsentativen Neubauplänen für ein Gewerbemuseum und eine technische Hochschule verknüpft, die Innenstadt weitgehend geöffnet, baugeschichtlich interessante Stadtmauerteile sollten in den Mauerabschnitt beim Germanischen Museum übertragen werden. Daß solche Pläne nicht realisiert werden konnten, ist dem entschiedenen Eintreten Essenweins und der Gegner dieser radikalen Modernisierungspläne zu verdanken. Ihre Argumente unterstrichen die Denkmalswürdigkeit der Mauern als entscheidendem Teil des historischen Stadtbilds. Der Kampf um den Erhalt der Mauern führte 1878 auch zur Gründung des „Vereins für Geschichte der Stadt Nürnberg“. Am Engagement dieser dem Bildungsbürgertum angehörenden Kreise, aber auch an dem inzwischen von den

Abb. 16: Dem romantischen Geschmack entsprechend wild bewachsen präsentieren sich Graben und Zwingerpartien am Frauentor um die Jahrhundertwende. Hier verließ die Straße nach Regensburg und in den Donauraum die Stadt. Nach dem Bau des Bahnhofs 1844/45 entstand aber 1848 mit dem Königstor ein neuer Mauerdurchlaß, das bereits 1892 zugunsten der freien Straßenöffnung wieder niedergerissen wurde. Lichtdruck 1906.

Denkmalschützern im Bayerischen Nationalmuseum entschieden vorgetragenen Widerstand scheiterte die Realisierung der umfassenden Abrißpläne. Daß es dazu sogar deutlicher Hinweise auf die Anstrengungen anderer, im nationalen geschichtlichen Glanz weit weniger gefeierter Städte zur Erhaltung ihres historischen Stadtcharakters bedurfte, wirft ein bezeichnendes Licht auf den offenbaren Widerspruch zwischen der gepflegten Nürnberg-Ideologie und der Nürnberg-Deutung draußen im Lande und den auf direkte Vorteile und wirtschaftliche Nützlichkeit gerichteten Interessen des liberalen Wirtschaftsbürgertums der Stadt. Daß im Zweifel diese Interessen ebenfalls historisch begründbar waren, verdeutlicht ein Leitartikel des „Fränkischen Kuriers“ zur Stadtmauerfrage, der gleichzeitig ein entlarvendes Bild des Historismus dieser Epoche liefert:

„Nürnbergs Glanz, Werth und Ruhm repräsentieren nicht dessen alte Mauern, sondern seine im Verlaufe von Jahrhunderten herausgebildete Industrie und Handelstätigkeit. Diese nicht nur zu erhalten, sondern auch durch Wegräumung aller entgegenstehender Hindernisse mit der Zeit in Entwicklung zu bringen, ist unabweisbare Aufgabe für die Stadt und den Staat.“[30].

Mit der Öffnung des Hallertores 1881/82 wurde die letzte kleinere Bresche in die Mauer geschlagen. Damit waren insgesamt 700 Meter des fünf km langen Mauerrings abgebrochen worden. Nach dem sich in der Stadtspitze und Verwaltung allmählich durchsetzenden Meinungsumschwung ging man 1890 wieder daran, Teile der abgerissenen Mauer zwischen Maxtor und Laufertor zu rekonstruieren und neu aufzubauen. Seither bildet die Ringbefestigung nicht nur das größte und wichtigste, sondern auch das teuerste Objekt der Denkmalpflege in der Stadt.

Der weitgehende Erhalt der Befestigungsanlagen rund um die Altstadt war von ausschlaggebender Bedeutung dafür, daß die Altstadt bis zum 2. Weltkrieg in den wesentlichen Teilen ihr historisches Gesicht bewahren konnte und die Veränderungen im Inneren im wesentlichen auf die Lorenzer Seite beschränkt blieben. Beim Wiederaufbau nach 1945 zeigte sich ein weiteres Mal die wichtige Rolle der Ringanlage als Umfassung und definierender Bestandteil des historischen Stadtkerns.
Zum Zeitpunkt ihrer romantischen Entdeckung zu Beginn und bis in die Mitte des 19. Jahrhunderts besaß die Stadt im Inneren des Mauerrings nahezu unverändert die bauliche Gestalt des 16. Jahrhunderts und des späten Mittelalters. Die letzten bedeutenden Ergänzungen hatte das Stadtbild 1556–1564 mit den Ummantelungen der vier Haupttürme der Stadtmauer zu ihrer charakteristischen Rundform und 1622 mit dem Monumentalbau des Wolffschen Rathauses erhalten, zu denen als Bereicherung des Stadtpanoramas um 1700 und unmittelbar am Ende der Reichsstadtzeit noch der barocke Wiederaufbau der Egidienkirche und der zugehörenden Klostergebäude sowie St. Elisabeth mit seiner schönen Kuppel hinzukamen.

Das vieltürmige, burgbekrönte Stadtbild von außen, aber vor allem die Gesamtheit und Einheitlichkeit der baulichen Elemente im Inneren mit den Straßen, Plätzen, Höfen und Winkeln begründeten den Ruhm der Stadt als einzigartigem europäischem Gesamtkunstwerk. Immer wieder hervorgehoben und an erster Stelle genannt, positiv wie negativ, wurden „die krummen und schiefen Straßen" und die „unüberschaubare Menge von Gebäuden, von denen kein einziges dem anderen gleicht, die aber in einer gewissen Grundansicht miteinander harmonisieren" (Atterbom).[31] Prägend für den Eindruck im Inneren waren so weniger die sakralen oder öffentlichen Großbauten, sondern die als darauf bezogen erscheinenden Straßenzüge mit Bürger- und Handwerkerhäusern, die durch die Einheitlichkeit des Baumaterials aus Fachwerk und dem einheimischen Buntsandstein den unverwechselbaren Charakter des Stadtgesichts noch besonders unterstrichen.

Bestimmend für die Geschlossenheit des Stadtbildes und die trotz der phasenweise nicht geringen Bautätigkeit nach dem 16. Jahrhundert unverkennbare architektonische Einheitlichkeit war das detaillierte und streng überwachte Baurecht der Reichsstadt, das über Jahrhunderte seine Gültigkeit behielt. So blieb die reichsstädtische Bauordnung von 1564, die keine wesentlichen Änderungen mehr erfuhr, bis 1864 in Kraft, ehe sie von einem neuen Gesetz des bayerischen Königreiches abgelöst wurde. Sie unterwarf die private Bautätigkeit sehr genauen Vorgaben und Normen und schrieb über die Jahrhunderte den Rahmen des besonderen Nürnberger Haustyps mit traufseitiger Straßenstellung, höchstens vier Geschossen aus vorgeschriebenen Materialien und der sehr steilen Dachneigung fest. Größter Wert wurde auf eine zurückhaltende, schlichte und den privaten Reichtum kaum zu erkennen lassende Fassadengestaltung gelegt. Neben Hauszeichen und -figuren wie die Hausmadonnen waren als Schmuckformen lediglich die Chörlein und die als Giebelersatz dienenden Dacherker gestattet, die sich aus ihrer Funktion zum Aufzug und Einbringen von Gütern zur Hauszierde und -verschönerung entwickelten.

In diesen für Nürnberg so typischen Attributen an den zurückhaltenden Fassaden konnten sich Wohlstand und Stilwandel nach außen zeigen, während stärkere Repräsentationsbedürfnisse ins Hausinnere oder nach hinten in die Höfe verlegt werden mußten. Aufwendigere Außengestaltungen an den Nürnberger Wohngebäu-

Abb. 17: Die „Schau“ neben der Sebalduskirche gehörte in der Reichsstadtzeit zu den wichtigsten städtischen Gebäuden: Hier wurden die Arbeiten der Gold- und Silberschmiede und die Münzen auf ihren Metallwert überprüft. Das alte Almosenhaus auf dem Sebalder Friedhof wurde dazu 1520 von Stadtbaumeister Hans Beheim repräsentativ umgebaut. 1810 wurde die „Schau“ abgerissen, stattdessen entstand die Hauptwache für das bayerische Militär gegenüber dem Rathaus, für viele Nürnberger fast ein Symbol für den Verlust der Reichsstadtfreiheit. So gab es bis um die Jahrhundertwende starke Bestrebungen, die alte „Schau“ wieder aufzubauen. In diesem Zusammenhang erschien sicher auch diese Karte um 1907, die das alte Gebäude wieder neben der neu restaurierten Sebalduskirche erscheinen läßt.

den ergaben sich so nur an den giebelzeigenden Eckhäusern oder den wenigen, den Stadtbehörden abgerungenen Ausnahmen wie dem Pellerhaus als dem herausragendsten Beispiel.

Daß die Nürnberger Straßenzüge und Häuserfronten dennoch nicht uniform, sondern höchst lebendig wirkten, ist auf die Variation dieser Schmuckformen, ihrer sich wandelnden Gestaltung, vor allem den unterschiedlichen, nicht vorgeschriebenen Hausbreiten und Höhen der Dächer und Dachsprünge zurückzuführen, die nur nach oben begrenzt blieben. Das führte zu lebhafter Abwechslung und Unterschiedlichkeit im Detail in dem dennoch insgesamt gediegen-zurückhaltend und durch das Material bodenständig wirkenden, über Jahrhunderte gewachsenen und lebendigen Stadtbild. So mochte sich dem Bewunderer und dem im mittelalterlichen Bürgertum sein Vorbild suchenden Betrachter der Eindruck einstellen, daß, wie Erich Mulzer schreibt, „hier eine Stadt in altfränkischer Einfachheit wie von selbst aus ihrer Umgebung herausgewachsen und zum Künder biederer, bescheidener und tüchtiger Vorfahren geworden sei.“[32] In Verbindung mit den großartigen kirchlichen und städtischen Bauwerken, den darin immer noch in reichem Maße enthaltenen und neu bestaunten Werken der Nürnberger Künstlerelite des 16. Jahrhunderts und der sich über die Stadt in der Burg erhebenden Präsenz der deutschen Geschichte von den Saliern bis zu den Hohenzollern ließ sich ohne Mühe ein Gesamtbild von der gewachsenen, steingewordenen Verkörperung eines historischen Ideals gewinnen und die darauf aufbauende Interpretation der Stadtgestalt als besondere Schöpfung und Ausdruck einer deutschen Volksseele anschließen.

In die Zeit der romantischen Entdeckung und unmittelbar nach der Eingliederung der Stadt in das bayerische Königreich fallen allerdings auch eine erhebliche Zahl an Verlusten in der überkommenen Bausubstanz von historischer und kunstgeschichtlicher Bedeutung. In der Ära des bayerischen Polizeidirektors Wurm von 1806–1818, in der die Stadt keinerlei Selbstverwaltungsrechte mehr besaß, verschwanden nicht nur Dürer-Bilder und andere bewegliche Kunstgegenstände wie das in der Vischer-Werkstatt hergestellte Bronzegitter im Rathaus aus der Stadt, sondern wurde auch der größte Teil der seit der Reformation nicht mehr für Gottesdienste genutzten Klosterkirchen abgerissen. Auf Abbruch an Privatleute verkauft wurden bereits 1807 die Franziskaner(Barfüßer-)kirche an der Königstraße und der heutigen Bankgasse ebenso wie die an der Burgstraße gelegene Dominikanerkirche. 1816 fiel die Augustinerkirche, eine der bedeutendsten und kunstgeschichtlich wertvollsten Hallenkirchen der Stadt, die in den Jahren zuvor als Stall und Heulager zweckentfremdet worden war. 1817 folgte die Karmelitenkirche am Josephsplatz, um einem Neubau Platz zu machen.

Auch bis dahin komplett erhaltene Teile der vorletzten Stadtmauer wurden abgerissen wie die östlich des Heilig-Geist-Spitals über die Pegnitz geführten Wehrgänge mit dem Fraueneisen, das Pendant zum Henkersteg am alten Pegnitzausfluß. Selbst der Weiße Turm stand kurz vor dem Abriß. Die noch der militärischen Nutzung zugerechnete letzte Stadtmauer mußte erste Verluste hinnehmen: Auf dem Zwinger östlich des Frauentores entstand das langgestreckte Salzmagazin, das wieder abgerissen wurde, um dem Bau des Künstlerhauses Platz zu machen (s. Abb. 285 und 286). In den Zeichnungen und Aquarellen von Georg Christoph Wilder sind die verlorengegangenen Bauwerke teilweise während der Abrißphase festgehalten und vermitteln eine Vorstellung von den in diesem Jahrzehnt eingetretenen Verlusten im Stadtbild.

Besonders betrauert wurde von den Nürnbergern lange Zeit der Abriß der alten Schau neben der Sebalduskirche nicht nur wegen der vergangenen historischen Bedeutung des kleinen Bauwerks für die Reichsstadt zur Münzbeschau und Prüfung der Gold- und Silberarbeiten. Anstelle des zierlich wirkenden spätgotischen Bauwerks entstand die schmucklose klassizistische Hauptwache direkt gegenüber dem Rathaus, die mit bayerischen Soldaten belegt beinahe symbolisch die Schmach des Verlustes der reichsstädtischen Unabhängigkeit repräsentierte. Bis in unser Jahrhundert wurden die Pläne verfolgt, das niedergerissene Bauwerk zu rekonstruieren und an gleicher Stelle wieder zu errichten (s. Abb. 17).

Mit dem Gemeindeedikt von 1818 erhielt die Stadt wenigstens in Teilen die Möglichkeit der Selbstverwaltung zugewiesen: In Kompensation der erlittenen Verluste, aber auch infolge des gestiegenen Bewußtseins für den Wert der historischen und künstlerischen Hinterlassenschaft setzte rasch eine Welle von Restaurierungen und Wiederherstellungen der bedeutendsten gotischen Baulichkeiten in der Stadt ein, die auch im übrigen Deutschland Aufsehen erregten und einmal mehr Nürnberg als besonderen Hort des geschichtlichen Erbes auswiesen. Beginnend mit der Neueinrichtung der Frauenkirche 1816 für den Gottesdienst der katholischen Einwohner, folgte die als vorbildlich angesehene Restaurierung des Schönen Brunnens 1821–1824. Um die Wiederherstellung eines möglichst gotischen Gesamteindrucks ging es bei den Renovierungen von St. Jakob 1824 und den Eingriffen und Restaurierungen in St. Sebald nach 1820 und St. Lorenz 1836–1840, während 1829 die Moritzkapelle als künftige königliche Gemäldegalerie äußerlich stilgerecht in ihren alten Zustand versetzt wurde. Diese Restaurierungen folgten der Gotikbegeisterung ihrer Zeit, beseitigten die Spuren späterer Jahrhunderte wie den Barockaltar in St. Lorenz, der durch einen neugotischen Hochaltar nach einem Entwurf von Heideloff ersetzt wurde. Die Restaurierung des Schönen Brunnens nach den Gotikphantasien der beteiligten Künstler lief fast auf eine Neuschöpfung hinaus und wurde in einer erneuten Restaurierung zur Jahrhundertwende rückgängig gemacht. Dennoch drücken die auch finanziell nicht unbeträchtlichen Anstrengungen ein gewandeltes historisches und denkmalpflegerisches Bewußtsein aus, das als richtungsweisend auch auf andere Städte ausstrahlte.

Von besonderer Bedeutung war zweifellos der Ankauf des Dürer-Hauses im Jahr 1826 und dessen Renovierung durch Heideloff als Gedenkstätte für die angestiegene Dürer-Verehrung, nach dem bereits 1824/25 das große Wandgemälde des inzwischen zum Nationalheros verklärten Malers im Rathaussaal erneuert worden war.

Diese frühen Anstrengungen, Denkmalsrestaurierungen und Stadtbildpflege, sind vor allem verknüpft mit dem Namen Carl Alexander Heideloff[33], der als strenger „Gotiker“ sich um die Erhaltung eines „altdeutschen“ Gesamtcharakters der Stadt bemühte, bei der Realisierung eigener als „gotisch“ vorgeschlagener Neubauten durch die andersgelagerten Interessen seiner Bauherren und der Stadtspitze aber in seinen Möglichkeiten beschränkt blieb. Zu den typischen Fassadengestaltungen durch Heideloff unter den insgesamt nicht zahlreichen Umbauten historischer Häuser zählt die in späteren Jahrzehnten veränderter gotischer Ausrichtung mit viel Kritik versehene Front des Plattnerschen Hauses am Egidienberg. Heideloff mußte sich für seine „Gotisierung“ auf die Anbringung eines als altdeutsch empfundenen Zierdekors beschränken, da der Bauherr, der Marktvorsteher Georg Zacharias Plattner, an der klassizistischen Fassade des ehemaligen Imhoffschen Hauses festhielt. Auch beim Neubau des städtischen Theaters 1832 hinter dem Hallenchor der Lorenzkirche, dem ersten großen städtischen Neubau im 19. Jahrhundert, wurde ein klassizistischer Ent-

Abb. 18: Nürnberg und Albrecht Dürer: Immer wiederkehrende touristische Ansichtskartenmotive sind Dürerhaus und -denkmal, hier in Kombination mit einem Lorbeerzweig. Die romantische Entdeckung Nürnbergs geht nahezu parallel mit der Wiederentdeckung des Malers, der dann wie die Stadt im 19. und beginnenden 20. Jahrhundert immer stärker für das sich entwickelnde deutsche Nationalgefühl in Anspruch genommen und auch umgedeutet wurde. Lithographie 1898.

wurf von Leonhard Schmidtner den neugotischen Plänen Heideloffs vorgezogen.

Für das Stadtbild bestimmender wurden die mit dem bezeichnenden Begriff „Kompromißgotik“ versehenen Neubauten Bernhard Solgers, der von 1838 – 1872 als städtischer Baurat fungierte und dem Gotik-Dogmatiker Heideloff vorgezogen wurde[34]. Er realisierte im Altstadtbereich neben den neuen Stadtmauertoren 1847 den Neubau der königlichen Hauptbank (s. Abb. 269), in dessen Folge die spätromanische Nikolauskapelle abgerissen wurde – ein Vorgang, der deutlich machte, wo im Zweifelsfalle die Prioritäten zwischen Stadtumbau und Denkmalserhaltung gesetzt wurden. Nach Solgers Entwurf entstand auch in den Jahren nach 1871 das großdimensionierte, nur schwer ins Sebalder Stadtbild passende Justizgebäude in der Augustinerstraße (s. Abb. 152). Entscheidend für die Standortwahl dieses Kolosses im Bereich der Sebalder Altstadt waren das von Bürgermeister Otto von Stromer offenbar besonders forcierte Bestreben, ein großes Gericht in die Stadt zu bekommen, aber auch die Absicht, die gegenüber der Lorenzer Seite sich benachteiligt empfindende Sebalder Altstadt zu stärken.

Noch brachialer in die noch niedrige und kleinteilige Struktur der Altstadt war bereits einige Jahre früher, 1862 und 1865, auf das Gelände der abgerissenen Deutschordenskommende die Deutschhauskaserne gesetzt worden, deren gewaltige Ausmaße und grobe Formen fortan den südwestlichen Bereich der Lorenzer Stadt als fremder Klotz dominierten (s. Abb. 32 und 275). Angesichts dieser Beispiele mag mancher heutige „Altstadtfreund“ sich im nachhinein freuen, daß die Bautätigkeit auch im Innenstadtbereich bis ins letzte Drittel des vorigen Jahrhunderts verhältnismäßig gering blieb.

Die Einpassung ins malerisch als gotisch empfundene Stadtbild war ausdrückliche Forderung der Stadtverantwortlichen, als es um den notwendig gewordenen Erweiterungsbau des Rathauses in den 1880er Jahren ging; ein Vorhaben, mit dem auch nach außen der beeindruckende Wiederaufstieg des Gemeinwesens sichtbar gemacht und die Gegenwart mit der Vergangenheit baulich verknüpft werden sollte. Man hatte sich gegen eine Fortführung des nicht fertiggestellten Wolffschen Renaissancebaus entschieden und suchte eine Lösung mit „einfache(n), edle(n) Formen, welche sich thunlichst dem gotischen Baustil der hiesigen Stadt anschließen“[35] sollte, wie es im Vertrag mit August von Essenwein formuliert wurde. Essenwein hatte mit seinen idealgotischen Erweiterungsbauten des Germanischen Nationalmuseums nach 1872 Zeichen gesetzt und sich mit seinem Entwurf, der die historische Bausubstanz in der Rathausgasse besonders berücksichtigt, für den 1885 begonnenen Erweiterungsbau empfohlen. Der 1889 fertiggestellte Gebäudetrakt, der sich dann allerdings in seinen einzelnen Fronten in recht unterschiedlicher Gestaltung präsentierte, wurde zunächst rückhaltslos gelobt als „Meisterwerk, das würdig an die lang unterbrochene Bautradition Nürnbergs anknüpfte“[36], erntete aber schon wenige Jahre später erhebliche Kritik: Nur an der Rathausgasse sei es ihm gelungen, eine organische Verbindung mit den älteren Bauten herzustellen, während ansonsten der „wissenschaftlichen kühlen“ Formenwelt Essenweins „die Lebenswärme“ fehle, was auf die mangelnde Harmonie zur umgebenden Stadt zielte[37].

Auf das inzwischen neugewonnene Verständnis des Baucharakters der Altstadt als renaissancegeprägt ist es wohl zurückzuführen, daß der nächste Rathauserweiterungsbau am Fünferplatz (s. Abb. 148) 1896 bis 1899 in Renaissanceformen nach Plänen von Hans Pylipp und Joseph Schmitz entstand, der sich besser in die Umgebung der Sebalder Altstadt einfügte.

Die entscheidenden städtebaulichen Entwicklungen, die vor allem das Gesicht der Lorenzer Stadtseite wesentlich veränderten, setzten erst in den Jahrzehnten nach 1870 ein und erhielten ihre Richtung von den neuen vor den Mauern gelegenen Verkehrsschwerpunkten Plärrer mit Ludwigsbahnhof, Fürther Straße und dem Gewerbe- und frühen Fabrikzentrum Gostenhof und ungleich stärker von dem vor dem Frauentor errichteten Bahnhof der Nord-Süd-Bahn und späteren Hauptbahnhof. Mit der Standortentscheidung für den Bahnhofsbau 1844 verlagerte sich langfristig das industrielle und städtische Wachstum in den Süden der Stadt, das sich weiter verstärkte, da in den frühen Schwerpunkten in Gostenhof und Wöhrd die Ausdehnungsmöglichkeiten begrenzt blieben. Gleichzeitig verschoben sich auch die Gewichte der wirtschaftlichen und verkehrlichen Bedeutung von der Sebalder in die Lorenzer Stadtseite. Der alte Handwerkerstadtteil bot zudem mit den noch vorhandenen Freiflächen und einer geringeren Bebauungsdichte bessere Entwicklungsmöglichkeiten. So wandelte sich die Lorenzer Seite nach 1885 mit zunehmendem Tempo entlang der Hauptverkehrslinien Königstraße-Karolinenstraße-Ludwigstraße ins nach wie vor um den Hauptmarkt liegende Zentrum zur modernen „City" mit neubebauten oder umgebauten Geschäftsstraßen. Erfaßt wurden auch bislang eher unbedeutende Straßen wie die Pfannenschmiedsgasse, Breite Gasse, Sterngasse und der Bereich Kaiserstraße/Josephsplatz. Neugeschaffen als Querverbindung zur Sterngasse und 1897 offiziell eröffnet wurde die Luitpoldstraße, damals eine der modernsten Einkaufs- und Gastronomiestraßen der Innenstadt.

Am vollkommensten und raschesten vollzogen sich die Veränderungen und Umbauten in der Königstraße vom Königstor bis zur Lorenzkirche und in der Karolinenstraße, in die 1875 mitten in die noch niedrige Häuserreihe der 52 Meter breite, in üppiger Neorenaissance protzende Neubau des Hotel „Strauß" gesetzt wurde, der den Charakter der Straße stark verwandelte (s. Abb. 287).

Als erster großer Neubau der Königstraße entstand 1876 unter der Nummer 41 ein Wohnhaus für die Bankiersfamilie Kohn (s. Abb. 235). Die breite Neorenaissancefront überragte die niedrige und bis dahin teilweise sehr bescheidene Bebauung in diesem Abschnitt deutlich, wurde bald aber selbst von den in seiner Nachbarschaft entstehenden noch höheren Neubauten übertroffen. Die Entwicklung läßt sich auf den zeitgenössischen Ansichtskarten gut nachvollziehen: Bei der überwiegenden Mehrzahl der in der Königstraße in den folgenden beiden Jahrzehnten entstehenden Neu- und Umbauten handelte es sich um Hotels und gastronomische Betriebe, die sich der Karten als Reklamemittel bedienten und schon mit den modernen Fassaden warben, als die Bauwerke kaum das Entwurfsstadium hinter sich gelassen hatten. Die Mehrzahl der Häuser entstand zunächst im beliebten Neorenaissance-Stil, wie es dem Repräsentationsbedürfnis des Bürgertums der Nachgründerzeit überall in den neuen deutschen Großstädten entsprach. Die Hotels „Monopol" oder „Reichshof" waren Beispiele für diesen in der Nürnberger Innenstadt als fremd empfundenen Stil. So entwickelten sich Mitte der 1880er Jahre ernsthafte Bestrebungen einer besonderen Nürnberger Stadtbildpflege. In einem eigenen „Nürnberger Stil" wurde der Versuch unternommen, historische Bauformen unter Verwendung typischer Nürnberger Bauelemente wie Chörlein, Dacherker und vorgefundener Giebelformen mit den modernen Nutzungs- und Repräsentationsbedürfnissen zu vereinen. Als gelungene Beispiele gefeiert wurden das 1889 nach Plänen von Konradin Walther errichtete Hotel „Deutscher Kaiser" (s. Abb. 19) und schräg gegenüber das Hotel „Rother Hahn", 1894–96 erbaut nach dem Entwurf von Georg Richter. Auch in anderen Hotelneubauten finden sich Nürnberger Dacherker und Chörlein im Verbund mit einer ansonsten eher niederländi-

Abb. 19: Der Neubau des Hotels „Deutscher Kaiser" in der Königstraße 55 gilt als ein Musterbeispiel des „Nürnberger Stils" als dem Versuch, die Nürnberger Bauweise der Vergangenheit mit den baukünstlerischen Repräsentationsbedürfnissen der neuen Großstadt am Ende des 19. Jahrhunderts in Einklang zu bringen. 1888/89 nach Plänen von Konradin Walther anstelle eines neugotisch umgestalteten Baus aus dem 16. Jahrhundert errichtet, sind deutliche Anleihen beim Toplerhaus vor allem an der Straßengiebelfront nicht zu verkennen, die durch das dreigeschossige Chörlein mit Maßwerkfeldern repräsentativ aufgewertet wird. Das heute noch reizvolle Gebäude, dessen Giebel jedoch einer dringenden Renovierung bedürfte, ist ein gesuchtes Motiv für viele Ansichten der Königstraße in diesem Bereich und konnte durchaus als Maßstab für künftige Hotelneubauten in der Altstadt dienen. Lithographie um 1890.

schen Bürgerhäusern nachempfundenen Renaissancepracht. Der „Nürnberger Stil" war zumindest in der Innenstadt sehr eng verknüpft mit dem Erwerbszweig Gastronomie und Tourismus. So bot die Königstraße um 1900 „dem Reisenden, der vom Bahnhof in die Stadt eintrat, ein ganzes Panorama von Motiven der Altnürnberger Bürgerhausarchitektur, angepaßt an den veränderten großstädtischen Maßstab. Mit ihrem Lokalkolorit stimmte die Geschäfts- und Hotelstraße den Touristen auf den Besuch der alten Stadt ein; zugleich bot sie ihm die Annehmlichkeiten der modernen Gastronomie" [38]. Als richtungsweisend durchsetzen konnte sich der „Nürnberger Stil" in der Innenstadt aber keineswegs; stärker als das Bemühen um eine dem Stadtcharakter angepaßte Bauweise erwiesen sich verkaufsfördernde und auf Repräsentation angelegte Interessen der Bauherren[39]. Das zeigte sich spätestens als im Jahre 1898 – wenn auch nach längerer kontroverser Diskussion – das kunstgewerbliche Warenhaus Leykauf an der Ecke Königstraße zur Karolinenstraße gegenüber Lorenzkirche und Nassauer Haus in verspielter neobarocker Formgebung sein Etablissement eröffnete.

Beispiele angepaßten Bauens in der Innenstadt ohne große historisierende Anleihen entstanden eher am Rande des Geschehens. Beispiele dafür waren die leider zerstörte Markthalle auf der Insel Schütt (s. Abb. 213) oder die Poliklinik von Joseph Schmitz bei der Agnesbrücke (s. Abb. 276).

Während die Lorenzer Stadt innerhalb von 20 Jahren ihr bauliches, wirtschaftliches und soziales Gesicht zumindest entlang der Hauptverkehrsachsen vollständig wandelte, blieb die bauliche und wirtschaftliche Struktur der Sebalder Seite nahezu unverändert. Die wesentlichen Neubauten entstanden im Rathausbereich und entlang der Linie Theresienstraße, Innere und Äußere Laufer Gasse, die während des 1. Weltkriegs durch den Neubau der Sparkassenzentrale einen neuen Akzent erhielt.

In wenigen Jahrzehnten hatte sich das in beiden Stadthälften nördlich und südlich der Pegnitz angelegte Doppelgesicht der Altstadt deutlich umgekehrt: Aus der bis zur Industrialisierung wirtschaftlich und sozial überlegenen Sebalder Seite war, in ihrer wirtschaftlichen Bedeutung nun abgestiegen, das eigentliche „Alt-Nürnberg" geworden, während auf der anderen Pegnitzseite, in der bis dahin bescheideneren alten Handwerkerstadt, nur in den Randbereichen sich Teile der alten Strukturen und Bauten erhielten, die nicht von der Geschäftigkeit der neuen Großstadt erfaßt und verändert wurden. Eine knappe Charakterisierung der unterschiedlichen Bestandteile der Altstadt im Jahre 1910 gibt der in vielerlei Hinsicht hochinteressante „Graphisch-Statistische Atlas der Stadt Nürnberg" in der Beschreibung der Stadtbezirke. Damals war die Stadt in 29 Bezirke aufgeteilt. Auf die Innenstadt fielen die folgenden sechs Bezirke (s. Plan S. 42):
Bezirk I mit den Grenzen: Neutorgraben – Vestnertorgraben – Webersplatz – hintere Landauergasse – innere Laufer Gasse – Theresienstraße – Rathausplatz – Weinmarkt – Weißgerbergasse – Hallertor.

Bezirk II begrenzt von: Weißgerbergasse – Weinmarkt – Rathausplatz – Theresienstraße – innerer Laufer Gasse – innerer Laufer Platz – Grübelstraße – Nordarm der Pegnitz abwärts bis zum Hallertor (Heilig-Geist-Spital und Norisstift inbegriffen).

Bezirk III in den Grenzen: Grübelstraße – innerer Laufer Platz – hintere Landauergasse – Webersplatz – Maxtorgraben – Laufer Torgraben – Nordarm der Pegnitz abwärts bis Grübelstraße.

Bezirk IV mit den Grenzen: Weizenstraße – Unschlittplatz – Nordarm der Pegnitz aufwärts – Peter Vischerstraße – Theatergasse – Hallplatz – Kornmarkt – Jakobstraße – Jakobsplatz bis Weizenstraße.

Bezirk V in den Grenzen: Vordere Kartäusergasse – Kornmarkt – Hallplatz – Theatergasse – Peter Vischerstraße – Nordarm der Pegnitz – Marientorgraben – Königstorgraben – Frauentorgraben bis zur vorderen Kartäusergasse.

Bezirk VI im Grenzbereich: Vordere Kartäusergasse – Frauentorgraben – Plärrer – Spittlertorgraben – Westtorgraben – Nordarm der Pegnitz aufwärts – Unschlittplatz – Weizenstraße – Jakobsplatz – Jakobstraße – Kornmarkt.[40]

Beschrieben wurden diese Bezirke wie folgt, aus Vergleichsgründen sind auch die Außenbezirke angeführt:

„Der Bezirk I, der älteste Stadtteil, an die Burg angelehnt, wird durch alte, kleine Häuser, die in engen Strassen, Gassen und Gässchen liegen, charakterisiert. Irgend welche grössere Läden trifft man hier nicht an. Anders der Bezirk II, der den Markt und das Rathaus, den Mittelpunkt des Verkehrs, in sich schliesst. Die vielen Läden der verschiedensten Geschäftszweige, nicht nur solcher zur Nahrungsmittelbefriedigung, geben diesem Bezirk einen geschäftlichen Charakter. Grössere erweiterte Strassenzüge sind hier anzutreffen. Dieser Geschäftscharakter zeigt sich dann jenseits der Pegnitz in verstärktem Masse in den Bezirken IV und V. Hier liegen die König-, Karolinen-, Kaiser-, Ludwigstrasse, der Josephsplatz usw.; Strassen, in denen die grossen Geschäfte und Hauptverkehrsgebäude ihren Sitz haben, die zum Teil von elektrischen Strassenbahnen durchzogen werden und durch die das Leben großstadtartig dahinflutet. Die Bezirke III und VI, dicht hinter der Mauer, tragen wieder mehr Kleinstadtcharakter. Die Bezirke VII, VIII, IX,

Die statistischen Bezirke und ihre Bevölkerungsdichtigkeit 1910.

Karte IV.

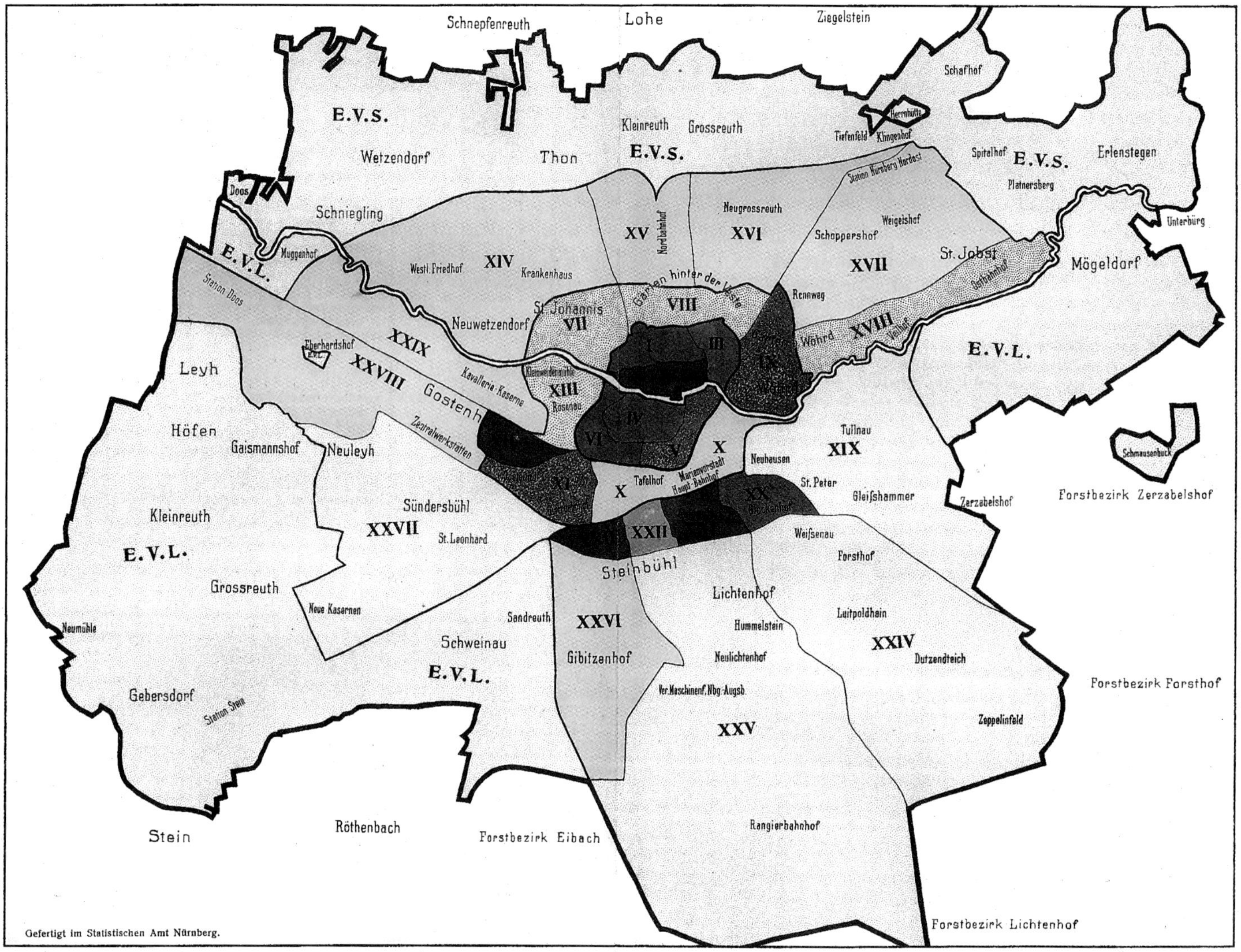

Erklärung: Es treffen durchschnittlich auf 1 ha

bis einschl. 50 Bewohner =	über 250 bis 300 Bewohner =
über 50 bis 100 „ =	„ 300 „ 350 „ =
„ 100 „ 150 „ =	„ 350 „ 400 „ =
„ 150 „ 200 „ =	„ 400 Bewohner =

Planabbildung nach: Graphisch-Statistischer Atlas der Stadt Nürnberg, Nürnberg 1913.

X und XIII, die sich um den Graben lagern, sind moderne Wohnviertel. Geräumige, neuzeitlich ausgestattete Wohngebäude mit grossen Wohnungen sind hier vorherrschend. Im Bezirk XII mit den Kanalstrassen herrscht die Kleinwohnung vor. Die Bezirke XIV bis XIX und XXIV bis XXIX sind die Teile der Stadt, die gegenwärtig im Ausbau begriffen sind, aber immer noch grössere Flächen unbebauten Grund und Bodens aufweisen. Die Bezirke XXV und XXVI unterscheiden sich von den übrigen dadurch, daß in ihnen vornehmlich die Industrie ihren Sitz hat, die diesen Stadtteilen ihren Charakter gibt. Letzteren Bezirken nähern sich die ausgebauten Bezirke XX bis XXIII. Die an der Peripherie der Stadt gelegenen Bezirke, Gebietsteile, die erst 1899 eingemeindet wurden, tragen in der Hauptsache rein ländlichen Charakter".[41]

Dem Doppelgesicht der beiden Altstadthälften entsprach der Doppelcharakter der ganzen Stadt um die Jahrhundertwende: Innenstadt – Außenstadt, Altstadt – Neustadt, Verkörperung vergangener deutscher Bürgertugenden – industrielles Herz Bayerns, nationales Symbol als „deutscheste Stadt" – die rote Hochburg. Die Spannungen zwischen diesen scheinbaren Gegensätzen haben die Nürnberger Geschichte bis heute beeinflußt, auch wenn sie heute weitaus weniger heftig die politischen und kulturellen Diskussionen bestimmen als um die Jahrhundertwende.

Konflikte zwischen den Ansprüchen und Notwendigkeiten der rasch wachsenden Industrie- und Großstädte zu ihren historischen Kernen und Bedeutungen gab es keineswegs nur in Nürnberg. Daß sie hier besonders stark zum Tragen kommen sollten, der Stadt durch die nationale Symbolrolle Nürnbergs eine stärkere Problematik aufbürdeten, die eine besondere Verantwortung bedingte, spürte kurz nach der Jahrhundertwende auch ein Besucher der Stadt, der sich darüber in einem Zeitungsbericht äußerte. Zum Spätsommer 1906 besuchte der Schriftsteller und Journalist Oskar Blumenthal, erfolgreicher Verfasser des „Weißen Rößl", Nürnberg für einige Tage, um sich die Jubiläumslandesausstellung im Luitpoldhain anzusehen, die ihn aber offenbar nicht übermäßig beeindruckte, denn er schreibt nach einer launigen Betrachtung der Industrieausstellung unter dem Titel „Im jungen Nürnberg":

„Das schönste Ausstellungsobjekt, das uns Nürnberg bietet, ist zweifellos Nürnberg selbst. Und das wissen auch die Herren sehr genau, die an der Spitze dieses so üppig emporblühenden Gemeinwesens stehen. Nürnberg hat seine Gäste unter dem Vorwand eingeladen, ihnen die Ausstellung zu zeigen, während es in Wirklichkeit nur sich selbst zeigen wollte. Die werdende Großstadt sollte sich in ihrem ganzen Wuchs vor bewundernden Augen emporrichten – und ihr Wuchs ist in der Tat ein erstaunlicher. Gereckt und gestreckt hat sie sich in die Höhe und in die Breite wie eine junge Riesin. Mit ihren wuchtigen Armen droht sie die alte Stadt zu umklammern und zu erwürgen. Mit Bewunderung sehen wir's, aber auch mit schwermütiger Besorgnis. Wird das stolze junge Nürnberg nicht eines Tages unser liebes altes Nürnberg vollständig überschattet haben? Wird die Erinnerungsstadt sich noch in der Industriestadt behaupten können? Scheinen sich nicht schon heute die alten Gassen und Gäßchen, die uns immer wie verstreute Zeilen einer schönen deutschen Dichtung angemutet haben, schamhaft und verschüchtert in dem weiten Stadtbild zu verkriechen?... Als wenn sie sich in ihrer Enge und Unbehilflichkeit vor den breiten neuen Straßenzügen schämten, in denen sich so viele schimmernde Neubauten prahlsüchtig aneinanderreihen...
Der fremde Beobacher sieht es auf den ersten Blick, daß das junge Nürnberg jetzt den Kampf zu bestehen hat, der keiner Jugend erspart ist: den Kampf zwischen Eigenrecht und Rücksicht, zwischen Werdedrang und Pietät... Und die Sorge, wie dieser Kampf entschieden wird, begrenzt sich nicht durch das städtische

Weichbild. Denn Nürnberg gehört nicht bloß den Nürnbergern, wie Venedig nicht bloß den Venezianern gehört. Eine Kulturfrage ist es, die jedermann ans Herz greift, was aus der Stadt werden wird, die einstmals des heiligen Deutschen Reiches Kleinodienschrein genannt werden konnte.

Nürnberg! Es gibt kaum einen anderen deutschen Städtenamen, der schon beim ersten Anklingen in jedermann so zahlreiche, scharf umrissene Erinnerungsbilder aufsteigen läßt. Wir hören das Wort nur nennen, und sofort sehen wir gleichsam eine steinerne Chronik vor uns aufgeschlagen, die uns aus deutscher Vergangenheit so viel Unvergeßbares wiedererzählt. Wir sehen enge Gassen, in denen sich die schmalen Häuser altersschwach aneinanderlehnen, als wenn sie sonst umzufallen drohten. Wir sehen schräg abfallende Ziegeldächer, die so manchem Haus wie eine schiefgerückte Mütze, wie ein flottes Studentencerevis keck auf dem Scheitel sitzen. Wir sehen zierliche Erker, die hier wie Vogelkäfige an die Mauern gehängt sind, dort aus einem Säulenschaft wie aus einem Blumenkelch emporwachsen. Wir sehen Kirchendächer und Kuppeln, die von Edelrost übergrünt sind, und Sandsteinfassaden, die in Ehren schwarz geworden sind. Aus kunstreichen Brunnen sehen wir das Wasser sprudeln, und deutsche Patrizierhäuser steigen vor uns auf, die sich in ehrwürdige alte Winkel zärtlich hineinschmiegen....

Schon bei der Ankunft werden wir eingeladen, dieses Bild zu berichtigen, denn das neue Nürnberg empfängt uns in einer Bahnhofshalle, die durch ihre architektonische Pracht und ihre vornehme Raumverschwendung einen weltstädtischen Eindruck hervorruft, den wir gerade an dieser Stätte nicht erwartet hatten und der uns vielleicht nicht einmal erwünscht ist. Die alte Chronik hat ein neues Titelblatt bekommen. Wir sehen es schon hier. Und wenn wir dem Bahnhof gegenüber die breite Straße am Frauentor entlangwandeln, so haben wir Gelegenheit, mit einem einzigen Augenaufschlag die alte und die neue Stadt zu überblicken. Rechts noch der alte Zwinger mit seinen Schießscharten, Türmen und Türmchen – links aber eine Reihe von modischen Prachtbauten, die man, so paradox es klingen mag, verstimmend schön nennen möchte. Setzten wir aber unsere Wanderung fort, um in die Ausstellung zu gelangen, so kommen wir durch ein weitmaschiges Netz von neuen Straßen, in welchen man auch nicht die leiseste Nürnberger Note mehr wahrnehmen kann. Schwer und heikel sind die Aufgaben, die den verwaltenden Kräften einer alten Stadt erwachsen, in welcher die neue Zeit mit ihrem Entfaltungsdrang und Schaffenssturm einen Wohnsitz begehrt. Venedig ist vielleicht das einzige Beispiel einer Stadt, die ihre Vergangenheit als ein Unberührbares betrachtet und jede Lockung zur Selbstverjüngung mit spröder Treue weit von sich abweist. Wir verstehen es, daß im Herzen Deutschlands, an einem Ort, wo große Industrien sich seßhaft gemacht haben, dieses schöne Beispiel nicht nachgeahmt werden kann. Nürnberg kann auf seiner Vergangenheit nicht aufgebahrt bleiben wie auf einem schönen Sarkophag; aber die Stadt Albrecht Dürers und Peter Vischers darf auch nie und nimmermehr eine Schornsteinzentrale werden, die sich nur noch um einige Erinnerungswinkel herumbaut....“[42].

Blumenthals Schilderung, hervorragend geschrieben für ein Zeitungs-Feuilleton, bietet keine Lösung an, aber sie beschreibt in anschaulichen Worten die besonderen Stadtentwicklungsprobleme Nürnbergs auf dem Gipfel des Industriezeitalters: Seine Beschreibung, durchaus die üblichen Schematisierungen aufgreifend, entspricht dem in unseren Ansichtskarten sich niederschlagenden Bild.

Das Altstadtbild in den Ansichtskarten

Daß die Altstadtmotive unter den Nürnberger Ansichtskarten die wichtigste Rolle spielten, liegt wohl auf der Hand und ist auf den großen Anteil von Karten für den Fremdenverkehrsmarkt zurückzuführen. Das zeigen auch die Motivmengen in den beiden Ansichtskartensammlungen des Stadtarchivs. Beide Bestände haben sich allerdings unterschiedlich entwickelt und sind so verschieden zusammengesetzt: Entstand die ältere Sammlung (A 5) ohne besonderen Plan, d. h. einem Sammlungsgrundstock aus der Zeit der Jahrhundertwende wurden in den letzten Jahrzehnten die dem Archiv als Geschenk überlassenen oder zum Kauf angebotenen Karten ohne besondere Auswahlkriterien hinzugefügt, so entwickelte sich die zweite Sammlung (A 34) in zehnjähriger systematischer Sammlertätigkeit durch Herrn Wilhelm Quast. Seine Zielsetzung war es, möglichst die gesamte Motiv- und Themenbreite von Nürnberger Ansichtskarten in hochwertiger Qualität zusammenzutragen. Im Zweifel erhielten die seltener auftauchenden Karten der Vorstadt oder von einzelnen Ereignissen den Vorrang vor der x-ten Variation etwa einer Weinstadel-Ansicht. So gibt die Sammlung Quast einen recht aufschlußreichen Eindruck von der Vielzahl der insgesamt erschienenen Motive, aber nicht unbedingt von der Häufigkeit einzelner Motivvariationen, während die ältere Sammlung aufgrund ihrer Entwicklung sich vorwiegend aus der Massenware zusammensetzt und damit auch einen überdurchschnittlich hohen Anteil der touristischen Karten enthält.

Nach einer groben Auszählung gehören etwa 75 Prozent der hier erfaßten Ansichtskarten zum Stadtbereich innerhalb der Ringmauern, während die Sammlung Quast rund 1300 Altstadtkarten neben 1600 anderen topographischen Karten des Stadtgebiets einschließlich der Ausflugsziele enthält. Ihnen hinzuzurechnen sind noch ca. 300 weitere Karten aus anderen Teilen der Sammlung wie Künstlerkarten, sogenannte Vorläuferkarten und die schönen chromolithographischen „Gruß aus Nürnberg"-Karten, mit weiteren Motiven aus der Altstadt. Diese Relationen sind sicherlich nicht besonders überraschend. Erstaunlicher aber mag erscheinen, daß in der älteren Sammlung 1055 von insgesamt 2400 erfaßten Karten, in der Quastschen Sammlung 955 der 1600 Altstadtkarten auf nur wenige besonders beliebte Motivgruppen entfallen: Das sind in der in beiden Sammlungen fast übereinstimmenden Folge die Burg[43], danach mit deutlichem Abstand relativ dicht beieinanderliegend Karten mit den Hauptkirchen St. Lorenz und St. Sebald, vom Hauptmarkt, Ansichten des Weinstadels mit Henkersteg, Stadtpanoramen, dann Karten vom Dürer-Haus und vom Bratwurstglöcklein, allerdings mit 73 bzw. 49 Karten in bescheidener Größenordnung gegenüber den Rekordzahlen einer originellen Spezialsammlung des Nürnberger Graphikers Heinz Glaser mit allein 443 verschiedenen Glöckleinspostkarten. Die letzere Zahl zeigt die mögliche Variationshäufigkeit bei den beliebtesten Touristenmotiven, die sicherlich auch für die anderen großen Sehenswürdigkeiten und Touristenrenner nachzuweisen wäre. Aus dieser Variationshäufigkeit lassen sich auch die entsprechenden Schlüsse auf die weitaus höheren Auflagen im Bereich der Touristenkarten gegenüber den eher für die Stadteinwohner produzierten Karten ziehen.

Daß die Ansichtskarten von Burg, Weinstadel etc. als den besonders typisch angesehenen Nürnberg-Motiven weit überwiegend auch von Reisenden verschickt wurden, bestätigt in der Regel der Grußtext auf den Postkarten, wenn auch nicht immer: Auch viele Nürnberger bedienten sich der bevorzugten Alt-Nürnberg-Motive, unter anderem recht häufig als Glückwunschträger zum Neuen Jahr. Dazu wurden im übrigen nicht selten ganz gewöhnliche Karten umgedruckt oder die vorhandenen Sommersichten auf Winter verkleidet.

Innerhalb dieser typischen Nürnberg-Ansichten, mit acht Hauptmotiven ohnehin gegenüber anderen Städten eine nicht geringe Zahl, ist die Variations- und Gestaltungsvielfalt des gleichen Motivs am stärksten ausgeprägt. Das für die wichtigsten Sehenswürdigkeiten auf dem Markt befindliche Angebot an Karten versorgte in häufig unterschiedlicher Auffassung und Gestaltung des Motivs die verschiedensten Geschmacksvorstellungen und reichte von stark romantisierenden graphischen und künstlerischen Vorlagen über süßen oder grellen Kitsch bis zu sachlich-nüchternen Drucken auf fotografischer Grundlage und interessanten Fotokarten. In diesen Alt-Nürnberg-Ansichten für den Fremdenverkehrsmarkt finden sich daneben auch die verschiedensten historisierenden Zierelemente wie Nürnberg-Wappen, ausgerollte Pergamentrollen etc., die die Geschichtsmächtigkeit der Stadt unterstreichen und bewußt die Gegenwart ausblenden (s. Abb. 8 und 9). Die die Moderne bevorzugende Variante zeigt aber auch, gut erkennbar bei dem besonders beliebten Blick zur Burg über das Hallertor, die im Außenbereich am Ring angrenzende neue Stadt in Gestalt der Pferdebahn oder der schon elektrifizierten Straßenbahn als Kontrast (s. Abb. 37).

Die Variationsbreite der Karten mit den bevorzugten Tourismusmotiven entstand unter anderem auch durch die hier vorhandene Konkurrenz verschiedener, vor allem auch auswärtiger Verlage, die die immer neue Produktion noch schönerer oder das touristische Nürnberg-Bild noch besser reproduzierender Karten anregte. Die Zielsetzung, die Vielfalt der Ansichten von der Altstadt vorzustellen, und der beschränkte Rahmen von Ausstellung und Katalog erlauben es allerdings nur, einen begrenzten Teil der vorhandenen Variationen zu zeigen.

Denn in erstaunlich großer Zahl sind auch touristisch weniger vermarktete Sehenswürdigkeiten und malerische Winkel auf Ansichtskarten erschienen. Das Spektrum reicht hier von der Stadtbefestigung, den Nürnberger Brunnen und Brünnlein zu den historischen Innenhöfen, von den Denkmalen des 19. Jahrhunderts über die malerischen Pegnitzpartien mit den Galeriehäusern am Sand über die Brückenlandschaft der Pegnitz bis zu den alten und neuen Rathausbauten wie den Häuschen am Ölberg. Die Palette der Karten für den touristischen Markt ist erstaunlich breit und vielfältig, nicht nur aus der Perspektive des heutigen dürftigen Ansichtskartenangebots.

Besonders hervorzuheben sind die Karten des Nürnberger Verlags Hermann Martin, der in der Wirthstraße 16 seinen Betrieb unterhielt. Er übertrifft deutlich andere Verlage nach der Vielfalt des Angebots in Gestaltung und Motivzahl. In einer Annonce im städtischen Adreßbuch des Jahres 1905 warb der Verlag als die in Deutschland „am reichhaltigsten produzierende Firma“ und bot allein „2000 Sujets“ (!) für Nürnberg an, 1907 waren es bereits 3000 Nürnberg-Motive. Das erscheint aus heutiger Sicht nur schwer vorstellbar. So sind die „nur“ 380 Nürnberg-Karten des Martin-Verlages in der Sammlung Quast bereits die größte Kartenmenge eines einzelnen Verlages innerhalb der Kollektion. Davon entfallen 190 auf die Altstadt und bilden den Kern unserer Ausstellung.

Unter den Martin-Karten finden sich die typischen Alt-Nürnberg-Touristen-Bildchen ebenso wie gut gedruckte Künstlerkarten beispielsweise aus der Aquarell-Karten-Serie nach Vorlagen von Lorenz oder Wilhelm Ritter. Am weitaus interessantesten sind jedoch die vielen, auch technisch hervorragend gemachten Lichtdruckkarten nach fotografischen Aufnahmen, darunter auch eine ganze Reihe von Ferdinand Schmidt[44]. Diese Lichtdrucke von beiden Altstadthälften zeichnen sich durch die

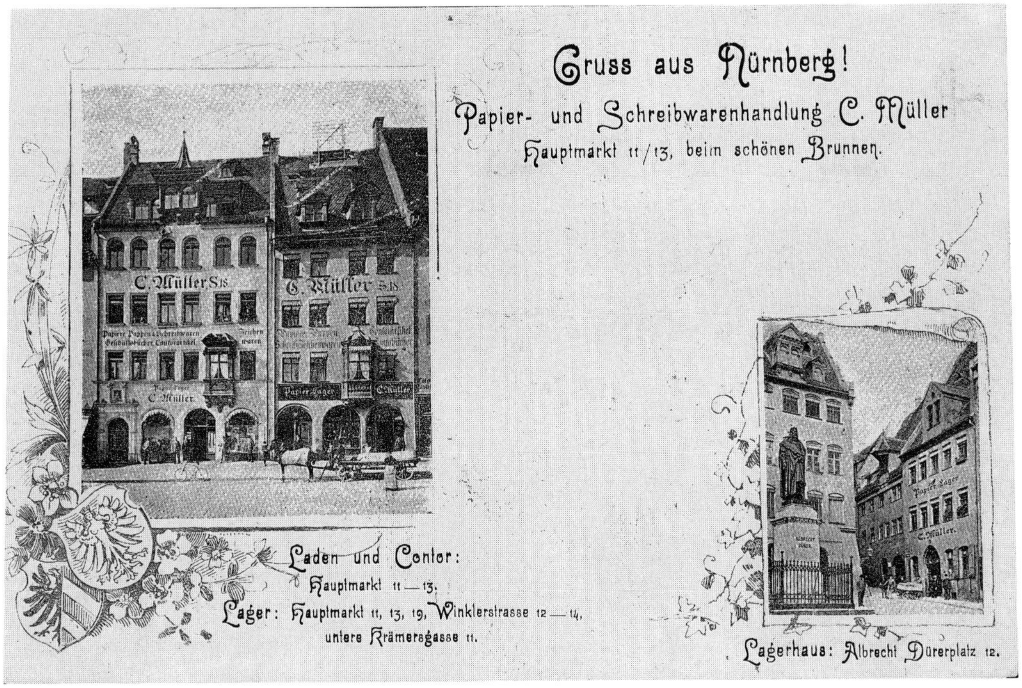

Abb. 20: Mit dieser Werbekarte, um die Jahrhundertwende schon im modernen Rasterdruck erschienen, präsentierte die Papierhandlung C. Müller die Geschäfts- und Hausansichten des Stammhauses am Hauptmarkt 11–13 und des Lagerhauses, Nürnberg-spezifisch aufgewertet durch das Dürer-Denkmal am Albrecht-Dürer-Platz 12. Auf dem Dach des Hauses Hauptmarkt 13 als Hauszeichen der Moderne ein Stromleitungsträger.

ganz bewußte Abbildung von Personen, belebten Straßenszenen, Fahrzeugen und Verkehrsmitteln aus und geben so im Unterschied zu den sonst eher menschenarmen Architekturaufnahmen einen interessanten Einblick in das städtische Alltagsleben (einige besonders schöne Beispiele s. Abb. 50, 91, 101, 124, 136, 164 und 253). Diese Karten, und das breite Repertoire des Verlags bestätigt das ebenfalls, wendeten sich bevorzugt auch an die Nürnberger und die Anwohner dieser Straßen als Abnehmer.

Zu dem großen Angebot kommerzieller Ansichtskartenverlage für die Sebalder Seite kommen die Karten hinzu, die von Geschäftsinhabern, Gasthäusern etc. produziert und häufig im Selbstverlag herausgegeben wurden. Während für die bevorzugt von Touristen frequentierten Lokale etwa wie das „Goldene Posthorn", die Alt-Nürnberg-Werbung im Vordergrund steht, wird in vielen anderen dieser Reklame- und Geschäftskarten die Realität der alten Stadthälfte als Geschäfts-, Arbeits- und Wohnquartier erkennbar. Dagegen sind in den Ansichten von der Theresienstraße, der inneren und äußeren Laufergasse ganz gezielt der starke Verkehr und die Straßenbahn in den Vordergrund gerückt, um den städtischen Fortschritt und schnelleren Rhythmus auch auf dieser Seite der Pegnitz hervorzuheben.

Als verbindendes Band zwischen beiden Stadthälften erscheinen durch die damals noch sehr viel stärkere Einbeziehung des Flusses in Wirtschaft und Stadtleben die Pegnitz- und Brückenansichten. Sie überliefern die damals noch in der Stadt vorhandenen Mühlen mit ihren Wehren oder die belebten Siedlungen auf der kleinen und hinteren Insel Schütt und auf dem Trödelmarkt. Die wirtschaftliche Rolle der Pegnitz als Nutzwasser und der noch vom Fluß geprägte Charakter der anliegenden Stadtteile sind ja heute restlos verschwunden.

Deutlicher als vielleicht sogar in der Wirklichkeit liefern die Ansichtskarten von der Lorenzer Stadtseite ein völlig anderes Stadtbild und rücken das neue Geschäfts-, Hotel- und Wirtschaftszentrum in den Vordergrund. Bestimmend sind die Karten von der neuen City in der König-, Luitpold- und Karolinenstraße. Dazu kommen die Ansichten aus den belebten Geschäftszonen in Kaiser- und Ludwigstraße, vom Josephsplatz und der Pfannenschmiedsgasse. Sieht man von Karten mit touristischem und kunstgeschichtlichem Anspruch ab, wurden von der Königstraße im Bereich vom neuen Stadteingang am Königstor bis zur Einmündung der Karolinenstraße die meisten Ansichtskarten produziert. In ihnen lassen sich die baulichen Veränderungen ab etwa 1890 in einzelnen Stufen ablesen. Als oft verwendetes Bildmittel, um den Eindruck des modernen Stadtumbaus und des geschäftigen Lebens in der Stadt zu steigern, erscheinen auf den Karten der kommerziellen Verlage bevorzugt die Züge der 1896 elektrifizierten Straßenbahn, aber auch schon der Pferdebahn. Bei den graphischen Karten tritt die elektrische Beleuchtung als weiteres, die „Moderne" signalisierendes Gestaltungselement hinzu (s. Abb. 239, 290 und 303). Auch unter den Karten der Lorenzer Stadtseite sind die Lichtdrucke des Verlags Hermann Martin mit ihren belebten Straßenszenen, Soldatengruppen, Einkäufern und Flaneuren von besonderem Reiz (s. Abb. 253).

Neben die Produktionen der Ansichtskartenverlage treten zusätzlich in großer Zahl die von den Hotels und gastronomischen Betrieben herausgegebenen Reklamekarten, die ihre Häuser im besten Lichte darzustellen bestrebt sind. Das führt in der graphischen Umsetzung häufig zu Perspektiven, die in der Realität und ihrer baulichen Umgebung gar nicht zu erlangen sind. In den nacheinander erschienenen Karten einzelner Betriebe und Häuser, ganz besonders beim Hotel „Rother Hahn" in der Königstraße und beim Hotel und späteren Warenhaus „Strauß", in der Karolinenstraße, lassen sich der Aufstieg des Beherbergungsgewerbes bis zum 1. Weltkrieg gut nachvollziehen. Erkennbar werden auch die Gestaltungsmittel dieser Karten, die bestrebt sind, großstädtische Verkehrsanbindung, modernen Komfort, aber auch ihre Nürnberger Tradition und Gediegenheit auszudrücken und unter einen Hut zu bringen.

Ihre thematische Fortsetzung finden die Karten aus der City in den in großer Zahl erscheinenden Ansichten von den großen neuen Repräsentationsbauten entlang des Frauentorgrabens, der auf den Karten sich bevorzugt als moderne Ringstraße präsentiert, während in der Motivwahl und Darstellung der Stadtbefestigung im nördlichen Altstadtteil sehr viel stärker der malerische und historische Charakter der Stadtbefestigung zur Darstellung gelangt. Auf der an markanten historischen Bauwerken ärmeren Lorenzer Stadtseite kommt diesen ohnehin eine Art Orientierungsfunktion auf den Karten zu. So werden die Stadtmauer und ihre Türme als äußere Begrenzung, im Inneren Mauthalle, Lorenzkirche und Weißer Turm, als das „historische Nürnberg" signalisierende Elemente gesucht und wenn möglich, in das überwiegende Bild der Karten von der neuen großstädtischen geschäftigten Lebensweise mit eingebaut.

Panoramen und Luftaufnahmen

„Wenn man diese herrliche Stadt aus der Ferne erblickt, zeigt sie sich in wahrhaft majestätischem Glanze. Die Kirchen sind prachtvoll, die kaiserliche Burg blickt fest und stolz herab und die Bürgerhäuser erscheinen wie für Fürsten gebaut".

Wie Enea Silvio de Piccolomini, der spätere Papst Pius II., 1457 das Gesamtbild der Stadt von der Ferne besonders pries, wurden seit dem Mittelalter immer wieder die verschiedenen Totalansichten des vieltürmigen Stadtbildes mit der sich darüber erhebenden Burg ganz besonders hervorgehoben oder künstlerisch dargestellt. Vom Krellschen Altar in der Lorenzkirche, der ältesten Stadtansicht von Nürnberg von 1480, über die berühmte Totale in der Schedelschen Weltchronik bis in unser Jahrhundert – Gesamtansichten der Stadt, mit den sie konstituierenden Mauern und Befestigungstürmen, den charakteristischen Kirchturmen und der bis zur Burg ansteigenden Dachlandschaften der Häuser sind für Nürnberg besonders charakteristisch und besitzen einen höheren Verbreitungsgrad und Wiedererkennungswert, als dies bei vielen anderen Städten der Fall ist.

Das 19. Jahrhundert mit seiner Vorliebe für Panoramaansichten und Abbildungen aus der Vogelperspektive hat diese Sichtweise nochmals belebt. Ansichtskarten mit Stadtpanoramen, auch wenn es sich meist um ganz gewöhnliche Total- oder Überblicksansichten aus einer bestimmten Perspektive handelt, bilden für Nürnberg eine besonders vielfältige und beliebte Kategorie. Sie umfaßt historische Gesamtansichten ebenso wie idealisierte, zeitgenössische graphische Vorlagen, die die umgebende Außenstadt schlicht ignorieren, und vor allem eine Vielzahl fotografischer Übersichtsaufnahmen von den verschiedensten Blickpunkten aus. In Serien mit Außenansichten aus den verschiedenen Himmelsrichtungen wurde versucht, sich dem Gesamtbild zu nähern, wie später in anderer Weise die neuen Luftaufnahmen aus dem Ballon oder Flugzeug die Illusion der Totalansicht wiederholten.

Bei den Außenansichten findet sich mit am häufigsten der Blick vom Spittlertorgraben zur Burg, der in den Variationen und der Vielzahl der produzierten Ansichten noch vom Blick über das Hallertor, unter Einschluß der Ringstraße als moderner Variante oder ihrer Ausblendung, übertroffen wird. Ähnlich häufig ist der Blick vom Nordturm der St. Lorenzkirche über den Hauptmarkt zur Burg, die vielleicht verbreitetste Gesamtschau auf Nürnberg in der Ansichtskartenzeit. Weniger zahlreich, aber bis heute ebenfalls beliebt, sind Ausblicke in umgekehrter Richtung von der Burgfreiung über die Stadtlandschaft mit den beiden Schwesterkirchen St. Sebald und St. Lorenz.

Erst nach dem ersten Weltkrieg erschienen in großerer Zahl auch Luftaufnahmen, die bis dahin militärischen Geheimhaltungsbestimmungen unterlagen. Die abgebildete Kartenserie stammt vermutlich aus der 2. Hälfte der 20er Jahre.

Abb. 21: Nicht auf einer Ansichtskarte, sondern auf einer mit Umschlag zu versendenden Karte findet sich dieses durch Umrahmung und Zeichnung romantisierende Panorama der Altstadt mit dem Hallerschen Wasserschlößchen im Vordergrund: Nürnberg als historische Märchenstadt, von Schlössern und Wiesen umgeben. Die Lithographie entstand wohl zwischen 1880 und 1890. 1881 zählte die stark expandierende Industriestadt immerhin 100.000 Einwohner und auf den Wiesen standen qualmende Fabriken. Das an der Regensburger Straße (heute Auto-Kraus) gelegene Schlößchen wurde im letzten Krieg zerstört und nicht wieder aufgebaut.

Abb. 22: Eine klassische Chromolithokarte aus dem Jahr 1899: Das Potpourri-Schema wird schon fast aufgegeben, neben einer Abbildung von St. Lorenz tritt eine fast formatfüllende Sicht auf Burg und Sebalder Altstadt vom Nordturm der Lorenzkirche. Ein Vergleich mit entsprechenden Fotografien zeigt die perspektivische Genauigkeit des Zeichners und läßt vermuten, daß eine Fotografie als Vorlage diente.

Abb. 23: Eine weitere Stadtansicht des Panoramamalers Erwin Spindler, diesmal in der wegen des Burgblicks beliebten Perspektive über das Hallertor mit der 1893/94 neuerbauten städtischen Musikschule am Altstadteingang. Auffällig ist im Vergleich zu einer ähnlichen Sicht von Wilhelm Ritter (s. Abb. 37) mit kleinen Ausnahmen das fast völlige Fehlen von Hinweisen auf die moderne Zeit wie etwa die sonst hier so beliebte Straßenbahn. Stattdessen wird durch Stadtwappen mit Noriskrone, Eichen- und Lorbeerzweigen und den entrollten Pergamentrollen historisierend die alte Reichsstadtherrlichkeit in den Vordergrund gerückt. Lithographie um 1900.

Abb. 24: Vom Dach des Gewerbemuseums entstand die Aufnahme über Insel Schütt und Sebalder Stadt zur Burg für die Farbdruckkarte von 1905. Im Vordergrund führt der Katharinensteg vorbei am Gasthaus „Zur Pegnitz" auf die Insel mit der Prachtvilla des Abziehbilderfabrikanten Pocher. Auf der anderen Flußseite sind Spitalkirche und Synagoge, am Rand rechts oben das Pellerhaus zu erkennen.

Abb. 26: *Aus der im 19. Jahrhundert sehr beliebten Vogelperspektive entstand diese Übersicht über die Stadt etwa um 1890. Im Blick des vermutlich kunsthistorisch besonders interessierten Vogels hoch über der Burg nach Süden erscheinen die wichtigsten Sehenswürdigkeiten und historischen Bauwerke deutlich herausgehoben und er vermag auch noch über die verhältnismäßig geringe Bebauung vor den Stadtmauern hinwegzusehen, auch wenn dort die Fabrikschlöte schon gehäuft in den Himmel ragen. Rasterdruck nach 1890.*

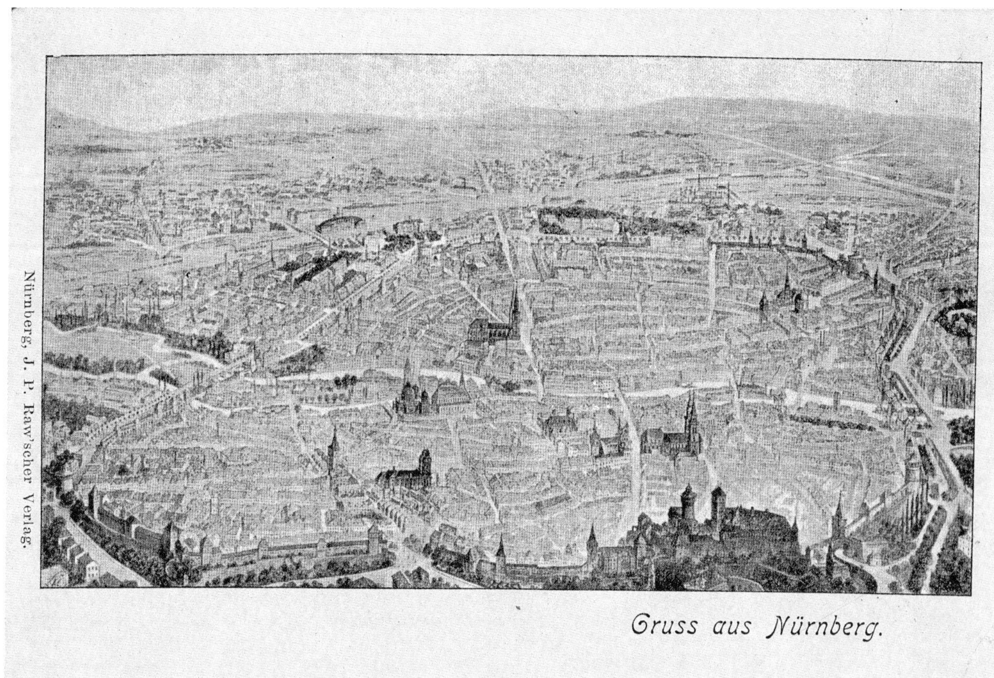

Abb. 25: Altstadtpanorama auf drei Karten vom Westtorgraben gegenüber der Mittleren Kreuzgasse und der auf den Giebel des Unschlitthauses zulaufenden Oberen Kreuzgasse. Die Stadtmauer ist teilweise noch historisierend zinnengeschmückt. Die Aufnahme entstand mit großer Wahrscheinlichkeit vom Dach des Gebäudes Westtorgraben 5. Der Dreifach-Lichtdruck zum Zusammenklappen wurde 1912 nach Hildburghausen verschickt.

Abb. 27: Nach einer Fotografie von Ferdinand Schmidt um 1885 entstand dieser Blick vom Nordturm von St. Sebald über die so charakteristische Nürnberger Dachlandschaft auf die Burg, die in ihrer ganzen Breite und mit allen Türmen erfaßt wird. Entlang der Traufseiten der Dächer lassen sich die Gassenverläufe fast mühelos nachvollziehen. Lichtdruck um 1900.

Abb. 28: Aus einer Serie von lithographischen Karten des Nürnberger Verlags Martin nach Aquarellen von Erwin Spindler um die Jahrhundertwende, stammt dieses Panorama aus Südwesten. Sie zeigt eine Sicht über die Deutschherrnwiese und Kleinweidenmühle zu Burg, Neutorturm und St. Sebald.

Abb. 29: Aus der gleichen Serie des Martin-Verlags ein Panorama von der Wöhrder Wiese her gesehen: Ganz rechts wird es begrenzt von den Gebäuden der Klettschen Fabrik in Wöhrd, ganz links von dem etwas frei gezeichneten, neuerbauten Gewerbemuseum. Lithographie um 1900.

Abb. 30: Weniger der Realität, mehr der Freiheit der künstlerischen Komprimierung entsprang diese graphisch gelungene Lithokarte der Würzburger Druckerei Scheiner für einen Nürnberger Verlag noch vor 1900. Eine Sicht über die Sebalder Altstadt wird mit der krönenden Burgsilhouette zu einem idealisierten Bild von Alt-Nürnberg in reizvoller, überaus moderner Farbgestaltung zusammengefügt.

Abb. 31: Am Sylvestertag des Jahres 1913 ging diese schöne Farbdruckkarte mit dem Blick von der Burgfreiung an ihren Empfänger. Die Karte entstand nach einem Bild von Franz Schmid und zeigt einen Ausschnitt der von diesem Standpunkt immer wieder beeindruckenden Stadtlandschaft mit den beiden Hauptkirchen, Bahnhof, Opernhaus, Weißem Turm und St. Elisabeth im Hintergrund. Von der abgebildeten Häuserreihe Am Ölberg 3–11 ist nur das Haus Nr. 9 stehengeblieben und trägt heute sein schönes Fachwerk. Unverändert erscheint dagegen das im Vordergrund erkennbare Gasthaus „Burgwächter" mit seinem Terrassengärtchen.

Abb. 32: Zu Beginn der zwanziger Jahre erschien eine ganze Serie von Karten mit Luftaufnahmen der Altstadt. Auf diesem Luftbild der westlichen Lorenzer Stadt wird der klare West-Ost-Verlauf der Hauptstraßen mit den Achsen Kaiser- und Adlerstraße, der auf die Lorenzkirche zulaufenden Karolinenstraße, Breite Gasse und Hallplatz/Kornmarkt deutlich sichtbar. Ihr Ausgang liegt in dem Bereich Weißer Turm, Jakobskirche und ehemalige Deutschordenskommende beim früheren Königshof, der inzwischen mit der überdimensionierten Deutschhauskaserne bebaut ist. Von hier trug die Ludwigstraße den Verkehr zum Spittlertor. Lichtdruck nach 1920.

Abb. 33: Die Sebalder Altstadt in einer Luftaufnahme in Höhe des Hallertors (unten Mitte): Links die Burg, die mit ihren Bastionen noch unter das Tiergärtnertor reicht. Genau in der Bildmitte sind St. Sebald und der dahinterliegende Rathausbau zu erkennen, rechts die vielfach überbrückte Pegnitz vom Wehr zwischen Nägeleins- und Dürrenmühle bis zum Stadteinfluß. Dahinter gut sichtbar erheben sich die großen Wohnhäuser am Prinzregentenufer auf dem Gelände der ehemaligen Cramer-Klettschen Fabrik. Lichtdruck nach 1920.

Abb. 34: In dieser Aufnahme aus noch geringerer Höhe über der nordwestlichen Sebalder Stadtseite sind die einzelnen Häuser so gut zu erkennen, daß sie mit Hilfe des Stadtplans identifiziert und numeriert werden können. Gut sichtbar ist die Achse Karlstraße/Albrecht-Dürer-Straße zum Tiergärtnertor. Hinter der Burg ist die sehr viel lockerere Bebauung deutlich zu sehen. Lichtdruck nach 1920.

Abb. 35: „Wasserpartie an der Pegnitz" nennt sich diese Luftaufnahme über Fleisch- und Museumsbrücke zu Heilig-Geist-Spital und Synagoge. Die Aufnahme wurde wohl pünkt lich um zwölf Uhr mittags an einem Werktag gemacht, da sich gerade eine dichte Menschenansammlung zur Betrachtung des Männleinlaufens vor der Frauenkirche versammelt hat. Lichtdruck nach 1920.

Abb. 36: Um keine wirkliche Ansichtskarte, sondern um eine Reklamekarte, die aber versandt werden konnte, handelt es sich bei dieser Lithographie von etwa 1890, die in einer leicht phantastischen Komposition Gambrinus, den heiligen König des Bieres, vor einem außerhalb der üblichen Perspektiven zusammengesetzten Stadtpanorama abbildet. Der Blick über die Insel Schütt mit Schuldturm, Pocher-Villa und Synagoge wird zur Burg geführt, die Altstadtsilhouette dient als Werbeträger. Die Brauerei im Vordergrund ist nicht eindeutig zu identifizieren, vielleicht handelt es sich um die Zeltner-Brauerei in der Ostendstraße, was perspektivisch am ehesten passen würde.

Abb. 37: Auch in diesem Aquarell von Wilhelm Ritter als Vorlage einer Lithographie von 1910 wurde der beliebte Blick über das Hallertor zur Burg für ein Stadtpanorama gewählt. Die auf der Ringstraße und Hallertorbrücke verkehrenden elektrischen Straßenbahnen symbolisieren die moderne Großstadt und neue Zeit, während Altstadt und Kaiserburg, dunstig entrückt, das Fortbestehen der großen Vergangenheit andeuten.

Abb. 38: Über die Kleinweidenmühle nach Nordosten zur Burg und Sebalder Stadt schaut der Betrachter bei diesem Farbdruck-Panorama, das nach 1905 entstand. Am linken Ufer der gemächlich nach St. Johannis fließenden Pegnitz ist das erste Bootshaus des 1880 gegründeten Rudervereins Nürnberg zu entdecken. Die Nürnberger Ruderer hatten hier auf der Pegnitz begonnen, ehe sie 1905 an ihren heutigen Standort am Dutzendteich umzogen.

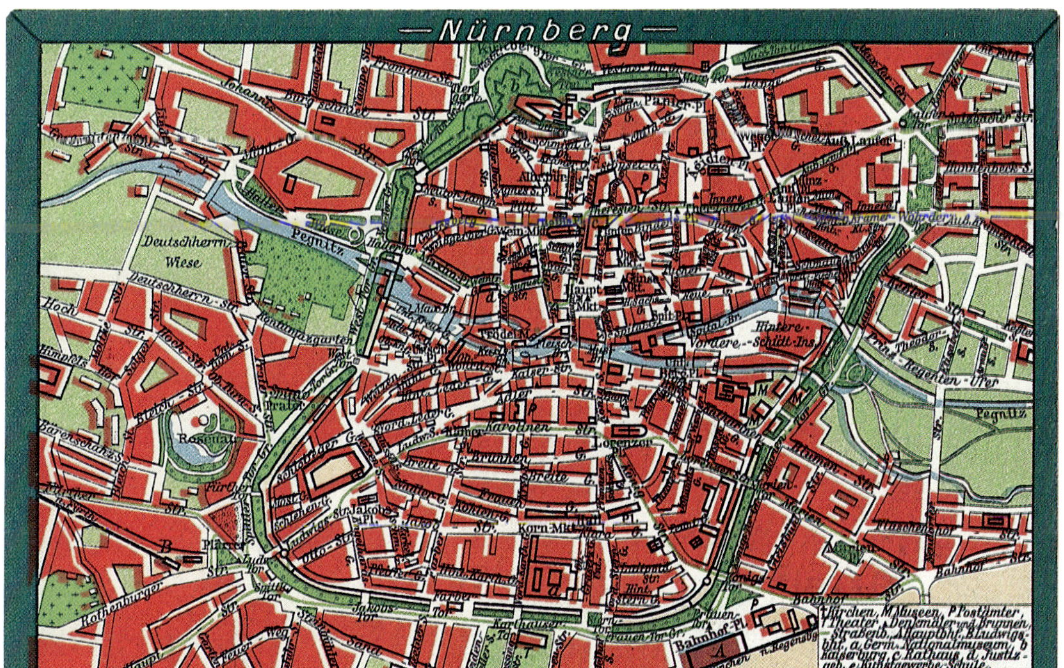

Abb. 39: Wer Geld für einen Stadtplan sparen wollte, kaufte sich einfach eine Postkarte. Der maßstabsgetreue Plan verzeichnet nicht nur alle möglichen Sehenswürdigkeiten und öffentlichen Einrichtungen, sondern sogar die Straßenbahnlinien. Sinnvoll zu nutzen war er aber wohl nur mit Hilfe einer Lupe und die war wiederum teurer als ein Stadtplan. Farbdruck 1907.

Abb. 40: Die Sicht vom Spittlertorturm über die Frauentormauer nach Osten reicht bis zum Frauentorturm ganz links im Hintergrund und läßt die Trennung von Altstadt drinnen und der modernen Stadt draußen am Ring deutlich werden. Im Hintergrund der Essenwein-Bau des Germanischen Nationalmuseums und die Bahnhofskuppel. Auch das Neue Theater und der Kulturverein mit seinem Kuppeltürmchen sind bereits fertiggestellt und repräsentieren entlang der Ringstraße den neuen Aufstieg der alten Stadt. Lichtdruck 1905.

Abb. 41: Vom Turm der 1925–1929 nach dem Entwurf von German Bestelmeyer erbauten Friedenskirche in St. Johannis sehen wir über die baumbewachsene und von Gärten durchzogene alte Vorstadt zur Sebalder Stadtseite. In dieser Perspektive erscheint die Burg mit Luginsland und Kaiserstallung wie um die eigene Achse geschwenkt und der Neutorturm fast an die Pegnitzniederung versetzt. Fotokarte 1929.

Abb. 42: Aus den dreißiger Jahren stammt dieser winterliche Blick über den Hauptmarkt zur festlich erleuchteten Lorenzkirche. Die Neujahrskarte nach einem Bild von Ludwig Mößler mit den Posaunenbläsern auf dem Südturm von St. Sebald setzt sehr intensiv auf den romantischen Zauber der alten Stadt in der Weihnachts- oder Neujahrsnacht. Ein genauer Betrachter entdeckt aber rasch hinter den offenbar unbeheizten Altstadthäusern die seltsamerweise in der Südstadt qualmenden Fabrikschlöte. Das Doppelgesicht der Stadt auch in diesem bewußt romantisierenden Bild oder nur ein schiefer Blick? Der Schreiber der Neujahrswünsche auf der Rückseite für ein glückliches 1944 ahnte jedenfalls nicht, wie bald dieses romantische Stadtbild in einem Bomben- und Brandinferno zerstört werden sollte. Farbdruck.

Stadtmauern und Tore

Die Nürnberger Stadtbefestigung ist nicht nur eine der größten erhaltenen europäischen Stadtumwehrungen, sondern auch das wichtigste Bauwerk und Denkmal der mittelalterlichen und frühneuzeitlichen Geschichte der Stadt. Innerhalb des Schutzes der Stadtmauern entwickelte sich die städtische Wirtschafts- und Gesellschaftsform, die Mauern definierten das Gebiet der Stadt und ihrer Bürger. Die Anlage der äußeren Stadtumwallung, der dritte Mauerbau, begann 1346 und war 1452 vollendet. Die immense Arbeits- und Gemeinschaftsleistung – alle Stadteinwohner ab dem Alter von 12 Jahren waren zu Arbeitsleistungen, ersatzweise geldlichen Abgaben verpflichtet – läßt sich nur noch schwer nachvollziehen: Allein der Aushub des Grabens erforderte mehr als eineinhalb Millionen Fuhren der damals gebräuchlichen Wagen, der Transport des Steinmaterials ein Mehrfaches davon. Aus Verteidigungsgründen wurden Informationen und Unterlagen über den Bau und den Unterhalt der Mauern geheimgehalten und rasch vernichtet.

Die 5 km lange Umwallung besaß nach ihrer Fertigstellung rund 180 Türme und fünf Haupttore (Tiergärtner-, Neu-, Spittler, Frauen- und Laufertor), daneben die kleinen Wöhrder- und Hallertörlein als Fußgängerdurchlässe und das Vestnertor zur Burg. Auch nach der Schließung des Mauerrings wurde die Stadtumwallung durch ständige Umbauten an die Veränderungen der Kriegstechnik angepaßt, die wichtigsten waren die Anlage der Bastionen am Vestner- und Tiergärtnertor bis 1545 und ab 1556 der Bau von Waffenhöfen an den vier Haupttürmen und deren Ummantelung zu den charakteristischen Rundtürmen.

Die Mauer bewährte sich im 2. Markgrafenkrieg 1552, als sie dem mehrtägigen Artilleriebeschuß durch den Ansbacher Hohenzoller Albrecht Alkibiades standhielt.

Auch nach dem Verlust der militärischen Bedeutung zu Beginn des 19. Jahrhundert spielten die Stadtmauern eine wichtige Rolle für die folgende Stadtentwicklung: Als räumliche und wirtschaftliche Grenze fand die Industrialisierung mit allen wesentlichen Fabrikgründungen und das weitere Stadtwachstum in den Vororten vor den Mauern statt.

Nach Aufhebung der Festungseigenschaft Nürnbergs 1866 war die Mauer vom fast vollständigen Abriß bedroht: Pläne der Stadtverwaltung auf Initiative des Wirtschaftsbürgertums sahen einen Ringstraßenbau und die weitgehende Öffnung der Innenstadt vor. Nach dem Durchbruch der wichtigsten Stadteingänge wurden bis 1881 rund 700 m der Mauer niedergelegt und der Graben aufgefüllt. Nach massiven Protesten gegen die Nürnberger „Mauerbrecher" im übrigen Deutschland, Widerstand auch von Teilen der Nürnberger Bürgerschaft und der neu entstandenen bayerischen Denkmalspflege, ging man ab 1890 daran, erstmals wieder Teile der Mauer aufzubauen.

Nach den Zerstörungen im 2. Weltkrieg ist die Stadtmauer nach dem Wiederaufbau heute das wichtigste und teuerste Objekt der Nürnberger Denkmalpflege. Die Anstrengungen gelten dem augenfälligsten und wichtigsten Bauwerk der Nürnberger Stadtgeschichte und -identität.

Auf den Ansichtskarten der Jahrhundertwende sind die Ansichten der Stadtmauern, der Türme und Tore ein besonders beliebtes Motiv in der romantischen, vergangenheitsbezogenen Interpretation der Stadt. Auf den Karten vom Frauentorgraben oder vom Hallertor wird aber häufig der Kontrast zur modernen großstädtischen Entwicklung gesucht.

Abb. 43: Vermutlich von der Kuppel des Bahnhofs entstand vor 1905 dieser Blick auf Frauentor, den dazugehörenden Waffenhof und seinen Torturm, der früher den ankommenden Reisenden einen ersten Eindruck von der Altstadt vermittelte. Heute verschwindet der Reisende im Untergrund mit einer austauschbaren Einheitspassage, die in Wanne-Eickel oder Flensburg so ähnlich ausschauen mag. Hinter der Stadtbefestigung das Hotel „Victoria" und die Königstraße. Der Hallenchor von St. Lorenz reicht in dieser Perspektive bis an die Silhouette der den Horizont gliedernden Burg. Lichtdruck vor 1905.

Abb. 44: Blick durch das Tor am Ausgang des Waffenhofes beim Frauentorturm in die Königstraße, links im Hintergrund ist die Mauthalle und die daran anschließende Hotelfront, rechts das Hotel „Deutscher Kaiser" zu erkennen. Rasterdruck 1906.

Abb. 45: Die Hauptmauer beim Mohrentor von der Innenseite. Das Mohrentor bildete einen kleinen Durchlaß in der Stadtmauer mit einem Steg über den Graben. 1879 entstand hier die Maueröffnung des heutigen Westtors. Lichtdruck um 1905.

Abb. 46: Das Spittlertor, Ausgang der Straßen nach Süden und Südwesten, wurde durch den Torturm gesichert, der 1558 wie die drei anderen Türme durch einen runden Steinmantel die Maße von 18 m Breite und 40 m Höhe erhielt. Durch den Wegfall des Turmtores floß der Verkehr durch das links daneben errichtete Torhaus. Farbdruck 1902.

Abb. 47: 1902 wurde diese schöne Lithokarte mit dem Laufertorturm, dem Laufer Schlagturm und dem Sebalder Stadtpanorama verschickt. Nach Aufhebung der Festungseigenschaft der Stadt im Juli 1866 wurden bereits 1869 die Wöhrder Bastei, ab 1880 der Waffenhof am Laufer Tor vollständig abgetragen, um den Zugang zur industriell expandierenden Vorstadt Wöhrd zu erleichtern. So stand der 18 m breite Rundturm völlig alleine.

Abb. 48: Nach einem Bild von Lorenz Ritter entstand diese Lithokarte mit Blick über die Tiergärtnertorbastei und die Stadtumwallung zum Neutorturm nach Süden. Links perspektivisch zusammengerückt Weißer Turm, St. Elisabeth und Spittlertorturm. Rechts im Hintergrund die Vorstädte Kleinweidenmühle und Gostenhof. Von Lorenz Ritter (1832–1921) und seinem Sohn Wilhelm Ritter (1860–1949) und ihren Nürnberg und seine Vergangenheit in traditioneller Malweise aufgreifenden populären Bildern wurden nicht wenige Ansichtskarten reproduziert. Farbdruck 1906.

Abb. 51: 1882 wurde das Hallertürlein, ein Mauerdurchlaß zu den Hallerschen Gartenanlagen geöffnet zum Hallertor, dem wichtigsten Stadteingang von Westen zum Maxplatz. Die Turmbauten rechts und links im historisierenden Stil sollten einen harmonischen Stadtmauerabschluß bilden. Davor links die 1894 erbaute städtische Musikschule. Rasterdruck 1915.

Abb. 49: Das Sterntor bildete die erste Bresche, die 1868 in die bis dahin vollständig geschlossene Stadtumwallung geschlagen wurde, um über die Sterngasse die Altstadt mit der rasch wachsenden Vorstadt Tafelhof zu verbinden. Die weiße Hausfront des Königsstiftungshauses beherbergte die Bibliothek des Germanischen Nationalmuseums. Lichtdruck um 1900.

Abb. 50: Reger Verkehr herrscht bei dieser Aufnahme am Färbertor. 1848 wurde die Stadtmauer am heutigen Färbertor durchbrochen und mit einem neugotischen, zinnenbewehrten Tor versehen, das sich schon bald wieder als zu eng erweisen sollte und der breiten Straßenöffnung weichen mußte. Links einer der typischen Türme der Hauptmauer mit Scharwachtürmchen an den Turmecken. Lichtdruck 1904.

Abb. 52: Die Grüße von der Johanniskirchweih auf Französisch wurden mit dieser Karte allerdings vom Gasthaus im Schneppergraben versandt. Die Schnepperschützen, einer der ältesten Nürnberger Vereine und 1506 gegründet, nutzten früher den Grabenabschnitt nördlich des Tiergärtnertors für ihre Armbrustübungen, nicht ohne das beim Schießsport offenbar notwendige Zielwasser zu vernachlässigen. Bereits 1612 wird erstmals ein Schießhaus mit Bewirtschaftung im Graben erwähnt. Das Gebäude unserer Karte entstand nach 1876 und wurde im letzten Krieg zerstört, was auch die Schießwettbewerbe im Stadtgraben zum Erliegen brachte. Lichtdruck 1904.

Abb. 53: Diese Fotokarte entstand kurz vor dem 2. Weltkrieg. Sie zeigt einen Blick die Neutormauer hinunter zu dem Eckhaus Neutormauer 7 mit dem links davon abzweigenden Geiersberggäßchen. Nach der Zerstörung wurde das Haus nicht wieder errichtet, das Geiersberggäßlein ist verschwunden. Links am Rand das erhaltengebliebene Haus Neutormauer 8, rechts der ohne den Aufgang wiedererrichtete Turm J.

Abb. 54: In umgekehrter Richtung von Süden hinauf zum Neutorturm entstand diese Aufnahme für eine Fotokarte Ende der zwanziger Jahre von der Höhe des Kettensteges aus über das Hallertor hinweg in die Gasse an der Neutormauer. Der Fotograf benutzte ein hervorragendes Teleobjektiv, das die ungewohnte Komprimierung und Perspektive so gut zustandebrachte, daß wohl die wenigsten Nürnberger diese Sicht auf Anhieb erkennen.

Abb. 55: Winterblick über den Vestnertorgraben auf Kaiserstallung, Luginsland und die Häuser der Vestnertormauer. Die Farbdruckkarte aus einer schönen Serie mit dezent pastellfarbenen Ansichten verschneiter Altstadtecken (vgl. auch Abb. 158) vermittelt auch noch modernen Betrachtern ihre Botschaft von einem romantischen Spaziergang durch die verschneite alte Stadt, um dann in die heimelige Stube zurückzukehren.

Abb. 56: Ohne den heute hier donnernden Verkehr eröffnet diese Karte von der verschneiten Ringpartie am Sterntor eine Vorstellung von nicht nur wegen mangelnden Schnees entschwundenen Winterfreuden auf Spazierwegen rund um die Altstadt. Im Hintergrund das heutige Opernhaus. Rasterdruck 1929.

Abb. 57: Eine der beliebtesten Stadtmauerabschnitte vor dem 2. Weltkrieg war die Gaststätte im Köcherts- oder Ludwigstorzwinger über dem Fürther Tor. 1894 wurde der Zwinger untertunnelt und damit ein zusätzlicher Ausgang zum Spittlertorgraben geschaffen. Nach dem Krieg wurde das zerstörte Gasthaus nicht wieder aufgebaut. Lichtdruck 1898.

Abb. 58: 1901 warb die Gastronomin Edeltraud Hamburger mit dieser Karte des von ihr gepachteten Marientorzwingers. Damals war der Standort des Gasthauses genau umgekehrt wie heute. Nach häufigem Pächterwechsel ist der Zwinger inzwischen wieder einer der schönsten Sommerwirtsgärten auf historischem Nürnberger Grund geworden mit Aussicht auf den unten brandenden Verkehr unter Zwingerlindenbäumen und Kastanien. Lichtdruck 1901.

Die Burg

Ausgangspunkt der Stadtgeschichte ist die von König Heinrich III. vermutlich vor 1050 auf dem 57 m über der Pegnitz gelegenenen Burgfelsen errichtete Burganlage. Nach ihrer Baugeschichte, wie nach ihrer historisch-rechtlichen Funktion setzt sich die seit dem Spätmittelalter mit ihrer charakteristischen Silhouette das Stadtbild bekrönende Anlage aus verschiedenen, zeitweise sogar sich feindlich gegenüberstehenden Einzelanlagen zusammen:

- Die Burggrafenburg, errichtet zum Schutz der kaiserlichen Burg, die sich vom Fünfeckigen Turm bis zum Abschluß der Burgfreiung mit Schildmauer und heimlichen Wächtergang erstreckte. In diesem Bereich befand sich auch die ältere, salische Königsburg, ehe ab der Mitte des 12. Jahrhunderts auf der Westseite des Burgberges
- die staufische Kaiserburg, die mit Heidenturm und Doppelkapelle, kaiserlichem Palast, Kemenatenbau, Sinwellturm und den weiteren kleineren Gebäuden um den Vorhof mit dem Tiefen Brunnen errichtet wurde.
- Die östlich des Fünfeckturmes entstandenen reichsstädtischen Bauten mit dem 1377 zur Kontrolle der Burggrafenburg errichteten Luginsland und der 1494/95 erbauten Kaiserstallung als städtischem Kornspeicher:

Einbezogen in den Burgkomplex sind als „Burggarten" und „Schwedenhof" die zur Verstärkung der Stadtbefestigung 1538–1545 von Fanzuni errichteten Basteien.

Zu den wichtigsten historischen Daten zählen: 1050 die erste urkundliche Erwähnung der Burg (und Stadt), 1105 die Belagerung und Einnahme der Burg durch Heinrich V. (gegen seinen Vater Heinrich IV.), nach 1152 während der Herrschaft von Friedrich Barbarossa die Errichtung der wesentlichen Bauteile der Kaiserburg und 1192 die Einsetzung der Hohenzollern als Burggrafen von Nürnberg.

Aus dem gleichzeitigen Aufstieg der Reichsstadt und des Burggrafengeschlechts mit eigenen territorialen Interessen entwickelten sich Rivalitäten und kriegerische Auseinandersetzungen, die 1388/89 mit der Besetzung der Burggrafenburg und mit deren Einäscherung 1420 vorläufig endeten. 1427 verkauften die Zollern, die seit 1415 zu Markgrafen von Brandenburg aufgestiegen waren, die zerstörte Burggrafenburg einschließlich umliegender Besitztümer wie der Vorstadt Wöhrd unter Vorbehalt verschiedener Rechte an die Reichsstadt. Das Burgamtmannsgebäude diente in den folgenden Jahrhunderten der Verwaltung des Nürnberger Landgebietes.

Von 1050–1571 als Ort zahlreicher Reichs- und Gerichtstage der deutschen Könige und der kurzzeitigen Unterbringung der Reichsinsignien und -heiligtümer wurde die Burg mit rund 300 Herrscheraufenthalten zu einem der herausgehobenen Herrschaftsmittelpunkte der deutschen Könige und errang symbolische Bedeutung für die Reichsgeschichte. Daran knüpfte auch die im Zuge der romantischen und historisierenden Wiederentdeckung Nürnbergs, verstärkt durch das Kaisertum der Hohenzollern nach 1871, sich entwickelnde nationale Stilisierung der nach 1806 im Wittelsbachischen Besitz befindlichen Kaiserburg an.

Die Nürnberger Burg ist vor allem auch als wesentlicher Bestandteil der Stadtansichten das bis heute am häufigsten abgebildete Ansichtskartenmotiv der Stadt. In den Gesamt- oder Teilansichten besitzt sie den höchsten Wiedererkennungs- und Symbolwert für die Nürnberger Geschichte und wurde in entsprechend vielen Variationen verbreitet. Eher gering ist die Zahl der Innenansichten. Eine besondere Rolle im touristischen Ansichtskartenrepertoire spielten die Karten der bei den Burgbesuchern offenbar besonders beliebten Kriminal-, Folter- und Eppeleinausstellung mit Eiserner Jungfrau im Fünfeckigen Turm.

Abb. 59: *Graphisch stilisiert und wie zu einer Spielzeugburg zusammengedrängt, zeigt diese Lithokarte des Würzburger Scheiner-Verlags im Jahr 1900 die Burg in einer Sicht über den Neutorturm. Die besonders beliebte Turm- und Dachlandschaft oberhalb von St. Sebald wird durch viel Grün aufgelockert, das im Original durch aufgeklebtes Streumaterial, wie bei unseren Modelleisenbahnlandschaften gebräuchlich, noch plastisch hervorgehoben wird.*

Abb. 60: *Vom Neutorturm aus war dieser Blick zur Burg über die Dachlandschaft am Tiergärtnertor zu genießen und wurde 1910 als farbiger Lichtdruck vervielfältigt. Neben dem Tiergärtnertorturm ist das Pilatushaus mit seinen Giebelspitzenerkerchen zu erkennen. Das 1489 errichtete Haus eines Harnischmachers zeigt sein schönes Fachwerk erst wieder seit einer Restaurierung im Jahr 1939. Den Namen trägt es (fälschlicherweise) als Ausgangspunkt der Kraftschen Kreuzwegstationen zum Johannisfriedhof.*

Abb. 61: Dargestellt ist das innere Vestnertor als Ausgangstor der Burggrafenburg zur Freiung. Links ist die Walpurgiskapelle, rechts das Burgamtmannsgebäude zu erkennen. Der Hohlweg zum Tor entstand erst nach der Einebnung des Schuttes infolge der Zerstörung der Burggrafenburg durch die Nürnberger 1420. Farbdruck 1902.

Abb. 62: Die „Halt gegen Licht" – oder Illuminationskarte (Fensteröffnungen und Mond sind ausgeschnitten und transparent hinterlegt) zeigt am Burgmodell gut die Gesamtanlage mit ihren verschiedenen Teilen. Mit über 260 m Länge zählt die Nürnberger Burg zu den größten Anlagen in Deutschland. Farbdruck vor 1905.

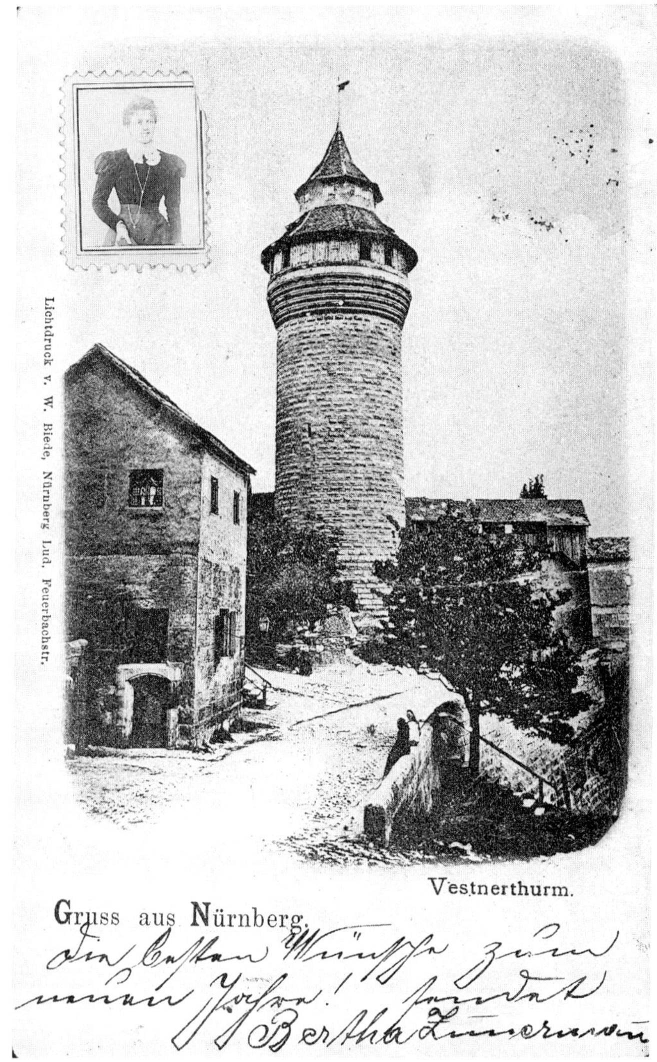

Abb. 63: An den Häuschen einer „Waschmang" am Ende der Burgstraße (Ölberg 1) vorbei geht der Blick über den Ölberg zur Burgfreiung und zum Sinwellturm. Die rechts von der Walpurgiskapelle und links von der Schildmauer begrenzte Freiung gehörte zur Burggrafenburg und besitzt ihren Namen von der Immunität, die ein in diesen Bereich geflüchteter Rechtsbrecher genoß. Lichtdruck 1904.

Abb. 64: Der Sinwell- oder Vestnerturm als höchster Turm der Burg und einziger runder Turm der Stadt an der Grenze zwischen Burggrafen- und Kaiserburg schützte den Eingang von der Freiung in den Burghof. Bis zum Jahr 1561 trug er noch vier hölzerne Eckerker und war bis in das Jahr 1945 immer mit Wächtern besetzt. Die aufgeklebte Fotobriefmarke mit dem persönlichen Konterfei des Absenders war um die Jahrhundertwende eine große Mode und zeigt den Übergang der Fotografie zum Massenartikel. Lichtdruck um 1900.

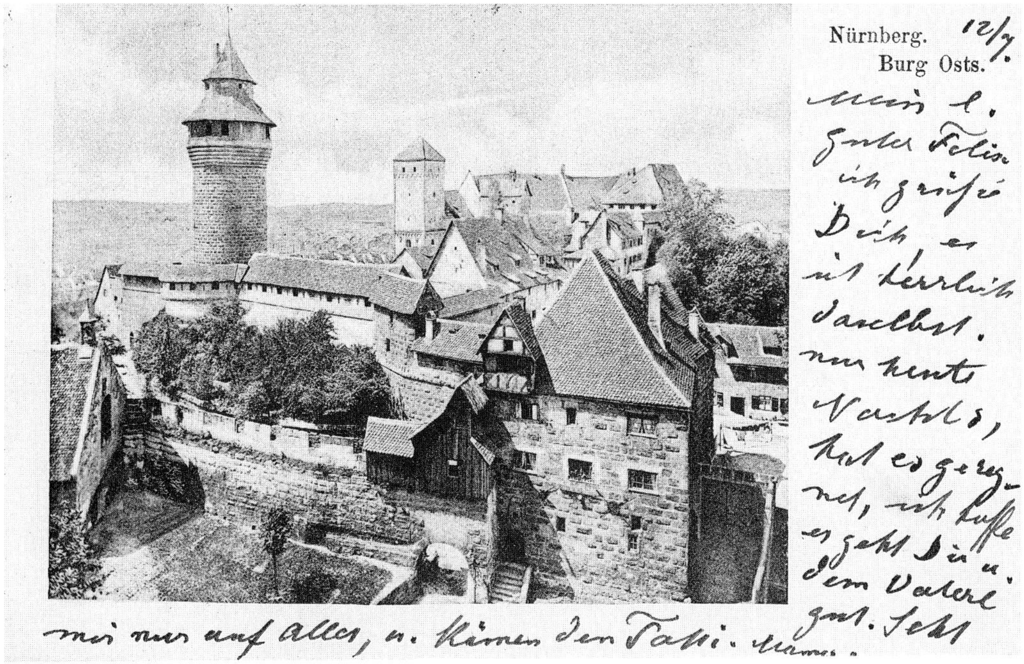

Abb. 65: Blick auf die Burggrafen- und die Kaiserburg. Links die Walpurgiskapelle, nach rechts das Burgamtmannsgärtlein vor der Schildmauer mit dem heimlichen Wächtergang und das Burgamtmannsgebäude. Im Hintergrund Sinwell- und Heidenturm mit Kaiserburg und Kemenatenbau. Davor die Dächer von Kastellansgebäude und Finanzstadel. Lichtdruck 1906.

Abb. 66: Der Fünfeckige Turm im Vordergrund ist das älteste Bauwerk der Burg und Nürnbergs überhaupt. Wahrscheinlich wurde er noch vor 1040 als Bergfried der salischen Burg errichtet. Der Zugang erfolgte über einen Einstieg im Obergeschoß. Angebaut an das zweieinhalb Meter dicke Turmmauerwerk entstand 1493 die Kaiserstallung als städtisches Speichergebäude. Daran anschließend der 1377 errichtete Luginsland. Er war gegen die Burggrafenburg gerichtet und wurde später als Gefängnis genutzt. Rasterdruck 1906.

Abb. 67: Nach einem Foto von Ferdinand Schmidt entstand die vor dem Druck kolorierte Ansicht der Walpurgiskapelle vor 1897. Die Kapelle, 1267 erstmals erwähnt, wurde 1420 mit der Burggrafenburg niedergebrannt und später von den Nürnbergern wiederaufgebaut. Nach der erneuten Zerstörung 1945 wurde das Bauwerk 1970 wiedereröffnet. Farbdruck 1904.

Abb. 68: Daß die „Eiserne Jungfrau“ in der prüden wilhelminischen Gesellschaft durchaus auch andere Phantasien ansprach, ist oberhalb des passenderweise eingeblendeten Stadtwappens deutlich zu erkennen. Die Karte erschien jedenfalls in der sonst recht gediegenen Stein'schen Kunsthandlung. Lithographie um 1900.

Abb. 69: Eine der Hauptattraktionen auf der Burg für Touristen war die Folterkammer in einer sog. kriminalistischen und kulturhistorischen Ausstellung, die seit 1877 in den verschiedenen Stockwerken des Fünfeckigen Turms gezeigt wurde. Der absolute Höhepunkt der grauenhaften Marterinstrumente, die allerdings vielfach der Phantasie der Aussteller entsprungen waren, blieb die „Eiserne Jungfrau". Mit spitzen Messern im Inneren des Mantels war sie offenbar eigens zur Hebung des Tourismus gefertigt worden. Rasterdruck nach 1905.

Abb. 70: Kaum ein Nürnberger, der es versäumt, auswärtigen Besuchern oder dem eigenen Nachwuchs an der Mauer beim Fünfeckigen Turm die frisch eingeritzten Hufabdrücke von Raubritter Eppeleins Pferd zu zeigen. Die Sage von Eppelein v. Gailingen ist immer noch die populärste unter den Nürnberg-Sagen. Der historische Eppelein wurde 1381 in Neumarkt hingerichtet. Prägedruckkarte um 1900.

Abb. 71: Eine Aufnahme, wie sie heute nicht mehr zu wiederholen ist: Die Burg von Norden über Äcker und Gärten gesehen. Allerdings dürfte die Aufnahme für den Lichtdruck der Jahrhundertwende vielleicht ein Jahrzehnt früher entstanden sein. Lichtdruck um 1900.

Abb. 72: Blick über den Vestnertorgraben auf die wildumwachsene Kaiserburg. Die Grabensohle wurde noch völlig für Gärten genutzt. Die Brücke zum Vestnertor ist noch ganz aus Holz. Die Aufnahme für die Lichtdruckkarte um 1905 entstand wohl zwei Jahrzehnte früher.

Abb. 73: Der nördliche Zugang zur Burg durch das Vestnertor entstand 1338/45 und war durch die Zugbrücke gesichert. Die aus Verteidigungsgründen gekrümmte Brücke, ehemals aus Holz, wurde kurz vor der Jahrhundertwende in Stein ausgeführt. Heute besteht sie wieder aus Holz. Vor dem Sinwellturm das Dach des Sekretariatsgebäudes. Lichtdruck 1905.

Abb. 74: Aus dem Jahr 1949 und einer Serie über das zerstörte Nürnberg stammt diese Rasterdruckkarte, die die Kaiserburg mit Heidenturm und die unterhalb der Burg verlaufende Häuserzeile „Am Ölberg“ in ganzer Länge aus ungewohnter Perspektive zeigt. Im Hintergrund die Häuser Burgstraße 20 und 24. Die Aufnahme muß wohl von der Dachspitze des Tiergärtnertorturms gemacht worden sein, denn das spitze Dachhäublein im Vordergrund gehört zum Giebelerker des Pilatushauses.

Abb. 75: *Auf dieser im Original grün eingefärbten sog. Mondscheinkarte erscheint der Innenhof der Kaiserburg in diffusem Licht. In der Mitte der Stumpf der sog. Kunigundenlinde, sie soll angeblich von der Frau Heinrichs II. gepflanzt worden sein. Die erste Erwähnung einer Linde datiert aus dem Jahr 1455. Rechts der Kemenatenbau, links ein neugotischer Aufgang zu den Räumen der bayerischen Könige aus dem 19. Jahrhundert, der schon vor dem Krieg beseitigt wurde. Lichtdruck um 1900.*

Abb. 76: *An den Speise- oder Rittersaal im Obergeschoß des Pallasgebäudes knüpfen sich verschiedene sagenhafte Geschichten von tödlichen Unglücken während des Aufenthaltes deutscher Könige. Von Heideloff restauriert, diente der Saal zur Zeit der 1900 gedruckten Karte für Wohnzwecke beim Aufenthalt der Wittelsbacher in der Stadt. Lichtdruck um 1900.*

Abb. 77: Der Fünfeckige Turm zum Aufklappen, das Kriminalmuseum für daheim zur Pflege der Erinnerung. Aus einer privaten Sammlung entstanden, war das Museum 1870 erst im Burgamtmannshaus, dann im für den Zweck beeindruckenderen Turm der Burg untergebracht und wurde 1945 vernichtet. Heute befindet sich im ältesten Bauwerk der Stadt ein Jugendfreizeitheim. Farbige Faltkarte 1905.

Die Sebalder Stadt

Die beiden nach ihren Hauptkirchen benannten Stadtteile der heutigen Altstadt sind nicht nur durch die Pegnitz getrennt, sie entwickelten sich auch unterschiedlich von verschiedenen Siedlungskernen ausgehend. Ausgangspunkte der Besiedlung der älteren Sebalder Stadt waren die salische Burg, an deren südwestlichem Bergabhang sich die ersten Handwerker und Dienstmannen niederließen, und der ursprünglich auf dem Gebiet des um 1140 entstandenen Schotten (= Benediktiner-)klosters St. Egidien gelegene königliche Wirtschaftshof zur Burg. Am südlichen Rand des ältesten Siedlungsbereiches zwischen Tiergärtnertor, Albrecht-Dürer-Platz (Milchmarkt) und Oberer Krämersgasse entstand schon frühzeitig eine den Aposteln Peter und Paul geweihte Kapelle als Vorläufer der Sebaldunskirche (errichtet zwischen 1235–1273).

Vermutlich zu Beginn des 12. Jahrhunderts entstand eine erste Stadtumwehrung, deren südliche Grenze noch oberhalb der späteren Sebalduskirche verlief, die aber bereits um 1140 bis fast an die Pegnitz erweitert wurde und das seit 1147 nachweisbare Judenviertel und im Osten mit der Grenze beim Laufer Schlagturm wohl auch schon das Egidienkloster und den dort entstandenen Siedlungsbereich einschloß. Der von Friedrich II. 1219 beurkundete Stadtrechtsbrief begünstigte die Stadt nicht nur mit Handelsprivilegien nach außen, sondern beschleunigte auch ihre bauliche Entwicklung. 1256 wurden Stadttore und Wälle erstmals urkundlich erwähnt.

Zwischen 1320 und 1325 wurde der Sebalder Befestigungsring in Höhe des Schuldturms im Osten und des Wasserturms im Westen mit dem der inzwischen wohl ebenfalls bewehrten Lorenzer Stadtseite verknüpft. Mit dem 1346 begonnenen Bau der letzten Maueranlage um die gesamte Stadt wurden Größe und Wachstum der Sebalder Seite endgültig festgelegt.

Der gekrümmte, sich in Kränzen um den Burgberg anlegende Verlauf der Straßen zeigt noch heute das „organische" Wachstum der älteren Stadtseite. „Planmäßig" entstanden die Platzanlagen von Haupt- und Obstmarkt und der Bau der Frauenkirche nach der Vertreibung und Ermordung der jüdischen Einwohner.
Bis in die Mitte des 19. Jahrhunderts war die Sebalder Stadt die „vornehmere" Stadtseite, in der auch die Mehrzahl der älteren Patriziergeschlechter ihren Wohnsitz und in der Sebalduskirche ihre Grablege hatten. Nördlich der Pegnitz befanden sich auch immer das Rathaus (seit 1332 am heutigen Platz) und die verschiedenen Verbrauchermärkte vom Milchmarkt, dem Weinmarkt, den Fleischbänken, dem Trödel(früher Säu-)markt bis zum Viktualienmarkt auf dem Hauptmarkt, aber auch der Heumarkt. Bis in unser Jahrhundert lag das geschäftliche Zentrum der Stadt um den Hauptmarkt.

Durch die Anlage des Bahnhofs 1846 vor dem Frauentor verlagerten sich in der 2. Hälfte des 19. Jahrhunderts die geschäftlichen und verkehrlichen Schwerpunkte auf die andere Pegnitzseite. Während dadurch das bauliche Gesicht der Lorenzer Seite deutlich verändert wurde, entstanden auf der Sebalder Seite nur relativ wenige neue Großbauten (Justizgebäude Augustinerstraße, die verschiedenen Rathauserweiterungsbauten und der Sparkassenneubau in der Äußeren Laufer Gasse) und die Sebalder Stadt behielt weitgehend ihr historisches Gesicht.

So dominieren allein durch die Mehrzahl der auf dieser Stadtseite gelegenen Hauptsehenswürdigkeiten die touristischen Karten. Aber auch in den Karten der einfacheren Straßen, Geschäftshäusern etc. für gewerbliche Zwecke wird das „Alt-Nürnberg" überliefert, wie es bis zu den Zerstörungen im 2. Weltkrieg bestand.

Abb. 78: Die Kleinwohnhäuser im westlichen Teil der „Am Ölberg" genannten Straße unterhalb der Burg wurden für diese Karte vermutlich als pittoreske Szenerie für Alt-Nürnberg ausgewählt. In der Realität zeigen sie den Kontrast zwischen den Bürgerhäusern der Burgstraße und den hier andeutungsweise sichtbaren viel bescheideneren Wohnverhältnissen der unterbürgerlichen Einwohner. Einige der Häuser reichen bis ins 15. Jahrhundert zurück. Nach ihrem teilweisen Wiederaufbau sind sie überwiegend zu Bierstübchen für Touristen geworden. Lichtdruck um 1905.

Abb. 79: Das Fembohaus in der Burgstraße 15, heute Teil der stadtgeschichtlichen Museen, wurde bereits 1419 zum ersten Mal erwähnt. Sein heutiges Gesicht erhielt es nach Umbauarbeiten in den Jahren nach 1591. 1655 wurde das Gebäude von den Peller erworben, den heutigen Namen erhielt es nach weiteren Besitzerwechseln mit dem Kauf durch den Verleger Fembo im letzten Jahrhundert. In den nächsten Jahren stehen im Zuge der Neugestaltung der Nürnberger städtischen Museen größere Veränderungen des Museumshauses an. Lichtdruck 1905.

Abb. 80: Dieser Blick zum charakteristischen Türmepanorama der Burg auf dem farbigen Lichtdruck von vor 1905 öffnet eine ungewohnte perspektivische Sicht in die Burgstraße mit den dominierenden Fassaden des Fembohauses und des Hauses Burgstraße 8 mit seinem schönen gotischen Giebel. An die bis 1345 zurückreichende Geschichte des Hauses erinnert am heutigen Neubau nach der Zerstörung nur noch das alte Hauszeichen mit einem Greifvogel.

Abb. 81: Blick in die Burgstraße vom Ölberg herab. Links zweigt zweimal die Schildgasse bei dem einzelstehenden Haus Nr. 14 mit Litfaßsäule ab, rechts die Obere Schmiedgasse. Die Karte aus einer schönen Serie von Koch's Buchhandlung in der Lorenzerstraße (s.a. Abb. 211) ging nach Paris an eine Adresse im jüdischen Viertel. Lithographie um 1900.

Abb. 82: Blick über die Burgstraße hoch zum Burgberg: Die Firma Glafey warb nach 1905 mit Ansichtskarten für ihre Beleuchtungsprodukte. Links im Vordergrund ist das Gebäude der Tümmels Druckerei zu erkennen, das im Krieg mit dem darin befindlichen Kaspar-Hauser-Zimmer ebenfalls zerstört wurde. Dieser Katalog gehört zu den letzten Büchern, die in dem nach dem Wiederaufbau vom Verlag wieder bezogenen Gebäude gedruckt werden: Der Tümmels-Verlag verläßt das Gebäude und zieht an die Peripherie der Stadt. Lichtdruck um 1905.

Abb. 83: Die Apotheke „Zur goldenen Kugel" wie die Kugelapotheke mit vollem Namen heißt, wurde 1654 im Haus Rathausplatz 5 eröffnet. Nach der völligen Zerstörung des historischen Gebäudes, entstanden Apotheke und Haus wieder in neuer Form. Der Lichtdruck von etwa 1900 führt den Blick am Laboratoriumsgebäude vorbei zur Moritzkapelle, dem ehemaligen Kirchlein des Sebalder Friedhofs, und im Hintergrund zum Sebalder Pfarrhaus.

Abb. 84: Blick in das nach dem alten Schulhaus der Sebalder Stadtseite benannte Schulgäßchen mit dem aus dem 16. Jahrhundert stammenden Fachwerkhaus der „Sebaldusklause". Rechts angeschnitten die Hauptwache mit der Wachmannschaft. Heute steht hier das „Bratwursthäusle". Lichtdruck 1903.

Abb. 85: Eher wie eine Gelegenheitsaufnahme erscheint diese Lichtdruckkarte von Moritzkapelle und Bratwurstglöcklein aus dem Jahre 1905. Unter den zufällig aufgenommenen Passanten sind am interessantesten die mit großen Schürzen bekleideten Frauen. Mit Meßgefäßen in den Händen und den Flaschen am Arm, scheinen sie ein Getränk oder vielleicht Schwarzbeeren zu verkaufen. Die Ähnlichkeit zu einer Radierung von Gabler (1789) mit einem typischen „Schwarz Beer Weib" ist jedenfalls frappierend. Lichtdruck 1905.

Abb. 86: Diese Fotokarte vom 1840 enthüllten Albrecht-Dürer-Denkmal entstand vermutlich 1928 im Zusammenhang mit dem Dürer-Jahr zum 400. Todestag des Malers. Darauf deuten jedenfalls die Dekoration des von Jakob Daniel Burgschmiet geschaffenen Standbilds und das nicht mehr vorhandene Schutzgitter hin, es wurde damals entfernt.

Abb. 87: Um das Jahr 1910 entstand diese Aufnahme der Bergstraße zum Tiergärtnertorturm in Höhe der Abzweigung der Oberen Krämersgasse: Links im Haus Nr. 13 die Bäckerei Ackermann, daneben unter Nr. 15 befand sich von 1386-1867 das alte Gasthaus „Zum Sebald“, in dem Luther einer Legende nach im Jahre 1518 übernachtet haben soll. Lichtdruck um 1910.

Abb. 88: Blick vom Albrecht-Dürer-Haus entlang der Neutormauer zum Neutorturm. Das Dürer-Haus, in der zweiten Hälfte des 15. Jahrhunderts entstanden, wurde von dem Maler 1509 erworben und bis zu seinem Tod 1528 von ihm bewohnt. Hier befand sich auch seine Werkstätte, in der die wichtigsten seiner Werke entstanden. Seit 1826 im Besitz der Stadt ist es seither Gedenkstätte, Museum und Ausstellungsgebäude. Der Lichtdruck entstand noch vor dem nachträglichen Aufbau des Dachgiebels des 1899 abgerissenen Zachariasbades an der Weintraubengasse.

Abb. 89: Durch die Albrecht-Dürer-Straße geht der Blick zum Tiergärtner Tor: Rechts an der Einmündung der Füll das Gasthaus „Zum Anka-Tal“, dann die Buchbinderei Bauereiß. An der Einmündung der Agnesgasse (früher Hundsgasse), im Haus Nr. 6, befand sich damals das Gasthaus „Zu den Zypressen“, heute „Albrecht-Dürer-Stuben“. Lichtdruck vor 1905.

Abb. 90: Blick vom Neutorturm über die Lammsgasse zur Sebalduskirche: Im Vordergrund die schon barocke Anklänge zeigende Fassade des Hauses Irrerstraße 24, das im Jahr 1597 entstanden ist. Die Lammsgasse, ursprünglich als Hintere Füll bekannt, erhielt den Namen nach dem Hausbild, das den alten Schürstabhof und späteren bis 1860 betriebenen Gasthof „Zum weißen Lamm" bezeichnet. Durch eine Initiative der „Altstadtfreunde" wurden die Hauszeichen in der auch heute wieder reizvollen Gasse neu angebracht. Lichtdruck 1908.

Abb. 91: Recht belebt war hier die Irrerstraße an ihrem Ausgang zum Weinmarkt: Links in dem kleinen Haus Nr. 8 befand sich das Friseurgeschäft Sommer, daneben die Bäckerei Kapp. Das Chörlein gehört zu dem aus dem 16. Jahrhundert stammenden Haus Nr. 11, daneben erkennbar das alte Gasthaus „Zum Roten Roß". Lichtdruck 1903.

Abb. 92: Auch der Hof des alten Wirtshauses „Zum goldenen Stern" in der Neutorstraße 13 gehörte zu den beliebten und mehrfach wiederholten Ansichten des malerischen Nürnberg. Das Anwesen, als Gasthaus 1651 erstmals erwähnt, bot den durch das Neutor von Westen kommenden Fuhrleuten Unterkunft und besaß im 18. Jahrhundert deshalb auch eine Schmiede. Das Gasthaus wurde 1851 aufgehoben, die Gebäude größtenteils bereits 1880 abgerissen. Der Lichtdruck des Jahres 1904 überliefert in einer Aufnahme Ferdinand Schmidts den Zustand etwa von 1870. Nostalgie war auch damals Bestandteil des Ansichtskartengeschäfts.

Abb. 93: Die Aufnahme führt durch die Irrerstraße zum Westchor von St. Sebald. Die Straße erhielt den Namen von der im Mittelalter gebrauchten Bezeichnung „Irer" für die Weißgerber. Die Lichtdruckkarte entstand 1910 im Auftrag von Bäckermeister Georg Bertholdt, der dafür mit Personal und den übrigen Hausbewohnern vor seinem Geschäft Irrerstraße 18 posiert. Rechts die Abzweigung zum Geiersberg.

Abb. 94: „Markt und Straßen steh'n verlassen, still erleuchtet jedes Haus ...“ – An ein Weihnachtsgedicht von Joseph von Eichendorff erinnert diese nächtliche Aufnahme des verschneiten Albrecht-Dürer-Platzes zu St. Sebald hin mit dem Pfarrhaus und dem Glöcklein. Die Fotokarte aus den dreißiger Jahren setzt erfolgreich alle Vorzüge der Schwarzweiß-Fotografie ein, um den Zauber von Alt-Nürnberg festzuhalten.

Abb. 95: In der Winklerstraße 29, schräg gegenüber dem Westchor der Sebalduskirche stand das Wohnhaus des Nürnberger Buchhändlers Johann Philipp Palm, Inhaber der noch bestehenden Stein'schen Buchhandlung. Verantwortlich für den Druck eines gegen Napoleon gerichteten Flugblattes „Deutschland in seiner tiefen Erniedrigung“ wurde er in seinem Wohnhaus verhaftet und am 26. 8. 1806 in Braunau auf persönliche Weisung Napoleons erschossen. Lichtdruck um 1905.

Abb. 96: Blick durch die Karlstraße zum Weinmarkt: Links der Geländeransatz der Karlsbrücke und der Eingang in das ehemalige Hotel „Bayerischer Hof", Karlstraße 1, der zu diesem Zeitpunkt wohl schon als Ausweichquartier für das Gericht genutzt wurde. Lichtdruck nach 1910.

Abb. 97: Am Eck der Augustinerstraße 19 zur Karlstraße befand sich das bis ins 17. Jahrhundert zurückreichende Gasthaus „Zum Augustiner", benannt nach dem gegenüberliegenden, seit 1265 bestehenden Augustinerkloster mit der Kirche St. Veit, die aber bereits 1816 abgerissen wurde. Das Kloster, in dem Luther zweimal Aufenthalt nahm, ist eng mit der Reformation in Nürnberg verknüpft gewesen. Das Gasthaus „Augustiner" ist heute durch einen Neubau ersetzt, auf dem ehemaligen Augustinerkloster erhebt sich als Zierde der Altstadt ein längst überflüssiges Parkhaus. Lichtdruck nach 1910.

Abb. 98: Die Winklerstraße besaß vor ihrer nahezu vollkommenen Zerstörung eine Vielzahl historisch bedeutsamer Häuser und barg eine reiche Kette bedeutender und romantisch verfallender Höfe. Diese Karte zeigt einen Ausschnitt des Hofes hinter dem Haus Nr. 15. Dort befand sich schon 1600 das Gasthaus „Zur goldenen Gans", später umbenannt „Zur alten Reichspost", zu dem ein Poststall und die Station für die Extrapostkutschen gehörte. Der Lichtdruck von 1905 zeigt ein verfallenes Uhrtürmchen über den Erkergalerien.

Abb. 99: Für einen Heinrich Wolf von Thal, Geldgeber von Kaiser Maximilian, wurde das Haus Winklerstraße 5 im Jahr 1496 vermutlich unter Mitwirkung von Hans Behaim d.Ä. gebaut. Es trug den Namen „Kaiserhof" und besaß auch einen von Brentano reich stuckierten „Kaisersaal" aus dem 17. Jahrhundert. Hinter dem Haus befanden sich gleich zwei Höfe, deren hinterer, romantisch verwilderter mit Springbrunnen und Maßwerkgalerie zu den Lieblingsmotiven des Fotografen Ferdinand Schmidt gehörte. Die Lichtdruckkarte nach 1905 gibt einen Eindruck des verschwundenen kleinen Paradieses.

Abb. 100: Nach 1905 entstand dieser Lichtdruck mit der trotz ihrer Schönheit sehr viel weniger als die Pegnitzseite abgebildeten Eingangsfassade des Weinstadels mit Wasserturm und Übergang zur Maxbrücke im Hintergrund. 1446-1448 entstanden, mit 48 m Länge größtes deutsches Fachwerkhaus, diente das Gebäude zunächst als Siechenhaus einmal im Jahr in der Karwoche zur Speisung von Aussätzigen. Erst seit 1611 wurde das Bauwerk Weinlager für den sich bis zu dem Gebäude erstreckenden Weinmarkt, weshalb es den heutigen Namen erhielt.

Abb. 101: Gleich zweimal, und damit für Nicht-Nürnberger noch verwirrender, ist der Ochs, der niemals Kalb war, von der Fleischbrücke abgebildet. Die Tierplastik am Portal des alten Fleischhauses entstand 1599. Heute stehen nur noch die Außenmauer, und das besagte Portal trägt einen gegenüber dem Original schlecht kopierten Ochsen. Die besondere Bedeutung der Steinplastik steht im Nürnberger Sprachgebrauch für besonders klare und erhellende Antworten auf eine Frage: „Des hätt mer där an der Fleischbrüggn a sogn kenna.“ Dies hatte zumindest zur Entstehungszeit nichts mit der Nähe zum Rathaus zu tun. Lichtdruck 1907.

Abb. 102: Die holländische Lichtdruck-Stereokarte von etwa 1900 überliefert einen Blick von der Fleischbrücke über die westliche Häuserfront des Hauptmarkts zum für die Restaurierung von 1888–1906 eingerüsteten Hallenchor von St. Sebald. Die um die Mitte des 19. Jahrhunderts schon einmal dagewesene Begeisterung für die räumliche Fotografie erlebte um die Jahrhundertwende eine neue Blüte und zeigte sich auch in der Produktion von Stereopostkarten, für die allerdings ein eigenes Betrachtungsgerät notwendig war.

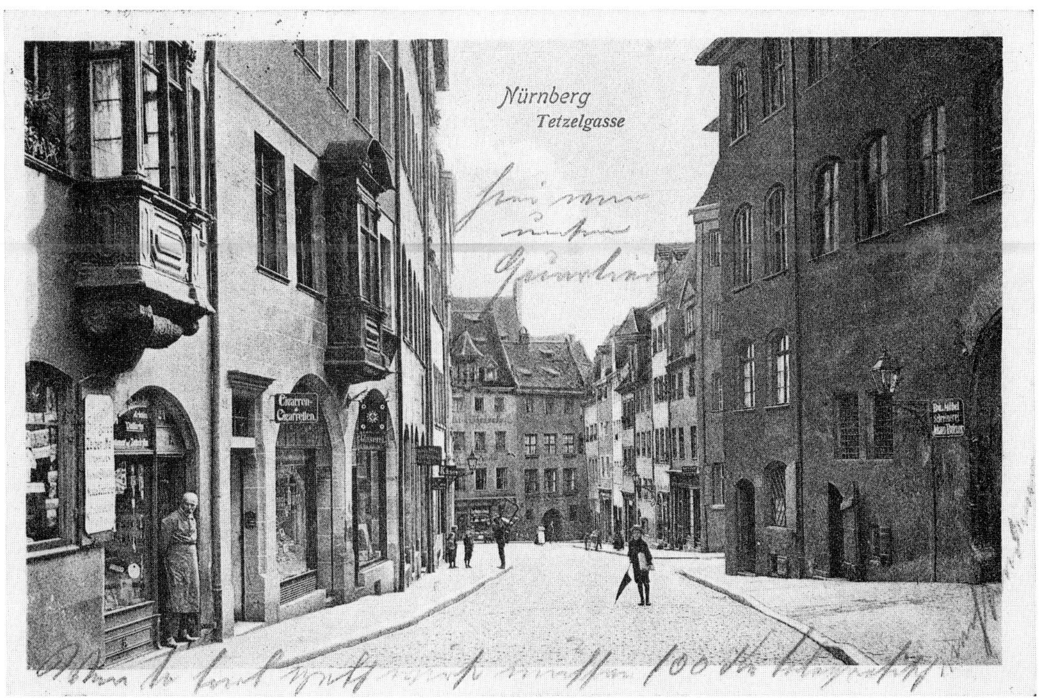

Abb. 103: Blick durch die Tetzelgasse in Richtung Theresienstraße: Links mit den beiden Chörlein die Häuser Nr. 20 und 22 mit Papier- bzw. Zigarrenhandlung. Rechts die Abzweigung der Stöpselgasse. Durch die starke Verbreiterung der Straße nach dem Krieg hat die nach einem Patriziergeschlecht benannte Tetzelgasse ihren früheren Charakter vollständig verändert. Lichtdruck 1912.

Abb. 104: Der vom Maxtor bis zur Söldnersgasse sich erstreckende, verschlungene Paniersplatz besaß an seinen Ecken im Norden mit dem Toplerhaus, im Süden mit dem Grolandschen Haus (links mit Fachwerk), zwei der pittoreskesten Bürgerhäuser der Altstadt. Die nördliche Häuserfront ab Nummer 37 mit dem Gasthaus „Zur Alm" wurde 1913 für den Neubau des Schulhauses Paniersplatz abgebrochen. Lichtdruck 1904.

Abb. 105: Am Paniersplatz 20 zwischen den Einmündungen von Schild- und Tetzelgasse stand das Grolandsche Haus, 1421 erstmals erwähnt und durch eine Jahreszahl 1489 am Gebäude als Besitz der Patrizierfamilie Groland ausgewiesen. Das Eckhaus wurde noch im 19. Jahrhundert als Bierwirtschaft genutzt. Nach dem Erwerb durch die Stadt Nürnberg zu Beginn des 20. Jahrhunderts wurde das teilweise heruntergekommene Gebäude renoviert und das unter einer Putzschicht verborgene ursprüngliche Fachwerk des 15. und 16. Jahrhunderts (Obergeschoß) freigelegt. Lichtdruck 1904.

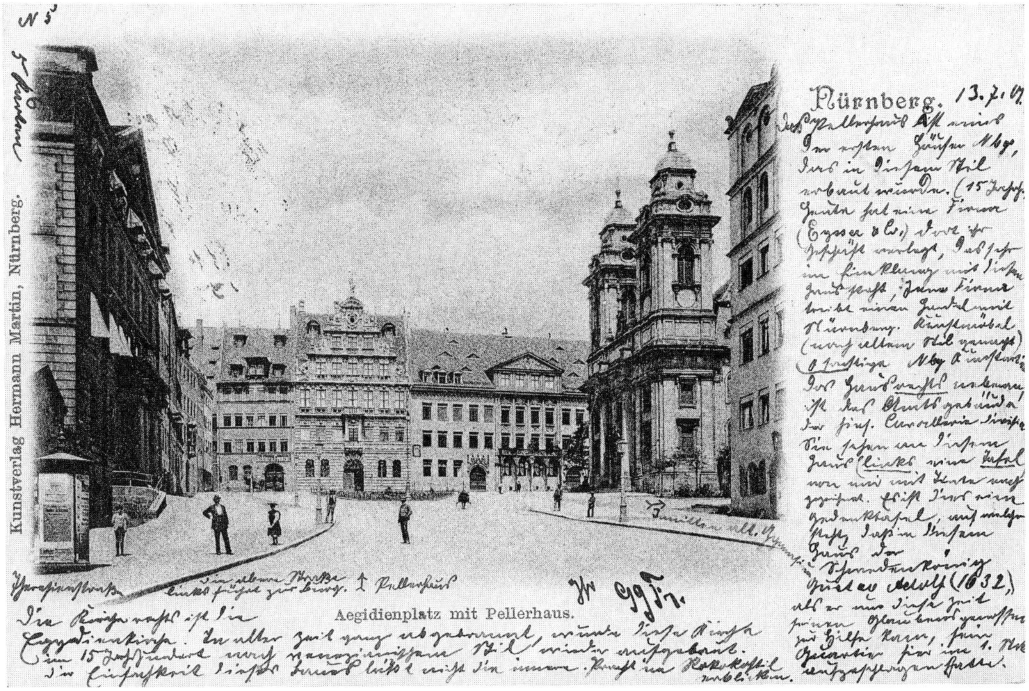

Abb. 106: Blick von der Theresienstraße zum Egidienplatz im Jahr 1900: Das Kaiser-Wilhelm-Denkmal steht noch nicht. Links das ehemals Tetzelsche, später Tuchersche Haus, Egidienplatz 7, das 1720 erbaut wurde. Rechts neben der dominierenden Fassade des Pellerhauses das von Heideloff 1828 klassizistisch umgebaute, durch gotische Zierformen aufgelockerte Platnersche Haus. Heute ist durch den Wiederaufbau das Gebäude für Stadtarchiv und Stadtbibliothek mit dem Pellerhaus verbunden. Lichtdruck 1900.

Abb. 107: Der Bau des alten Gymnasiums am Egidienplatz 10 repräsentiert mehr als vier Jahrhunderte Nürnberger Schulgeschichte. 1526 gründete Philipp Melanchthon in den Räumen des aufgelösten Schottenklosters eine Schule, das erste Gymnasium Deutschlands, die 1696 beim Brand der Kirche mitvernichtet wurde. Noch vor der barocken Egidienkirche entstand nach 1699 ein neues Schulgebäude. Es wurde bis 1911 vom Melanchthon-Gymnasium benützt, heute gehört das Haus zum Willstätter-Gymnasium und „Nürnberg Kolleg". An den Gründer und Humanisten erinnert die 1826 von Daniel Burgschmiet geschaffene Steinskulptur, die Melanchthon neben seinen Büchern und im Gelehrtenmantel zeigt. Lichtdruck 1901.

Abb. 108: Söldnersgasse 17, am Eck zum Paniersplatz, stand das Toplerhaus, eines der herausragenden Bürgerhäuser der Renaissance in der Stadt, das durch seine herausgehobene Lage auch zu den bevorzugten fotografischen Motiven gehörte. Das 1590/91 für den Patrizier Wolf Topler errichtete Gebäude mit in die Renaissanceform integrierten gotischen Elementen sollte auch zum Vorbild für die vor der Jahrhundertwende im „Nürnberger Stil“ errichteten neuen Häuser werden. Farbdruck 1916.

Abb. 109: Geschichtsunterricht auf etwas simple Art: Nassauer Haus in der Karolinenstraße und Toplerhaus am Paniersplatz werden nebeneinandergestellt als Beispiele Nürnberger Wohnkultur. Das Nassauer Haus als das besterhaltene Beispiel eines Wohn- und Wehrturms der Frühzeit der späteren Patriziergeschlechter müßte eigentlich Schlüsselfelder Haus nach den letzten Besitzern heißen. Eine Beziehung zu den Grafen von Nassau ist nicht nachzuweisen. Die Topler waren eines der ratsfähigen Geschlechter und stammten ursprünglich aus Rothenburg. Farbdruck 1902.

Abb. 110: Das Pellerhaus am Egidienplatz, in die Kunstgeschichte eingegangen als eines der prachtvollsten Bürgerhäuser der Renaissance nördlich der Alpen, entstand 1602/05 nach Plänen von Jakob Wolff d.Ä. im Auftrag des italienischen Kaufmanns Barthel Viatis für seinen Schwiegersohn Martin Peller. Die monumentale Giebelfassade – dahinter verbarg sich ein großes „Zwerchhaus" – steht in auffälligem Kontrast zur üblichen zurückhaltenden Traufstellung der Dächer zur Straße, und zeigt den Reichtum, aber auch das Durchsetzungsvermögen des Bauherrn gegenüber dem Rat. Farbdruck 1905.

Abb. 111: Im Haus Egidienplatz 8 neben dem Melanchthon-Gymnasium war in den frühen zwanziger Jahren das Büro der Holzarbeiter-Gewerkschaft untergebracht, so daß mit dieser Karte eine Gebäudeansicht überliefert wurde. Die Renaissancefassade, die ihre Vorbilder wohl in Norddeutschland hatte, stammt aus dem 16. Jahrhundert und war in der Nürnberger Hauslandschaft schon etwas Besonderes. Der heutige Neubau hat die alte Fassadengestaltung in Andeutungen wieder aufgenommen und ist ein gutes Beispiel für eine vereinfachte Wiederaufbauarchitektur. Lichtdruck nach 1919.

Abb. 112: Der Renaissancebau des Toplerhauses in der Unteren Söldnersgasse 17, einst eine Zierde der Altstadt, entstand im Jahr 1591, nachdem Wolf Topler 1590 einen Vorgängerbau zum Abriß erstanden hatte. Wegen seiner exponierten Lage zum Paniersplatz und in Burgnähe wurde das Haus lange auch „das Schlößlein“ genannt. Es galt bis zu seiner Zerstörung 1945 als bestes Beispiel des Nürnberger Mischstils, bei dem in die Renaissanceformen auch noch weiterlebende gotische Stilelemente einflossen. Lichtdruck vor 1905.

Abb. 113: Blick vom Melanchthongymnasium zur nordwestlichen Ecke des Egidienplatzes. Von dem links neben dem Pellerhaus sichtbaren Bürgerhaus und dem mit dem hohen Dach anschließenden Peststadel haben sich nur die Grundmauern mit den Toren erhalten. Lichtdruck um 1905.

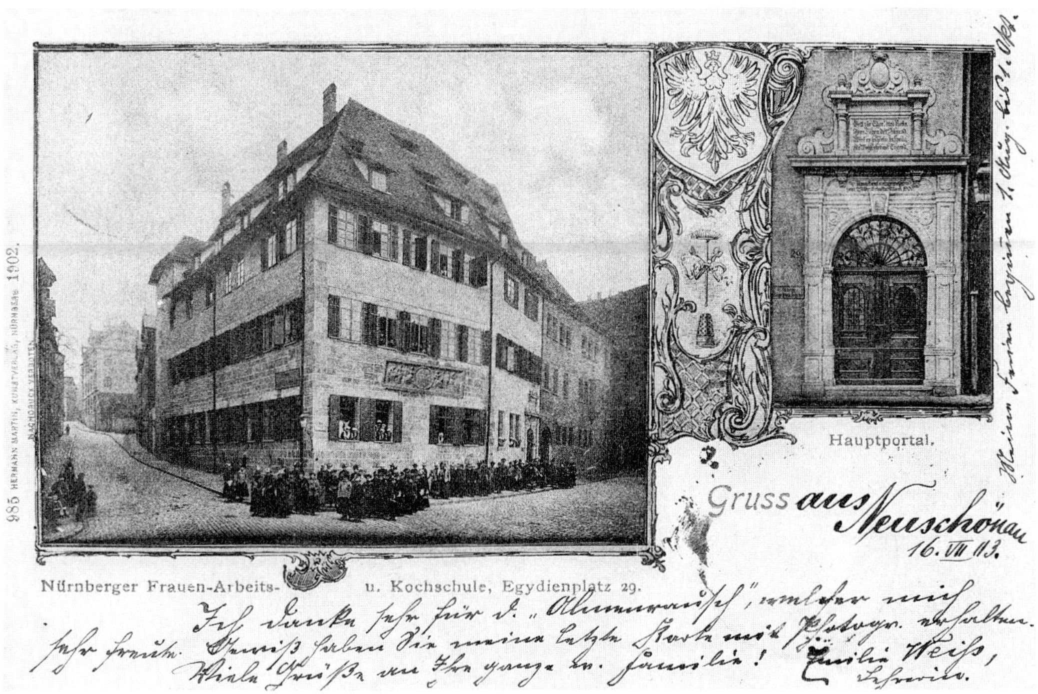

Abb. 114: Am Egidienplatz 29, im Eckgebäude zur Wolfsgasse befand sich seit dem Jahr 1900 die „Frauen-Arbeits- und Kochschule". Im Jahr 1875 durch Marie Beeg gegründet und vom Fabrikanten Cramer-Klett finanziell stark unterstützt, wurden „den vielfältigen Aufgaben der Frau entsprechend" hauswirtschaftliche Kurse gegeben. 1894 wurde die „erste Kochschule Bayerns" gegründet. Das vom Verein erworbene Haus am Egidienplatz konnte zum 25jährigen Vereinsjubiläum bezogen werden, worauf auch die Inschrift im abgebildeten Portal hinweist. Lichtdruck 1903.

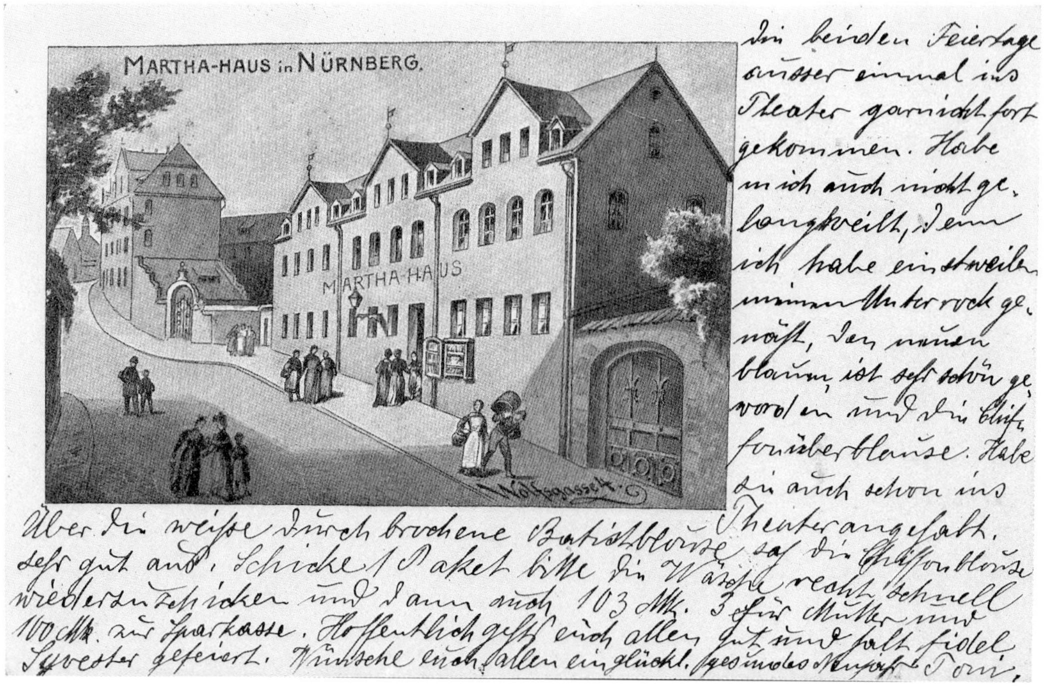

Abb. 115: In der Wolfsgasse 4 vom Egidien- zum Paniersplatz betrieb der Verein für Innere Mission eine Mägdeherberge, eine Mütterberatungsstelle und zeitweise auch eine Haushaltsschule. Die Häuserzeile entstand erst in der 2. Hälfte des 19. Jahrhunderts auf einem Gartenanwesen und wurde 1945 zerstört. Rasterdruck 1911.

Abb. 116: Auch ein Kriegsverlust wurde das „Königlich Protestantische Pfarrhaus", wie es im städtischen Adreßbuch heißt, am Egidienplatz 37 am Durchgang zum Webersplatz gelegen. Auf der Fotokarte aus dem Jahr 1913 wurden für den Empfänger die vorhandenen Räumlichkeiten genau bezeichnet.

Abb. 117: Die Damen mit Sonnenschirm bewegen sich auf dem heutigen Schulhof des Willstätter-Gymnasiums. Zur Zeit der Aufnahme um 1905 war hier noch ein Teil des Egidienplatzes, der sich hinter den Chor und die Kapellen der Egidienkirche erstreckte. Im Haus Nr. 28 gut zu identifizieren lag die Feilenhauerei Wild. Heute nicht mehr vorhanden ist der Weg zum Laufer Schlagturm durch die Vordere Landauergasse. Lichtdruck 1908.

Abb. 118: Stadteinfahrt durch den Laufer Schlagturm vom Inneren Laufer Platz: Rechts das Haus Nr. 13 mit der Bäckerei Thomas Stürmer. Das Gebäude links wurde bald nach der Aufnahme beseitigt zugunsten eines Neubaus, der zwei zusätzliche Straßendurchfahrten für das zu eng gewordene Turmtor erhielt. Lichtdruck um 1907.

Abb. 119: Blick durch die Äußere Laufergasse zum Laufer Schlagturm, den die Pferdebahn gerade durchfahren hat. Der Turm entstand als Teil der vorletzten Stadtumwallung in der Mitte des 13. Jhdts. Rechts mit dem Wirtshausschild das Gasthaus „Zur roten Glocke“ im Haus Nr. 17. Die als Lichtdruck vervielfältigte Aufnahme entstand um 1896.

Abb. 120: Das Tuchersche Gartenschlößchen in der Hirschelgasse 9 und 11 entstand in seinen wesentlichen Teilen zwischen 1533 und 1544 im Auftrag von Lorenz Tucher. Vorbilder sind in französischen Renaissanceschlössern zu suchen. Nach schweren Zerstörungen durch den Krieg wurde der Hauptbau 1967–69 wiederhergestellt, die Nebengebäude entstanden in teilweise veränderter Form. Das Schlößchen ist heute Teil der Stadtgeschichtlichen Museen und kann ganzjährig besichtigt werden. Lichtdruck um 1910.

Abb. 121: Der Hof des Tucherschlößchens in der Hirschelgasse 9 und 11 galt als besonders malerisch und war häufig Motiv für Künstler, die die romantisch-altdeutsche Seite Nürnbergs im leicht verfallenden Zustand hervorheben wollten. Dieser Lichtdruck von 1904 des Martin-Verlags entstand nach einer Fotografie von etwa 1870 von dem von Holzgalerien umsäumten Hof des Gartenschlößchens.

Abb. 122: Der Hirschvogelsaal wurde 1534 von Peter Flötner im Auftrag des Patriziers Leonhard Hirschvogel in das Wohnhaus Hirschelgasse 21 eingebaut und gehörte zu den am reichsten und edelsten ausgestatteten Innenräumen der Stadt. Die Karte des Martin-Verlags zeigt den Zustand nach 1905. Nach der Vernichtung des Hauses befinden sich Decke und Vertäfelung des Raumes in einem Anbau des Fembohauses.

Abb. 123: Blick zur Ostseite des Inneren Laufer Platzes im Jahr 1900: Eingerahmt von Äußerer Laufer Gasse und Beckschlagergasse bietet die Zeile mit Geschäftshäusern gegenüber dem Laufer Schlagturm schon den Eindruck, in der Vorstadt zu sein. Ganz rechts die Abzweigung zu dem dahinterliegenden Münzplatz mit Münzgasse. Lichtdruck 1901.

Abb. 124: Blick zum Laufer Torturm durch die Äußere Laufer Gasse auf einer Lichtdruckkarte von 1899. Links das Gasthaus „Zum Falken“ im Haus Nr. 5, eines der zahlreichen an der Hauptstraße nach Osten und Böhmen gelegenen Gasthäuser. Zwei Gebäude weiter die „Goldene Glocke“. Rechts vor der hellen Fassade mündet der kleine Münzplatz, benannt nach dem 1607 hierhin gelegten Münzmeisteramt. Lichtdruck 1899.

Abb. 125: Zum hundertjährigen Jubiläum der Stadtsparkasse im Jahr 1921 wurde diese Karte herausgegeben. Sie zeigt die inzwischen deutlich veränderte Äußere Laufer Gasse mit dem sie abschließenden Torturm und in der Bildmitte auf der linken Seite die zwischen 1914–1916 unter den Nummern 23–31 errichtete neue Zentrale des Instituts, das heute als Einwohneramt der Stadtverwaltung dient. Rasterdruck 1921.

Abb. 126: Hinter dem eher unscheinbaren Sandsteinhaus Hübnersplatz 7 befand sich dieser, durch ein ineinander geschachteltes System von Treppen und Holzgalerien als malerisches Altstadtmotiv ausgewählte Innenhof. Auch dieses Gebäude ist im Krieg verlorengegangen. Lichtdruck 1905.

Abb. 127: Die Ansicht zeigt die Westseite des Theresienplatzes mit dem Behaim-Denkmal. Der frühere Heumarkt erhielt 1833 nach der Gemahlin des bayerischen Königs Ludwig den heutigen Namen. Die beiden Häuser Nr. 1 mit einem gotischen Giebel aus dem 14. Jahrhundert, und Nr. 2 wurden 1945 zerstört. Lichtdruck 1901.

Abb. 128: Das Haus Tucherstraße 20 gehörte zu den Imhoffschen Besitzungen. Das im Gebäude später eingerichtete Gasthaus „Zum historischen Hof" nahm den Namen von dem schönen galerieumschlossenen Innenhof, dessen Maßwerkbänder angeblich Adam Kraft geschaffen haben soll. Im 2. Stock befanden sich zeitweise die Bibliothek und das Lesezimmer des gewerkschaftlichen Arbeitersekretariats. Die Rasterdruckkarte wurde nach 1905 von der abgebildeten Buchhandlung Henning im Haus herausgegeben.

Abb. 129: Die Südfront des Theresienplatzes auf einer Werbekarte des Gasthofes „Goldener Schwan", Theresienplatz 4 (ganz links), aus den dreißiger Jahren: Zwischen dem helleren und mit Chörlein geschmückten Haus Nr. 2 und dem dunkleren Gebäude Bindergasse 26 mündet das schmale Heugäßchen auf den durch das Behaim-Denkmal aufgewerteten ehemaligen Marktplatz. Fotokarte um 1930.

Abb. 130: Ein Ziel von Nürnberg-Touristen bis zum 2. Weltkrieg war das Wohnhaus von Hans Sachs im alten Mehlgäßchen, das nach 1809 in Hans-Sachs-Gasse umbenannt worden war. Im Haus Nr. 17 befand sich eine Gaststätte. Nach der Renovierung des Hauses wurde 1910 im Hinterhof zur sog. „Kappadocia" eine „originale" Hans-Sachs-Schusterwerkstatt neu eingerichtet. Nach der Zerstörung der ganzen Straße 1945 entstand die Hans-Sachs-Gasse wieder in verändertem Gesicht. An das Sachs-Wohnhaus erinnert nur noch eine Gedenktafel. Fotokarte um 1925.

Abb. 131: Blick in den östlichen Teil der Tucherstraße vom Standort bei Haus Nr. 31; Identifizieren lassen sich Einzelheiten mit Lupe und alten Adreßbüchern: Links Haus Nr. 33 mit der Spezereiwarenhandlung von Wilhelmine Viechtl, in Nummer 39 der Schieferdeckermeister Ferdinand Richter, Nr. 41 und 43 mit den Rotschmieden und Glockengießern Firma Ammon und in der Nr. 45, ein Schlüssel weist darauf hin, wohnte Schlossermeister Beck. Im Haus Nr. 49 bestand die Feilenhauerei Deuerlein. Ganz im Hintergrund erkennbar, Am Sand Nr. 6, ist die Fischhandlung Engelbrecht. Lichtdruck 1903.

Abb. 132: Das Heugäßchen verlief von der Heuwaage auf der Insel Schütt zum Heumarkt auf dem heutigen Theresienplatz. Durch die in den Häusern gehaltenen Tiere war Heu in der Reichsstadtzeit lange ein wichtiger Handelsartikel. Auf dem Lichtdruck von 1905 sind von vorne nach hinten erkennbar: Links das Gasthaus „Zum Hans-Sachs", Ecke Ebnersgasse 10, rechts davon bei der hellen Fassade eines Juweliergeschäfts die Abzweigung der Neuen Gasse. Im Hintergrund quert die Tucherstraße, dort steht das Dudelsackpfeiferlein am alten Platz.

Abb. 133: Blick in die Tucherstraße nach Osten von der Ecke des Heugäßchens. Die um 1910 vermutlich privat entstandene Fotokarte zeigt links die typische Nürnberger Fassadengestaltung mit Chörlein und Dacherker.

Abb. 134: Die Lichtdruckkarte von 1902 zeigt den alten Standort des Grübel-Brünnleins (s. Abb. 160) vor dem Eckhaus an der Mündung von Neuer Gasse und Tucherstraße. Die Lage an diesem Straßenschnittpunkt vor der schönen im Nürnberger Stil gestalteten Eckfassade bezog den Brunnen und die Erinnerung an den Volksdichter stärker in das alltägliche Straßenleben ein, als das heute der Fall ist.

Abb. 135: Die Innere Cramer-Klett-Straße vom Wöhrder Tor aus gesehen: Rechts das Gasthaus „Goldener Elefant“, im Hintergrund die Fassade des Eckhauses Hintere Beckschlagergasse 25, bei dem Vordere und Hintere Beckschlagergasse mündeten. Lichtdruck 1909.

Abb. 136: Die Aufnahme am Sand nach Westen zur Neuen Gasse hin zeigt rechts die Rückseite der Nürnberger Volksküche, Untere Talgasse 2, davor die Abzweigung zur Rotschmiedsgasse. Bemerkenswert ist die große Zahl von Ansichtskarten im Schaufenster der Papierhandlung des Eckhauses Neue Gasse 44. Lichtdruck 1908.

Abb. 137: Blick durch das frühgotische Langhaus von St. Sebald in den Chor und zum 1519 von Peter Vischer fertiggestellten Grab des Stadtheiligen Sebald. Die den ganzen Innenraum der Kirche auf eine kleine Postkarte reduzierende Aufnahme vermag nur sehr unvollkommen den Raum- und Farbeindruck der Kirche wiederzugeben, dennoch waren Totalaufnahmen auf alten Ansichtskarten weitaus beliebter und häufiger als heute, entsprechend der Illusion, mit den technischen Möglichkeiten der Fotografie und der neuen Druckverfahren die Welt vollständig erfassen und reproduzieren zu können. Lichtdruck 1902.

Abb. 138: Auch in unseren hochtechnisierten Tagen zieht das Männleinlaufen jeden Tag wieder die Blicke von Einheimischen und Fremden hinauf zum Michaelischörlein der Frauenkirche. Die Kunstuhr wurde 1508 von Jörg Heuß und Sebastian Lindenast geschaffen. Der Umlauf der sieben Kurfürsten um Kaiser Karl IV. soll an die 1356 von diesem erlassene „Goldene Bulle“, ein Reichsgesetz, erinnern, wonach Nürnberg als Ort des ersten Reichstags jedes neugewählten deutschen Königs bestimmt wurde. Lichtdruck um 1900.

Abb. 139: Die St. Sebalduskirche, hier auf einer Lithographie um 1895, ist die ältere der beiden Nürnberger Hauptkirchen. Äußerlich vielleicht nicht ganz so prachtvoll wirkend wie ihre jüngere Schwesterkirche St. Lorenz auf der anderen Pegnitzseite, ist sie nicht weniger berühmt und ebenso wertvoll ausgestattet. Im Westteil noch spätromanisch, wird das frühgotische Hauptschiff von dem hochgotischen Hallenchor deutlich überragt. Im Blick von der Burgfreiung geben die beiden geschwisterlich wirkenden Kirchen dem Stadtbild sein unverwechselbares Gepräge und sind bis heute die Hauptfiguren in der Nürnberger Stadtlandschaft geblieben.

Abb. 140: Der Schöne Brunnen als eine der Hauptsehenswürdigkeiten der Stadt war natürlich häufiges Ansichtskartenmotiv für Touristen. Hier handelt es sich um eine der seltenen Chromolichtdrucke aus dem Jahr 1903. Der Schöne Brunnen, um 1390 entstanden, ist ein frühes Beispiel für geplante Stadtverschönerung. Heute steht am Hauptmarkt allerdings nur noch die Kopie von Heinrich Wallraff von 1902–1904 geschaffen. Die Originalteile haben ihren Platz im Germanischen Nationalmuseum gefunden.

Abb. 141: Um 1890 entstand diese schöne Lithokarte der Amersdorfferschen Kunstanstalt mit dem Ensemble Bratwurst-Glöcklein, Moritzkapelle, Sebalduskirche und Sebalder Pfarrhof, wie es unzählige Male zu einer der besonderen Nürnberg Ansichten zusammengefaßt wurde, die nicht wiedererstanden ist. Rechts am Pfarrhof das Pfinzingchörlein, das kleine obere Chörlein ist nicht mehr vorhanden.

Abb. 142: Nach Plänen des Stuttgarter Architekten Wolff entstand 1874 die große Synagoge für die zu diesem Zeitpunkt 2000 Menschen zählende jüdische Gemeinde in der Stadt. Bei der Einweihung am 8. 9. 1874 erinnerte Bürgermeister Otto v. Stromer an den schlimmen Judenpogrom von 1349 in Nürnberg und sah Zukunft und Gegenwart durch den „Fortschritt der Humanität" gesichert. Unvorstellbar schien, was zwei Generationen später in der Stadt mit der jüdischen Bevölkerung passieren sollte. Die Synagoge wurde schon vor der Progromnacht im August 1938 abgerissen. Um die Jahrhundertwende war die in orientalisierendem Stil errichtete Synagoge ein beliebtes Motiv vieler Fotografen und Maler und bildete einen reizvollen Kontrast in den Stadtsilhouetten von der Pegnitz. Farbiger Lichtdruck 1905.

Abb. 143: Am Fuß des Burgbergs in der Burgstraße entstand im 13. Jahrhundert das Dominikanerkloster, das nach der Nürnberger Reformation aber aufgehoben wurde. Bereits 1538 wurde in den Klostergebäuden die städtische Ratsbibliothek untergebracht, deren Bestände noch in der heutigen Stadtbibliothek zu finden sind. Die Kirche, 1271 geweiht, wurde im Jahre 1807 abgerissen. 1872 wurde das Stadtarchiv in die Klosterbauten gelegt. 1945 wurden Kloster und der Kreuzgang zerstört. Reste haben sich in den Gebäuden Burgstraße 6 und Brunnengäßchen 7 erhalten. Lichtdruck 1905.

Abb. 144: Der Innenhof im „Bau" des Heiliggeistspitals überbrückt die darunterwegfließende Pegnitz, was sich so schön durch Wasserabflußroste beobachten läßt. Die Aufnahme der auch heute noch als Altenheim genutzten Gebäudeteile entstand in den zwanziger Jahren noch vor der großen Renovierung 1938/39. Nach der Aufstellung der Kreuzigungsszene von Adam Kraft vom Johannisfriedhof an diesem Ort der Stille und Beschaulichkeit, ist der Name Kreuzigungshof entstanden. Lichtdruck 1926.

Abb. 145: Nach schweren Zerstörungen 1945 ist auch der zwischen 1616 und 1622 von Jakob Wolff d. J. errichtete glanzvolle Rathausbau wieder errichtet worden. Die imposante Renaissancefront nach Westen gegenüber St. Sebald wurde beim Wiederaufbau im Norden um zwei Achsen verkürzt, dafür wurde im Norden statt des zerstörten Essenweinbaus ein dem Wolffschen Entwurf entsprechender Trakt zur verbreiterten Theresienstraße hin angefügt. Auf der Karte ist auch ein Bild von Oberbürgermeister Dr. Ritter von Schuh, der der Stadtentwicklung um 1900 ganz wesentliche Impulse zu geben vermochte. Lichtdruck 1907.

Abb. 146: Mit dem 1332–1340 erbauten gotischen Rathaus entstand der große Rathaussaal als wichtigster Teil des Gebäudes. Baumeister war Philipp Groß. Der Saal wurde 1520/21 restauriert, teilweise mit Bemalungen (rechts) nach Entwürfen von Albrecht Dürer versehen und später in den Wolffschen Erweiterungsbau miteinbezogen. Nach der Zerstörung im letzten Krieg wurde der Ratssaal in seinen wesentlichen Zügen wiederhergestellt und wird für verschiedene öffentliche Zwecke genutzt. Über die endgültige Gestaltung ist nach dem Scheitern des Wettbewerbs zur Ausmalung noch keine weitere Entscheidung getroffen. Rasterdruck nach 1905.

Abb. 147: *Auf dieser Lithographie der Nürnberger Druckerei Amersdorffer nach 1890 werden Rathausgasse und Essenweinscher Rathausneubau mit dem dominierenden, bis an den Kartenrand hochgezogenen Turm und die Burg zu einer Einheit zusammengezogen. Erkennbar sind die verschiedenen Bauabschnitte: Links der gotische Rathaussaalbau von 1332, anschließend der Behaimsche Anbau von 1515 und im Eck der Essenweinbau mit Turm von 1884–1889.*

Abb. 148: *Zwischen 1896 und 1899 entstand nach Plänen von Georg Pylipp im Stile der Frührenaissance der Rathauserweiterungsbau am Fünferplatz 2 mit einem Übergang in das alte Rathaus. Nach schweren Kriegsschäden wesentlich vereinfacht wiederhergestellt, ist das Gebäude der Ort der heutigen Stadtratsitzungen. Farbdruck um 1900.*

Abb. 149: Blick über den Hauptmarkt mit Neptunbrunnen zur Frauenkirche: Links mit gotischem Giebel des Haus Nr. 2, in dem sich zum Obstmarkt hin das Café Eichner befand. Der Hauptmarkt war der eigentliche Lebensmittel- oder Viktualienmarkt, während der Obst- und Gemüsehandel am Obstmarkt stattzufinden hatte. Daneben bestanden während der Reichsstadtzeit an verschiedenen Stellen der Altstadt Sondermärkte für bestimmte Waren wie der Milchmarkt, der Weinmarkt etc. Farbdruck 1929.

Abb. 150: Dieser schöne Dreifarbendruck der Nürnberger Druckerei Nister, versandt im Jahr 1904, zeigt nicht ohne Stolz den neu aufgestellten Neptunbrunnen als Mittelpunkt des Marktlebens auf dem Hauptmarkt. Der Betrachter dieser durchaus sympathischen Idylle sollte aber nicht vergessen, daß die Stadt zu diesem Zeitpunkt fast 300 000 Einwohner zählte. Vielleicht wird an Karten wie diesen das Doppelgesicht der Stadt bis heute und das teilweise bewußte Ausblenden jeweils der anderen Seite besonders gut erkennbar.

Abb. 151: Als Feuerwache für den Sebalder Stadtteil wurde 1881 ein Gebäude an der Stadtmauer beim Maxtor eingerichtet. Aufgegeben wurden dafür die Wachen am Laufer- und am Tiergärtner Tor, 1899 auch die Rathauswache. Der Herr Wachzugführer mit weißem Tirpitz-Bart hätte heute allerdings gewisse Probleme für die Atemschutztauglichkeitsprüfung zu erwarten. Lichtdruck 1903.

Abb. 152: Auf dem Gebäude des niedergerissenen Augustinerklosters (1816 und 1872) entstand 1872 unter Federführung von Bernhard Solger ein staatliches Justizgebäude, hier im 1. Weltkrieg zum Lazarett umfunktioniert. Wie es scheint hat Nürnberg mit diesem Baugrund nahe dem Hauptmarkt historisches Pech. Heute steht an dieser Stelle ein Parkhaus, das den im letzten Krieg total zerstörten, einschüchternden Kolossalbau der Justiz an Häßlichkeit und Unsinnigkeit in dieser Lage noch weit übertrifft. Rasterdruck nach 1914.

Abb. 153: Auf dem Platz der „Schau“ entstand nach 1810 neben der Sebalduskirche und gegenüber dem Rathaus die klassizistische Hauptwache und wurde vom bayerischen Militär bezogen – für viele Nürnberger auch als äußerliche Schmach der bayerischen Besetzung empfunden. Erst 1903 zogen die Soldaten ab – ein Ereignis und Motiv für etliche Ansichtskarten. Danach bis 1945 wurde die Hauptwache von der Handwerkskammer genützt. Heute steht hier eine beliebte Bratwurstküche. Lichtdruck 1903.

Abb. 153: Stolz posieren auf diesem Lichtdruck nach 1902 Passanten und Marktbesucher vor der neuerrichteten Kopie des Neptunbrunnens. Gestiftet hatte ihn der jüdische Hopfengroßhändler Ludwig Gerngros, Ehrenbürger und einer der größten Mäzene der Stadt. Das Original, 1668 als Ersatz für den Schönen Brunnen geschaffen, war nie aufgestellt und 1796 nach Petersburg verkauft worden. Die Nazis verlagerten den bereits 1934 abgebauten Brunnen 1937 zum Marienplatz, von wo er 1961 in den Stadtpark wanderte. Pläne, den attraktiven Brunnen zwischen Jakobs- und Elisabethkirche zu plazieren, eine schöne Fortsetzung des Brunnenerlebnisses des Ehekarusells, wurden bisher leider nicht realisiert.

Abb. 155: Am Unschlittplatz steht heute der Brunnen mit dem bronzenen Dudelsackpfeiferlein, vor dem 2. Weltkrieg war sein Standort an der Ecke Heugasse zur Tuchergasse. Bei der Figur handelt es sich um eine 1880 gefertigte Nachbildung eines Holzmodells im Germanischen Nationalmuseum. Fotokarte 1928.

Abb. 156: Am Obstmarkt in Sichtweite zum Hauptmarkt stand früher der um 1650 von Pankraz Labenwolff geschaffene Gänsemännchenbrunnen. Der Bauer mit seinen zwei Gänsen unter dem Arm ist ein schönes Denkmal städtischer Alltagskultur. Heute steht er am Rathausplatz. Lichtdruck, Aufnahme vor 1895.

Abb. 157: Ansicht des Obstmarktes im Jahr 1903. Das Gebäude aus dem 15. Jahrhundert Obstmarkt 1 ist noch verputzt. Neben dem Rathausneubau am Fünferplatz der Treppenturm. In der Platzmitte vor dem Pavillongebäude ist der Gänsemännchenbrunnen an seinem alten Standort zu erkennen. Farbdruck 1903.

Abb. 158: Maxplatz und Tritonbrunnen im Schnee. Der Maximiliansplatz, obwohl ganz sicher einer der schönsten Nürnberger Plätze, erfreut sich heute wohl wegen seiner Abseitslage von den Einkaufstempeln einer eher geringen Aufmerksamkeit der Nürnberger. Das war in der Biedermeierzeit und noch zur Jahrhundertwende anders. Mit zwei Brunnen geschmückt, am Ostende dem Albrecht-Dürer-Brunnen und in der Mitte mit dem 1689 nach der Fontana del Tritone in Rom zur Erinnerung an den Sieg über die Türken bei Mohacz geschaffenen Tritonbrunnen, zaubert der Platz einen Hauch von Italien in die westliche Altstadt. Farbdruck nach 1905.

Abb. 159: 1890 wurde das von Hans Rößner geschaffene Denkmal für Martin Behaim, am Theresienplatz errichtet. Es zeigt den Erschaffer des ersten Erdglobus überhöht in Überlebensgröße zwischen zwei weiblichen Figuren mit den Attributen der Seefahrt und der Nautik. Interessanterweise war die Mehrzahl der Denkmäler damals von einem Schutzgitter umgeben, dieses hier gestiftet von der Familie Behaim, wohl weniger aus Angst vor Denkmalsstürmern oder Vandalismus, sondern vermutlich zur Hebung der Bedeutung des Denkmalswürdigen. Lichtdruck vor 1905.

Abb. 160: Der Grübelbrunnen zur Erinnerung an den Stadtflaschner und von Goethe geschätzten Nürnberger Volks- und Mundartdichter stand früher an der Mündung von Tucherstraße und Neuer Gasse. Der Dichter (1736–1809) steht nach dem Entwurf von Friedrich Wanderer auf einem barock gestalteten Sockel mit Szenen aus seinen beliebtesten Gedichten „Der Steg" und „Das Kränzlein". Heute hat das reizende Brünnlein wieder einen schönen Platz neben dem Laufer Schlagturm gefunden. Lichtdruck 1906.

Abb. 161: Die von Lenchen Kraft unterschriebene Karte zeigt den Hauptmarkt um 1900 überquellend von Marktständen und Einkäufern – ein Bild, wie wir es heute noch von französischen oder italienischen Wochenmärkten kennen, wo die ganze Ortschaft und Umgebung zum Einkaufen erscheint. Damals waren die Märkte für Groß- und Kleinverbraucher noch nicht getrennt und die Wiederverkäufer deckten sich meist selbst auf dem Hauptmarkt ein. Erst 1917 wurde der Großmarkt auf die Insel Schütt bzw. den Gewerbemuseumsplatz abgetrennt. Lichtdruck um 1900.

Abb. 162: Der Nürnberger Hauptmarkt entstand nach dem wohlvorbereiteten Judenpogrom des Jahres 1349. Der Rat der Reichsstadt hatte sich schon vorab von Kaiser Karl IV. die Verfügungsgewalt über das dichtbebaute Judenviertel beurkunden lassen, um dort zwei zentrale Marktplätze errichten zu können, nachdem der bis dahin bestehende Markt nicht mehr ausreichte. Festgelegt wurde auch vorab, anstelle der Synagoge eine Marienkirche zu errichten. Wenige Tage nach Ausstellung der Urkunde fiel die Bevölkerung über die Bewohner des Judenviertels her: 562 Menschen wurden erschlagen oder lebendig verbrannt, die jüdischen Häuser und die Synagoge abgerissen. Lichtdruck 1902.

Abb. 163: Blick über den Obstmarkt nach Norden: In der Mitte der Pylippsche Rathauserweiterungsbau am Fünferplatz, links die historischen Häuser Obstmarkt 3–7 mit dem alten Gasthof „Bayerische Krone". Erst zu Beginn dieses Jahrhunderts wurde es üblich, daß Gemischtwarenhändler Obst und Gemüse ins Sortiment aufnahmen oder spezielle Geschäfte entstanden. Bis dahin versorgten sich die Bewohner an den Marktständen. Lichtdruck nach 1905.

Abb. 164: Der Heringsmarkt befand sich hinter der Frauenkirche im südlichen Bereich des Obstmarktes, wo seit Jahrhunderten die sogenannten Salzfischer Heringe und Stockfische verkauften, während der frische Seefisch in der Nähe des Schönen Brunnens gehandelt wurde. Zugang und Aufteilung des Marktes nach Lebensmittelgruppen und Händlern waren in den Marktordnungen genau geregelt. Die schöne Aufnahme für den Lichtdruck wurde von Ferdinand Schmidt vermutlich noch vor 1890 gemacht.

Abb. 165: Die reizende Karte mit Neujahrsgrüßen vom Bratwurst-Glöcklein und Moritzkapelle im Winterkleid wurde am 31. 12. 1899 zur Jahrhundertwende von Nürnberg nach Fürth versandt. Lithographie 1894.

Abb. 166: Der Obstmarkt war umrahmt von einem Kranz alter Gasthäuser und Cafés. Die Bratwurstküche „Zu den drei goldenen Röslein" in der Obstgasse 3 und 5 bildete sozusagen den Bauch des Marktes. Das 1813 zum ersten Mal genannte Gasthaus, das nach dem Krieg in neuen Gebäuden weitergeführt wurde und auch den Export von Bratwürsten aus der eigenen Metzgerei betrieb, hat in diesem Jahr sein Geschäft und Gasthaus geschlossen. Farbdruck 1905.

Abb. 167: Im Neubau Bindergasse 1 an der Ecke zum Fünferplatz befand sich das Wirtshaus „Zum Gläsernen Himmel". Bis zum Abriß Ende des 19. Jahrhunderts befand sich hier das Buckelmüllersche Gasthaus, das am Hauseck eine Madonna von Adam Krafft trug (heute im Germanischen Nationalmuseum). Die Bindergasse zählte vor dem 1. Weltkrieg zu den lebhaftesten Geschäftsstraßen der Sebalder Stadtseite. Auf der Karte angeschnitten das Haus Fünferplatz 8. Hier lag im 1. Stock das Café Orient. Lichtdruck 1908.

Abb. 168: An der Südostecke des Hauptmarkts, Plobenhofstraße 10, neben dem von Bernhard Solger errichteten Telegraphenamt befand sich das Café „National", sehr beliebt um die Jahrhundertwende. Typisch für die Altstadt in so prächtigen Häusern der Jahrhundertwende die unterschiedliche Bewohnerschaft von Vorder- und Hinterhaus: Wohnten 1902 im Vorderhaus der Cafébesitzer, je zwei Kaufleute und Fabrikanten und eine Färbermeisterswitwe, so hatten sich hinten eingemietet die Familien eines Schuhmachers, eines Gasarbeiters, eines Lokheizers, ein Bierführer, je ein Tüncher und ein Musiker sowie ein „Kolporteur". Lichtdruck 1909.

Abb. 169: Am Eck Karlstraße 14 zur Schustergasse stand das bei den Nürnberger Handwerkern beliebte Gasthaus „Zum Leistlein“. Auch nach der teilweisen Zerstörung 1945 wurde in der Nachkriegszeit das Wirtshaus weiterbetrieben, ehe es wie anderes dem Auto zum Opfer fiel: Das Eck ist heute von einem Parkhaus überbaut. Lichtdruck um 1900.

Abb. 170: Die Werbekarte für die Lack- und Tintenfabrik Felsenstein am Maximiliansplatz 11 zeigt, wie an der Südfront des Platzes sich Geschäftchen an Geschäftchen reiht, ein bis heute noch weitgehend erhaltener Zustand: Links mit der Aufschrift am Chörlein erkennbar das Gasthaus „Zum Wasserspeier“, Maxplatz 9. Lichtdruck, gelaufen 1917.

Abb. 171: Das Hotel „Bayerischer Hof“ an der Karlsbrücke, am nördlichen Pegnitzarm gelegen, war noch in der ersten Hälfte des 19. Jahrhunderts Nürnbergs renommiertester Beherbergungsbetrieb, in dem auch die bayerischen Könige logierten. Mit Verlagerung des Geschäfts- und auch Übernachtungsschwerpunkts auf die Lorenzer Seite in Bahnhofsnähe, verlor das Hotel immer mehr an Renommee. Schließlich zog vor dem 1. Weltkrieg vor Fertigstellung des Justizpalastes aus Raumnot sogar die Strafabteilung des Amtsgerichts vorübergehend in das Gebäude ein. Lithographie um 1895.

Abb. 172: Im Keller des Erweiterungsbaus am Fünferplatz 2 befanden sich die Weinwirtschaft „Rathauskeller“ und das „Ratsstübchen“, für die diese Lithokarte vor 1905 warb. Das war wohl bitter nötig, denn im Unterschied zu sonstigen Karten ist das Lokal merkwürdig leer. Vielleicht war aber auch nur gerade Stadtratsitzung. Heute befindet sich in den Räumen eine städtische Kantine.

Abb. 173: Zu den Nürnberger Traditionslokalen in mehrhundertjährigem Familienbesitz gehörte die „Sebaldusklause" im Schulgäßchen Nr. 1, dessen Wirt um 1900, Johann Helbig, sich hier vor das Haus gestellt hat. Beliebt bei Künstlern, war das Lokal überbordend mit Bildern und Sammelsurium gefüllt. Bekanntester Wirt zumindest der späteren Zeit war der große Heiner Stuhlfauth, unvergessener Torwart beim „Club". 1945 vollkommen zerstört, wurde auch dieses Altstadtlokal nicht wieder eröffnet. Farbdruck um 1905.

Abb. 174: Im international arbeitenden Tucks-Verlag, „Hoflieferant seiner Majestät des Königs und ihrer Majestät der Königin von England", erschien diese Karte des „Goldenen Posthorns" mit dem Chor der Moritzkapelle um 1910 als „Oilette" Spezialanfertigung. Das Gasthaus legte schon damals auch bei der exklusiven Postkartenfertigung Wert auf gehobenes, internationales Renommee. Farbiger Rasterdruck.

Abb. 175: Das Gasthaus „Zum weißen Lamm" im Haus Nr. 13 gab der von der Füll zum Neutor verlaufenden Lammsgasse den Namen. 1626 wurde das Haus erstmals als Gasthof erwähnt, das Anwesen bestand schon seit dem 14. Jahrhundert. Ebenso wie im benachbarten „Grauen Wolf" verkehrten hier vornehmlich die Fuhrleute der durch das Neutor von Westen hereinkommenden Straße. Lichtdruck 1907.

Abb. 176: In der Grübelstraße 6 gegenüber dem Graben der vorletzten Stadtumwallung an einem kleinen Plätzchen stand das Gasthaus „Zum Grübel", dessen neuer Inhaber 1910 die Lichtdruckkarte im eigenen Verlag (Jean Lamprecht) herausbrachte und wohl sich selbst mit Familie ablichten ließ.

Abb. 177: Die Häuser der Sieben Zeilen entstanden zwischen 1489 und 1524 auf dem zugefüllten Graben der vorletzten Stadtbefestigung als Siedlung für im Auftrag des Rates aus Schwaben angeworbene Barchentweber. Sie sind sozusagen Denkmale einer frühen, vorausschauend geplanten Wirtschaftspolitik der Reichsstadt. Die Häuser wurden im Krieg größtenteils zerstört, die letzte erhaltene Häuserzeile wurde 1972/73 durch einen Neubau ersetzt. Im Vordergrund der Schreibwarenladen von Anna Remberger im Haus Nr. 14, die diesen Lichtdruck nach 1905 im eigenen Verlag herausbrachte.

Abb. 178: Am Webersplatz 6 gegenüber den Sieben Zeilen befand sich in dem schönen Fachwerkbau das Gasthaus „Zur Goldenen Rose". Im Rückgebäude, auf der Foto-Wirtschaftskarte aus den dreißiger Jahren gut sichtbar, gab es einen 600 Personen fassenden Saalbau.

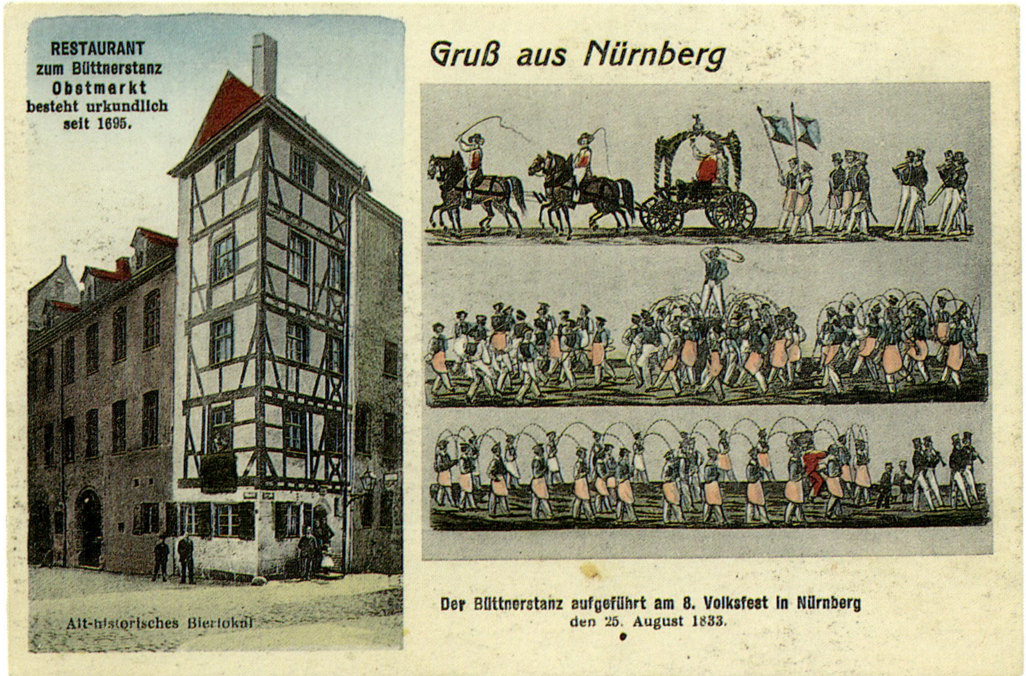

Abb. 179: Die kleine Wirtschaft „Zum Büttnerstanz" befand sich in der Herzgasse 14 am Eck zum südlichen Obstmarkt. Bei dem schmalen Fachwerkbau – auf Fotografien vor dem 1. Weltkrieg erscheint das Gebäude immer verputzt – handelte es sich um einen Mauerturm der südlichen staufischen Stadtmauer der Sebalder Seite zur Pegnitz hin. Farbdruck um 1914.

Abb. 180: Das Speise- und Bierlokal „Zum Krokodil" in der Weintraubengasse 2 war als Lederer-Hausbetrieb nicht nur vor dem 1. Weltkrieg und in der Zwischenkriegszeit eine gute Adresse für Einheimische und Touristen. Auch nach dem 2. Weltkrieg und trotz des nur teilweisen Wiederaufbaus war es bis zum Beginn der achtziger Jahre in der Weltstadt Nürnberg eine der wenigen Adressen, wo es beim Italiener bis zum frühen Morgen noch etwas zu Essen gab. Am interessantesten war dabei, wen man dort zu dieser Zeit alles getroffen hat. Lithographie 1904.

Abb. 181: Das „Löwenbräustübl" entstand bzw. bekam seine Bezeichnung nach der Einrichtung einer eigenen Brauerei 1869 im alten Gasthaus „Zum gelben Löwen" in der Schildgasse 26, woraus sich die Bezeichnung Löwenbräu und dann eben „Löwenbräustübl" entwickelte. Zum Zeitpunkt der Herstellung dieser Farbdruckkarte 1905 war das Gasthaus schon im Besitz der Brauerei Gebr. Held, die den Braubetrieb in der Schildgasse beendete. Das Haus wurde 1945 total zerstört.

Abb. 182: Mit dieser schönen Karte und dem noch schöneren Spruch warb das Weinhaus „Zur Hölle" zum Besuch in das im hintersten Winkel des Gäßchens gelegene Haus zwischen den Fleischbänken Nr. 16. Verschickt wurde der Farbdruck im Kriegsjahr 1917.

Abb. 183: Dieser schattige und staubfreie Wirtshausgarten gehörte zum Gasthaus „Weiße Taube" in der Langen Gasse 6 mit Zugang zum Webersplatz. Das Wirtshaus wurde später unter wechselnden Namen als „Zeltnerbräustübl" und „Maxtorkeller" betrieben. Lichtdruck um 1910.

Abb. 184: Am Spitalplatz, heute Hans-Sachs-Platz 17 und 19, befand sich das Textilgeschäft von Georg Meysel, der hier mit Fachpersonal und höchstpersönlich und mit dem Söhnchen auf dem neuen Motorrad für den Fotografen aufgestellt ist. Im ersten Stock von Haus Nr. 17 betrieb der „Vögel- und Tierausstopfer" Hiller sein Geschäft. Fotokarte nach 1910.

Abb. 185: Nach 1900 ermöglichten industriell vorgefertigte Fotokarten den örtlichen Fotografen, aber auch Amateuren die rasche Herstellung eigener Ansichtskarten ohne die Wartezeit und die dafür notwendige hohe Auflage bei einer Lichtdruckerei. Auf diesen Karten sind so eine Vielzahl kleinerer Geschäfte und Häuser überliefert wie hier das Delikatessengeschäft von W.F. Kühnle in der Bindergasse 3. Vor dem Schaufenster mit Liebigs Fleischextrakt und Leibniz Cakes posieren Chefin und Personal im Jahre 1909.

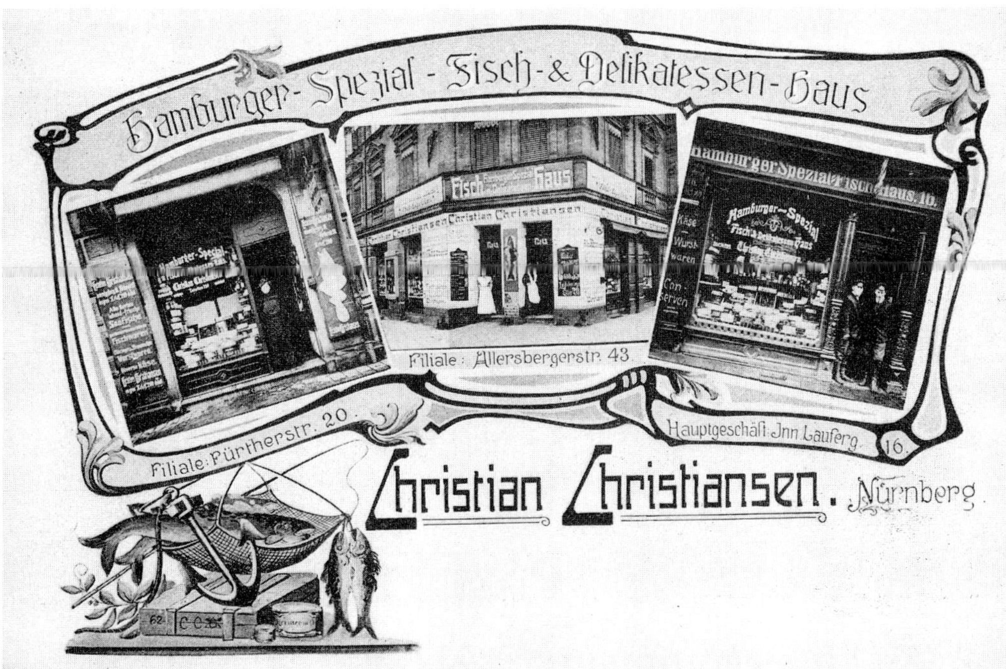

Abb. 186: Das bis heute bestehende Delikatessen- und Fischgeschäft von Christian Christiansen warb mit dieser Karte für seine Läden. Vor dem Stammgeschäft in der Inneren Laufer Gasse steht der Geschäftsinhaber selbst in einer Art Fischertracht. Nach den Tafelbeschriftungen waren gerade Kieler Bücklinge im Angebot: 3 Stück für 20 Pfennig, 6 Stück sogar für nur 35 Pfennig. Die Karte entstand nach 1905.

Pegnitzansichten und Brücken

Die Ansichtskarten der Jahrhundertwende überliefern noch recht anschaulich die für Stadtentwicklung und Stadtleben bis in unser Jahrhundert sehr viel bedeutendere Funktion der Pegnitz und ihre das innere Stadtbild prägende Rolle: Der vom Ursprung bis zur Mündung in die Rednitz bei Fürth 117 km lange Fluß war lange Trennlinie und Gefahr für die sich entwickelnde Stadt, aber gleichzeitig war er auch Wasser-, Nahrungs- und wichtigster Energielieferant für das Gewerbe und Entsorgungsträger für die Stadtbevölkerung.

Die Überschwemmungs- und Sumpffläche („Fröschau") im innersten Stadtbereich um den späteren Hauptmarkt zwischen den beiden Stadthälften war lange Zeit nicht besiedelt und wurde 1146 von König Konrad III. den Juden zugewiesen, die hier ihr auf Pfählen gegründetes Ghetto anlegten. Nach der gewaltsamen Vertreibung 1349 wurden zur Anlage des Hauptmarktes und der umgebenden Bauten umfangreiche Aufschüttungen zur Befestigung des Grundes notwendig. Dennoch wurde die Pegnitzniederung bis zur Hochwasserkatastrophe von 1909 immer wieder von verheerenden Überschwemmungen heimgesucht, die erst nach den Baumaßnahmen nach dem 2. Weltkrieg als gebannt erscheinen.

Prägend für die Stadtlandschaft sind die vielen, im Zuge des Zusammenwachsens der beiden Stadthälften entstandenen Überbrückungen der Pegnitz: „Keine Stadt in Süddeutschland kann mit einer vergleichbaren Brückenlandschaft aufwarten, die zudem einen Zeitraum von über einem halben Jahrtausend umgreift" (Eichhorn). Das wird auch in den abgebildeten Luftansichten deutlich.

Die besonders herausragenden Brückenbauten wie der Henkersteg als Teil der vorletzten Stadtumwallung und älteste erhaltene Pegnitzüberbrückung, das über dem nördlichen Pegnitzarm zur Insel Schütt errichtete Heilig-Geist-Spital, die Fleisch- und die Karlsbrücke zählen zu den beliebtesten Ansichten der Jahrhundertwende, wie auch heute noch ein Spaziergang entlang des arg kanalisierten Flusses und über die Brücken zu den interessantesten und anschaulichsten Einführungen in das Nürnberger Altstadtbild zählen. Bis zu ihrer Kriegszerstörung waren die Pegnitzränder gesäumt von den langen, der Pegnitz zugewandten hölzernen Galerien der Uferhäuser. Von der Neubebauung des Trödelmarktes abgesehen, sind auch die durch den Fluß bestimmten Siedlungen verschwunden, wie sie sich vom „Sand" mit den Stegen zu den Häusern auf der kleinen und hinteren Insel Schütt unmittelbar an das Wasser erstreckten. Die Ansichten über die Fischer- und Handwerkerhäuschen am Sand zählten zu den ganz besonders malerischen und romantisierenden Stadtansichten.

Als „Mühlenstrom" war die Pegnitz seit dem Mittelalter der wichtigste Energielieferant der Stadt. Die Pegnitzmühlen waren von existentieller Bedeutung für die Mehlversorgung der Stadt, als Mahl-, Polier-, Schleif-, Stampf-, Walk- und Drechselmühlen bildeten sie die Grundlage für die verschiedensten Gewerbe. Noch um die Jahrhundertwende nutzten mit Katharinen-, Pfannen-, Schwaben-, Dürren- und Vögeleinsmühle fünf der größten Mühlen innerhalb des Altstadtringes die Wasserkraft für gewerbliche Zwecke oder zur Stromerzeugung. Die Mühlgebäude und ihre, die Pegnitz fast zum stehenden Gewässer machenden Wehre finden sich auf den Ansichtskarten. Für immer verschwunden ist am Fluß ihr gleichmäßiges Arbeitsgeräusch: Mit Ausnahme eines Teilgebäudes der Dürrenmühle in der Unteren Kreuzgasse wurden alle Mühlen der Innenstadt im 2. Weltkrieg vernichtet.

Abb. 187: „Partie an der Insel Schütt" ist diese Karte bezeichnet nach einem Bild von Franz Schmidt und erfaßt die Lichtstimmung eines Frühlingstages am Fluß zwischen Verkaufsbuden auf der Insel Schütt und den Häusern am Sand. Das Holzhäuslein mit den Fischkästen hieß nach dem einstigen Stadtfischer Engelbrecht das Engelbrechtsche Fischerhaus am Sand. Farbdruck 1910.

Abb. 188: Über die Agnesbrücke gelangte man vom Gewerbemuseumsareal über den südlichen Pegnitzarm auf die Hintere Insel Schütt, hier die Flußansicht der Häuser Hintere Insel Schütt 8–14. Der Schlot im Hintergrund gehörte vermutlich zum Färberbetrieb Arnold. Im Haus Nr. 10 in der Bildmitte befand sich das Gasthaus „Zur Insel Schütt". Ein Teil der Wohnhäuser am Flußufer wurde erst Ende der sechziger Jahre beim Neubau des Schulhauses abgerissen. Farbiger Lichtdruck nach 1905.

Abb. 189: Die Agnesbrücke verbindet die Bereiche um das Gewerbemuseum mit der damals noch mit Wohnhäusern bebauten hinteren Insel Schütt. Die Aufnahme entstand aus der Richtung des Tratzenzwingers, rechts das Gebäude der öffentlichen Badeanstalt, Haus Nr. 15, und zeigt einige der damals noch zahlreicheren Nürnberger Insulaner. Lichtdruck vor 1905.

Abb. 190: Die kleine Insel Schütt zwischen Fischersteg und Hohem Steg ganz rechts von der hinteren Insel Schütt aus gesehen. Im Unterschied zu heute gab es genügend direkte Zugänge zum Fluß wie hier auf den Inseln oder Am Sand links im Mittelgrund. Neben dem Fischgasthaus beim Fischersteg ist die Huf- und Wagenschmiede von Wilhelm Deierl, Am Sand 16, zu erkennen. Lichtdruck vor 1905.

Abb. 191: Eine fotografische Karte mit der gleichen Perspektive der Künstlerkarte in Abb. 187 vom Fischersteg: Die kleine Brücke überspannte einen nach dem 2. Weltkrieg zugeschütteten Pegnitzarm vom Sand zur kleinen Insel Schütt, die damit dem Sebalder Festland einverleibt wurde. Inzwischen wurde auf diesem Areal die Mensa der Universität mit ihrer Platzanlage errichtet. Lichtdruck vor 1905.

Abb. 192: Vom „Nürnberger Fischhaus" über den Fischersteg gelangte man auf die kleine Insel Schütt mit Schaffts Gasthaus „Theodor Körner" mit der Giebelfassade. Von dort ging es über den Hohen Steg auf die eigentliche Insel Schütt, die in ihrem östlichen Teil noch dicht bebaut war. Die Karte zeigt ein vom Wasser geprägtes Quartier, das heute gänzlich verschwunden ist. Lichtdruck vor 1905.

Abb. 193: Entgegen immer wieder aufgestellten Behauptungen, der Synagogenbau habe wie ein Fremdkörper in der Altstadt gewirkt, war das jüdische Gotteshaus ein überaus beliebtes Motiv, das häufig auch in enger Verknüpfung mit Alt-Nürnberger Ansichten gezeigt wurde. Insbesondere den beliebten Flußansichten über die Insel Schütt verlieh die Kuppel einen besonderen Reiz. Farbdruck um 1900.

Abb. 194: Nicht nur die Farbe suggeriert eine fast holländisch anmutende Stadt-Fluß-Landschaft, würden nicht Hans Sachs und der eingefügte Rathausbau von Essenwein den Bezug zu Nürnberg herstellen. Auf der Karlsbrücke fehlen aber auch die Obelisken. Ganz links die Schwabenmühle nach dem Neubau von 1880, rechts der Schleifersteg zwischen den Fleischbänken und Trödelmarktinsel. Lithographie 1900.

Abb. 195: Direkt am Fischersteg, Am Sand 14, lag das „Erste Nürnberger Fischhaus", das mit dieser schönen Lithokarte vor 1905 Werbung betrieb. Die Fische warten schon auf ihren Weg aus den Fischkästen in der Pegnitz über die Küche auf den Teller. Das Haus wurde im Krieg zerstört, der Pegnitzarm am Sand in der Nachkriegszeit zugeschüttet.

Abb. 196: Blick vom Durchgang zur Unteren Wörthstraße über die südliche Karlsbrücke auf Trödelmarkt und St. Sebald hoch zur Burg. Ein verlorengegangenes Bild, das ein wenig an Eindrücke aus pittoresken italienischen Städten erinnert. Der Durchblick ist in veränderter Form neben dem Gasthaus „S' Karlsbrückla" noch heute vorhanden, wie die Untere Wörthstraße zu den verborgenen und kaum veränderten Altstadtstraßen zählt. Farbdruck 1905.

Abb. 197: Auch diese Aufnahme von der Vorderen Insel Schütt mit der Pocher-Villa, der Spitalbrücke, vom Heilig-Geist-Spital und der hochaufragenden Synagogenkuppel über den malerischen Häusern am nördlichen Pegnitzufer zeigt, wie stark das Nürnberger Stadtbild von der Pegnitz geprägt wurde und die Stadt noch mit ihrem Fluß lebte, anders als heute, wo der Zugang zum Wasser kaum mehr möglich ist und selbst ins Wasser gefallene Hunde von der Feuerwehr gerettet werden müssen. Lichtdruck 1897.

Abb. 198: Die Insel Schütt diente immer wieder als Marktfläche. Ab 1917 fand hier der neu eingeführte tägliche Großmarkt statt, der schon bald zusätzliche Flächen am Gewerbemuseumsplatz benötigte. Schon in der Reichsstadtzeit war die Schütt auch Standort für verschiedene Verkaufsmessen und die jährliche Herbstmesse. Um die Jahrhundertwende wurde hier aber auch der Christkindlesmarkt abgehalten. Im Hintergrund zwischen den Bäumen ist die Synagoge erkennbar. Lichtdruck um 1910.

Abb. 199: Der gerasterte Druck zeigt eine Aufnahme vor 1905 über die Heubrücke zur Lorenzer Seite mit dem Unteren Bergauer Platz als geschlossener Häuserfront. Die zwischen dem Tapeziergeschäft Schlözer, Haus Nr. 12, ganz links und der Fischküche „Luftsprung“ einmündende Nonnengasse ist kaum erkennbar. Rechts das Gebäude der Höheren Mädchenschule in der Findelgasse 9.

Abb. 200: Die heutige Spitalbrücke, die den nördlichen Pegnitzarm von der Insel Schütt her überquert, zeigt dieser vor 1905 entstandene Lichtdruck. Rechts gegenüber dem „Fraueneisen“, dem Turm für weibliche Schuldner, vor der Synagoge ist das Gasthaus „Zur Heuwaage“ zu erkennen. Die Waage befand sich auf der Insel Schütt auf dem Weg zum Heumarkt, dem heutigen Theresienplatz.

Abb. 201: Auch heute noch zählt der Blick von der Museumsbrücke zum Erweiterungsbau des Heilig-Geist-Spitals zu den besonders beliebten und häufig fotografierten Nürnberg-Motiven. Das die Pegnitz überspannende Gebäude (Sute) wurde 1518 von Hans Beheim dem Älteren fertiggestellt. Nach schweren Kriegsschäden bis 1953 wieder aufgebaut, beherbergt es ein Weinlokal, in dem schon mancher nach diversen Schoppen die darunter durchfließende Pegnitz rauschen hörte. Lichtdruck vor 1905.

Abb. 202: Anstelle eines hölzernen Übergangs wurde 1484 eine erste steinerne Brücke als Vorläuferbau unserer heutigen Museumsbrücke über die Pegnitz gebaut. Im Jahr 1700 entstand ein Neubau der damaligen „Barfüßer-Brücke", benannt nach dem am Südufer liegenden Franziskanerkloster. Die beiden Denkmalsaufbauten erinnern an diesen dauerhaften Brückenschlag. Im Krieg beschädigt, wurde die Museumsbrücke 1954–1956, inzwischen nach dem auf dem Gelände des ehemaligen Klosters gelegenen Haus der Gesellschaft Museum, Königstraße 1, benannt, abgerissen und völlig neu aufgebaut. Im Hintergrund der schöne Plobenhof, benannt nach einer Familie von Ploben (Plauen), der im Januar 1945 in Schutt und Asche versank. Lichtdruck 1907.

Abb. 203: Das Gasthaus „Zur Pegnitz“, Wespennest 3, war in die Pegnitz gebaut und über den heute verschwundenen Katharinensteg zwischen Vorderer Insel Schütt und dem Lorenzer Festlandsufer zu erreichen. Im Februar 1909 mußte die Feuerwehr in einer großen Rettungsaktion die im Gasthaus eingeschlossenen Menschen aus den Hochwasserfluten befreien. Im Hintergrund die Heubrücke. Lichtdruck um 1905.

Abb. 204: Als in der Innenstadt auf der Pegnitz noch gefischt wurde, entstand diese reizvolle Aufnahme unterhalb der Fleischbrücke als „Probebild“ für ein „Am Fischwasser“ betiteltes Buch für Sportfischer des Verlages Nister mit „100 Naturaufnahmen“, das allen Pegnitzfischern dringend zum Kauf empfohlen wurde. Rasterdruck nach 1905.

Abb. 205: Blick von der Karlsbrücke über die Pegnitz zur Fleischbrücke: Links auf der Trödelmarktinsel ist die nicht wiederaufgebaute Markt- und Geflügelhalle zu erkennen. Im Fluß das alte Wehr der ehemaligen Pfannenmühle, einer der größten Nürnberger Mahlmühlen innerhalb der Stadt. Auf dieser Höhe beim modernen Schleifersteg befindet sich unsere heutige „Liebesinsel". Lichtdruck vor 1905.

Abb. 206: Genau umgekehrt zur vorigen Karte ist hier die Sicht von der Fleischbrücke auf die Karlsbrücke gerichtet. Rechts die Trödelmarktinsel, die über den Schleifersteg rechts vorne oberhalb des Wehres mit dem nördlichen Festland verbunden war. Der Steg erhielt den Namen von den hier arbeitenden Schleif- und Poliermühlen. Links die Radstube der Schwabenmühle. Lichtdruck vor 1905.

Abb. 207: Karlsbrücke mit Blick zum Trödelmarkt: Die nach Kaiser Karl VI. 1728 so benannte südliche Überquerung der Pegnitz zur Trödelinsel entstand an der Stelle eines bereits 1451 erwähnten und lange Zeit ABC-Brücke genannten Bauwerks. Dieser merkwürdige Name stammt von den mit den Buchstaben des Alphabets bezeichneten Krämerbuden auf der Brücke. Die beiden Obelisken zur Erinnerung an Baumeister und Brückenweihe tragen Kriegsadler und Friedenstaube. Lichtdruck 1905.

Abb. 208: Dieser Blick über den Trödelmarkt mit nördlicher Karlsbrücke, Karlstraße und St. Sebald im Hintergrund entstand etwa um 1890. Die Passanten haben sich in Erwartung der Aufnahme in geziemendem Abstand vor der Kamera aufgestellt. Fotograf war wiederum Ferdinand Schmidt, der zwischen 1860 und 1909 die Altstadt und ihre Veränderungen kontinuierlich überliefert hat. Es ist allerdings zweifelhaft, ob der Fotograf an der Veröffentlichung seiner Aufnahme als Ansichtskarte auch etwas verdient hat, denn in der Regel wurden Fotografien von den Verlagen ganz einfach nachgedruckt. Lichtdruck um 1900.

Abb. 209: Zu den schönsten und frühesten graphischen Nürnberger Ansichtskarten zählen die feingezeichneten Lithographien aus der Kunstanstalt von Leonhard Amersdorffer. Auf dieser um 1890 entstandenen Karte ist der Pegnitzblick zu Wasserturm, Henkersteg und Weinstadel mit Stadt- und Burgsilhouette zu einer reizvollen Einheit zusammengefaßt.

Abb. 210: Von Lorenz Ritter stammt diese Wintersicht von Weinstadel und Henkersteg. Der Künstler hat darin mit Schnee und Abendsonnenglühen alle Register der romantischen Interpretation seiner Vaterstadt knapp am Rande des Erträglichen gezogen, aber seine Malweise war sehr gefragt. Empfängerin dieser Winterkarte war im übrigen eine „Hochwohlgeborene Baronesse Nella von Mairhofen", der die Lithokarte im August (!) 1908 zugesandt wurde.

Abb. 211: Auf der Trödelmarktinsel fand ursprünglich, so der alte Name, der Säumarkt statt, ehe seit dem 16. Jahrhundert für die Sebalder Seite dort der Trödel, also Alt- und Gebrauchtwaren, verkauft wurde. Bis zur völligen Zerstörung im Krieg war die Insel neben den Mühlen mit kleinen Häuschen und Verkaufsbuden bebaut. Die Lithokarte nach einem Aquarell um die Jahrhundertwende zeigt die Idylle. Die heutige, auf „putzig" gemachte Bebauung entspricht nur in der Kleinheit der Formen der damaligen Situation.

Abb. 212: Dieser frühe, gelungene farbige Rasterdruck von 1902 zeigt eine Sicht vom Kettensteg zur Maxbrücke und den dahinterliegenden Henkersteg. Links die Radstuben der Nägeleinsmühle, rechts die der Dürrenmühle. Gegenüber dem heutigen gefährlichen Wehr an dieser Stelle, Paddler ergreift ein Grauen, zeigen die damaligen Wassereinbauten ein auf Nutzen und Leben mit dem Fluß gerichtetes Verhältnis.

Abb. 213: *Auf der Trödelmarktinsel an der Mündung der südlichen Karlsbrücke wurde 1897 anstelle der alten kleinen Fleischbank und zur Entlastung des Hauptmarktes eine Markthalle errichtet. Das Gebäude, von Heinrich Walraff entworfen und die Formen der alten reichsstädtischen Lagergebäude aufnehmend, diente vornehmlich dem Verkauf von Geflügel und Wild. Lichtdruck um 1905.*

Abb. 214: *Die Uferbebauung der Unteren Wörthstraße, der Steg zum Unschlitthaus und das südliche Ufer des Trödelmarktes sind in der Aufnahme der Lichtdruckkarte von 1904 erfaßt. Links ist das Gebäude der Lithographischen Kunstanstalt von Leonhard Amersdorffer in der Unteren Wörthstraße 2 und 4 zu erkennen, die auch einige schöne in diesem Katalog abgebildete Karten druckte.*

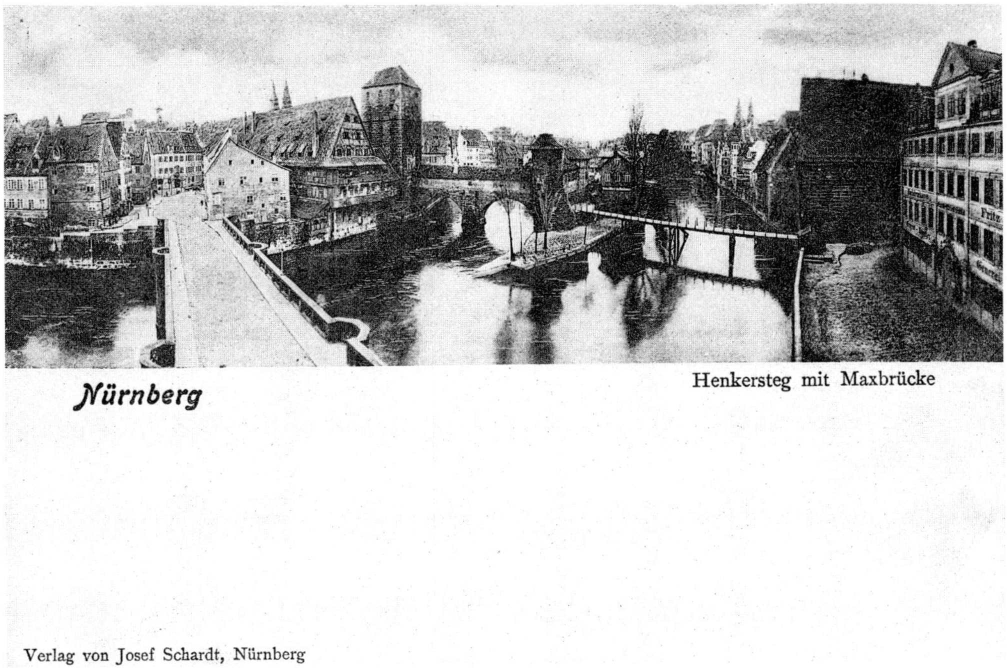

Abb. 215: Diese Panoramaaufnahme, wie sie sich gerade in unseren Tagen wieder großer Beliebtheit erfreuen, entstand vor 1905 und erschien im Ansichtskartenverlag des Vorsitzenden des Sammlerverbandes „KOSMOPOLIT" Fritz Schardt, der bei seinen Karten immer um neue Gags bemüht war. Die Rundumsicht von der Maxbrücke bis zum Unschlitthaus vermittelt eine etwas ungewöhnliche Sicht: Nürnberg, die Stadt am Pegnitzstrom. Lichtdruck vor 1905.

Abb. 216: Im Jahre 1824 wurde der Kettensteg von dem Nürnberger Mechaniker Konrad Georg Kuppler als erste freischwebende, nur an Ketten hängende Brückenkonstruktion in Deutschland errichtet. Das Eisenbauwerk am Altstadtausfluß hinter den Befestigungsanlagen versah über 100 Jahre in dieser Form seine Aufgabe, wurde aber 1934 durch massive Stützen befestigt und ist ein im deutschen Raum einzigartiges Denkmal für den Beginn des Industriezeitalters. Die in einem Tiefdruckverfahren hergestellte Karte erschien vor 1900 in einem Trierer Verlag.

Abb. 217: Blick zum Pegnitzausfluß am Kettensteg von der Maxbrücke: Auf der linken Seite sind Rechen und Radstuben der Dürrenmühle zu erkennen. Die Wasserräder lieferten die Energie für verschiedene Handwerksbetriebe. Um die Jahrhundertwende betrieb hier die Bleistiftfabrik Faber eine Graphitmühle. Am rechten Bildrand noch sichtbar ist das Wehr der Nägeleinsmühle. Lichtdruck um 1905.

Abb. 218: Annähernd vom gleichen Standpunkt wie oben die rechte, nördliche Uferseite: Rechts die Nägeleinsmühle, eine der größten Nürnberger Mühlen, die bereits 1943 vollständig ausbrannte. Heute begleitet an dieser Stelle ein Uferweg die in ein hohes Steinbett gezwängte Pegnitz. Im Hintergrund Kettensteg und die ehemalige Fronveste, die den Flußausgang sicherte. Der auf dem Inselchen plazierte Schlayerturm ist heute in seiner ursprünglichen Gestalt wiedererrichtet. Lichtdruck 1905.

Papierhaus Luitpold, Nürnberg, Kaiserstr. 10.

Die Lorenzer Stadt

Auch die Besiedlung der jüngeren Lorenzer Stadthälfte nahm etwa Mitte des 12. Jahrhunderts ihren Ausgang von einem im Bereich der heutigen Jakobskirche gelegenen Königshof. Dort entstand nach 1209 die Niederlassung des Deutschen Ordens. Im Unterschied zur nördlichen Altstadt zeigt die südliche, noch im heutigen Straßenverlauf erkennbar, ihre von den Staufern seit der Mitte des 12. Jahrhunderts ebenem Gelände planmäßig betriebene Anlage: In Ost-West-Richtung laufen die wichtigsten Straßen wie die Adlerstraße, Karolinenstraße, Breite Gasse auf den Königshof zu, vor dem sie sich beim Weißen Turm vereinen.

Die Lorenzkirche entstand nach 1260 an der Stelle einer romanischen Vorgängerkapelle. In der Mitte des 13. Jahrhunderts wurde auch die südliche Stadt von einer Befestigung umgeben, die in einer Ovalform nördlich in Höhe der Kaiserstraße, südlich in der Linie der Mauthalle und der früheren Kornhäuser am Kornmarkt verlief, im Osten die Lorenzkirche einschloß und sich im Westen vom Weißen Turm in Richtung der heutigen Karl-Grillenberger-Straße zur Pegnitz hinunter fortsetzte.

Die Bewohnerschaft der Lorenzer Stadt bestand aus sozial niedrigeren Schichten, in der Regel Handwerker und Angehörige einfacher Berufe. Entsprechend schlichter war die Bebauung. Von den auch auf dieser Stadtseite ursprünglich vorhandenen Wohnsitzen adliger Geschlechter hat sich als einziges Beispiel eines Wohnturmes das sogenannte „Nassauer Haus“ erhalten. Auch aufgrund der offeneren Bebauung und ebeneren Stadtfläche bestanden in der südlichen Stadthälfte mit dem Kornmarkt, dem Roß- und Ochsenmarkt die Erzeuger- und Handelsmärkte der Stadt.

Der Aufstieg und die Verwandlung der Lorenzer Stadt, die nach Einfassung durch die letzte Stadtmauer im südlichen Bereich noch über Freiflächen der ehemaligen Klöster verfügte, setzte ein mit dem Bau des Bahnhofs 1846 vor dem Frauentor. Die Entscheidung wurde gegen die Vorstellung der Nürnberger getroffen, die einen Bahnhofsbau vor dem Neutor anstrebten. Der von der bayerischen Regierung festgelegte Standort verlagerte nicht nur das weitere Stadtwachstum in den Süden außerhalb der Mauern, sondern legte auch die wichtigste Verkehrs- und Geschäftsachse in die Königstraße zum Hauptmarkt, während die Verkehrslinie zum Plärrer und Ludwigsbahnhof durch die Karolinen- und Ludwigstraße abzweigte. Die zu erwartenden Veränderungen der Sebalder Stadt, hätten sich die Nürnberger Pläne durchgesetzt, sind nur schwer vorstellbar.

Die im letzten Drittel des 19. Jahrhunderts immer stärker zunehmende Neu- und Umbautätigkeit veränderte das Gesicht der Lorenzer Stadthälfte grundlegend und wurde bestimmt durch die neu entstehenden Geschäftshäuser und Hotel- und Gastronomiebetriebe. In den Ansichtskarten wird dieser Prozeß anschaulich dokumentiert. Es überwiegen die Ansichten der neuen Citystraßen, die stolz präsentiert werden. Weit größer als auf der Sebalder Seite ist die Zahl der Ansichtskarten, die zur Reklame für die neu entstandenen Hotels, Restaurants und Geschäfte eingesetzt werden, während die touristischen Karten mit Ansichten der Sehenswürdigkeiten, schon aufgrund von deren Konzentration auf der Sebalder Seite, eine geringere Rolle spielen. Eine Sonderstellung nimmt hier das Germanische Nationalmuseum ein.

Abb. 219: Die Karte zeigt den unteren Teil der Königstraße an der Museumsbrücke: Links die Abzweigung der Kaiserstraße, dann das langgestreckte zwischen 1578 und 1596 erbaute Viatishaus, das einst für seine Außenbemalung berühmt war. Rechts ist das Gebäude der heutigen Hypobank erkennbar. Auch ohne Autos herrschte ein bemerkenswerter Verkehr über die Museumsbrücke. Lichtdruck 1906.

Abb. 220: Blick über den Tugendbrunnen auf die im Krieg zerstörte Häuserreihe Königstraße 12–20. Gegenüber der etwa 20 Jahre älteren Ansicht (s. Abb. 224) wurden die Gebäude in ihren Fassaden teilweise repräsentativer umgestaltet. So trägt das ehemalige Leykaufsche Haus, jetzt Konfektionshaus Schweigger, einen pompösen barocken Dacherker. Lichtdruck um 1910.

Abb. 221: Blick aus der Oberen Wörthstraße nach Osten in die Kaiserstraße mit den Abzweigungen links in die Untere Wörthstraße und danach zur Karlsbrücke: Rechts die Biegung zur Hinteren Ledergasse und Fortsetzung der Kaiserstraße mit der Abzweigung zum Kannengäßchen. Die heutige Situation ist durch den Treppenaufgang in der Oberen Wörthstraße an dieser Stelle leicht verändert, auch wenn ein Teil der abgebildeten Gebäude wie das Gasthaus links noch erhalten sind. Lichtdruck 1901.

Abb. 222: Kaiserstraße und Adlerstraße vom Josephsplatz aus gesehen: Das dominierende Gebäude des Café „Noris" im Eckhaus an der Mündung beider Geschäftsstraßen ist erhalten geblieben und konnte um die Jahrhundertwende schon auf eine alte Kaffeehaustradition zurückblicken. Um 1840 befand sich hier das Café Rössel, danach das Café Lotter. Der Josephsplatz, bis 1810 noch Kornmarkt genannt, erhielt seinen Namen nach dem bayerischen König Max Joseph. Der Platz hat bis heute seinen geschäftigen Charakter durch die teilweise erhaltene, teilweise gut eingepaßte Neubebauung und die Erhaltung der Geschäftsstruktur durch viele Einzelhandelsgeschäfte gut bewahren können. Lichtdruck 1905.

Abb. 223: *Die Kaiserstraße in ihrem unteren Teil: Links das Haus Nr. 7, rechts die Abzweigung zur Fleischbrücke. Im Eckhaus, An der Fleischbrücke, befand sich das Uhren- und Goldwarengeschäft Silberthau, im Haus gegenüber ein Herrenbekleidungs-Bazar. Der kolorierte Lichtdruck von 1901 zeigt die Kaiserstraße als Einkaufsparadies der jungen Großstadt.*

Abb. 224: *Diese frühe Lithokarte, gelaufen 1889, zeigt das alte Geschäft des Kgl. Bayerischen Hoflieferanten und Stahlwarenfabrikanten Georg Leykauf in der Königstraße 16 und ist vom Geschäftsinhaber selbst geschrieben. Oberhalb des Nassauerhauses zieht die Pferdebahn, 1881 eingerichtet, aus der Karolinenstraße. Dem Nassauerhaus gegenüber dem Eck Königstraße 22 /Karolinenstraße ist das Kleinsche Haus erkennbar, auf das Herr Leykauf für sein expandierendes Geschäft ein Auge werfen sollte, denn wenige Jahre später 1897 stand an dessen Stelle der neobarocke Prunkbau des Leykaufschen Kunstgewerbehauses.*

Abb: 225: Der Maler Lorenz Ritter, sonst eher der malerisch historisierenden Darstellung seiner Heimatstadt zugeneigt, hat sich bei dieser Lithographie von vor 1900 ganz auf die Schilderung des Großstadtbetriebs der unteren Königstraße bei der Abzweigung der Kaiserstraße rechts verlegt. Das starke Menschen- und Fahrzeugaufkommen erinnert an heutige Samstagvormittage, nur daß heute die PS-Zahl in diesem Bereich geringer ist. Der Eindruck der neuen großstädtischen Betriebsamkeit auf der Straße wird durch die perspektivische Sicht von unten verstärkt, so daß das von rechts in die Bildmitte tretende Gebäude Königstraße 12 an der Ecke zur Adlerstraße fast die Höhe der Kirche erreicht. In diesem historischen Haus befand sich das Gasthaus „Saukeller“, das für seine schnellen und einfachen Gerichte bekannt war.

Abb. 226: 1898 entstand diese Lithokarte nach einer Vorlage von P. Schmoll von der Karolinenstraße mit Blick auf die Lorenzkirche. Die durch ihre Farbgebung recht eigenwillige Ansicht entstand wohl früher oder ist zeitlos, sie zeigt noch die eng auf die Kirchenfassade zulaufenden alten Häuser, das Leykauf-Gebäude ist noch nicht gebaut. Ganz offensichtlich wollte der Künstler ein Morgenrot an einem Wintermorgen ins Bild setzen, denn von einer Feuersbrunst derartigen Ausmaßes im Osten der Lorenzkirche ist aus jenen Jahrzehnten nichts bekannt. Die Karte erschien als „Kunstblatt in Postkartenform“ und dürfte Kunden mit einem expressiver ausgerichteten Geschmack gereizt haben.

Abb. 227: Die Kaiserstraße, heute wie um die Jahrhundertwende eine lebendige Geschäftsstraße, lag im Mittelalter im Sumpfbereich der Pegnitz. Bis 1809 hieß sie „Unter den Hutern“ nach den Hutmachern. Ihren neuen Namen erhielt sie als Reminiszenz nicht an die deutschen Kaiser, sondern an Napoleon. Lichtdruck um 1900.

Abb. 228: Blick über das Wetterhäuschen auf Königstraße und Lorenzer Platz. Die 1878 errichtete Wetter- und Uhrenstation an der zentralen Stelle vor der Lorenzkirche übernahm als markanter Treffpunkt schon bald weitere Funktionen, worauf die Bezeichnung „Liebesinsel“ für das Häuschen hinweist. In den 50er Jahren im Zuge der damaligen autobezogenen Verkehrsplanungen abgerissen, wurde es 1978 originalgetreu zum 100. Geburtstag wieder aufgebaut. Der Name „Liebesinsel“ war inzwischen weiter gewandert zur Ostspitze der Trödelmarktinsel. Lichtdruck 1905.

Abb. 229: Blick in die Adlerstraße mit dem Kriegerdenkmal am Köpfleinsberg: Während der vordere Teil der Adlerstraße nach der Abzweigung von der Königstraße durch ein Parkhaus und die Rückfront eines Kaufhauses beim Nachkriegsaufbau dem Gebrauchswert geopfert wurde, hat sie im mittleren Bereich um den Köpfleinsberg ihren alten Charakter durch einige stehengebliebene Häuser wie links und rechts des Denkmals und auf der gegenüberliegenden Seite doch weitgehend erhalten. Gerade in der der Siegessäule gegenüberliegenden Straßenfront liefert der Neubau eines Bankgebäudes ein gutes Beispiel für einen Neubau, der alte und benachbarte historische Bauformen aufnimmt und modern verwandelt. Lichtdruck 1903.

Abb. 230: Schon vor der Jahrhundertwende wurde die Königstraße an der Abzweigung der Karolinenstraße vor der Lorenzkirche zur Drehscheibe und zum geschäftlichen Mittelpunkt der Altstadt und ist es bis heute geblieben. Auf der Lichtdruckkarte von 1906 hinter dem Uhrenhäuschen das Haus Königstraße 32 mit der Mohrenapotheke mit der Traufseite zum Betrachter, den Giebel zur Königstraße gewandt.

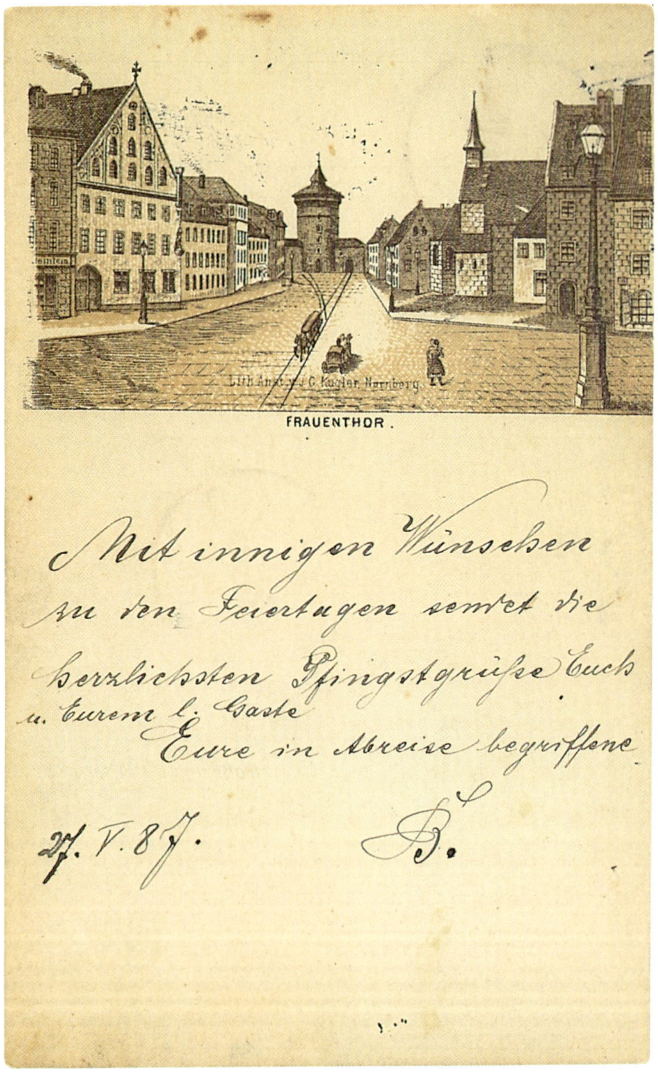

Abb. 231: Diese Lithokarte aus der Lithographischen Anstalt von J.G. Kugler in Nürnberg ist wohl die früheste Ansicht der Königstraße auf einer Postkarte aus dem Jahr 1887 und zeigt einen Blick etwa von der Höhe des Hallplatzes zum Königstor. Die Pferdebahn, ein wenig kleindimensioniert, hat den Waffenhof verlassen, eine Schienenabzweigung führt zum noch geschlossenen Königstor. Die Klarakirche paßt noch in ihren Dimensionen in die niedrige Bebauung der Straße. Ein Vergleich mit den Aufnahmen (s. Abb. 236 und 243) von einem ähnlichen Standort, zeigt die grundsätzliche Verwandlung der Straße in knapp zwei Jahrzehnten.

Abb. 232: Eine der typischen Ansichten der Königstraße um die Jahrhundertwende mit dem Blick auf die beiden Türme der Lorenzkirche. Nicht das malerische Alt-Nürnberg ist die Botschaft, die vermittelt werden soll, sondern die Modernisierung der Stadt neben den Sehenswürdigkeiten und die neue Hauptstraße der Großstadt. Wie häufig, ist die elektrische Straßenbahn, hier farbig besonders schön herausgehoben, das optische Signal, das die abgebildeten Hotel- und Geschäftsbauten erst ins rechte Licht rückt und auf die Höhe der Zeit hebt. Rechts das 1876 erbaute Kohnsche Haus, einer der ersten Großbauten in der Königstraße, danach das Hotel Reichshof. Farbdruck vor 1905.

Abb. 233: Als erster Hotelneubau in der noch niedrigen Häuserreihe auf der linken Seite der Königstraße stadtauswärts in Richtung Bahnhof entstand das Hotel „Rheinischer Hof", Königstraße 81. Links davon im Hintergrund die Marthakirche. Die Straßenbahn mit der Aufschrift „Fürth" ist schon elektrifiziert (1896), das Königstor bereits wieder niedergelegt und der Blick ist frei zum Salzstadel, 1904 abgerissen, und zum neuen Centralbahnhof, der zumindest auf dieser vor 1904 entstandenen Karte bereits eingefügt war. Lithographie vor 1906.

Abb. 234: Blick über Königstraße und Lorenzer Platz zum sog. Nassauer Haus und zum Südturm der Lorenzkirche: Links hinter dem Wetterhäuschen die östliche Fassade des Leykaufschen Kunstgewerbekaufhauses. Das Eck, unser heutiges Duda-Eck, hieß damals Leykauf-Eck. Beachtlich ist jedenfalls der Kontrast zwischen der neobarocken Leykauf-Fassade, Lorenzkirche und Nassauer-Haus. Farbdruck 1905.

Abb. 235: Noch einen Teil der alten Bebauung der mittleren Königstraße zeigt dieser Lichtdruck nach einer Aufnahme um 1895. Die Pferdebahn in Höhe des Hotels „Kaiserhof" nähert sich der noch nicht zum Geschäftshaus (1897/98) umgebauten Mauthalle. Das sogenannte Kohnsche Haus (heute Woolworth) entstand 1876 als einer der ersten Neubauten der Straße. Das Gebäude der Konditorei von Julius Lorenz am Eck zur Theatergasse sollte kurze Zeit nach der Aufnahme einem Neubau weichen.

Abb. 236: Die Aufnahme der Königstraße nach Süden entstand in Höhe des heutigen „Kaufhofs". Rechts angeschnitten die Doppelfassade des Hotels „Rother Hahn". Gegenüber eine geschlossene neue Kaufhaus- und Hotelfront. Die Botschaft der Karte, die dynamische neue Citystraße ins Bewußtsein zu rücken, wird durch die zwei sich kreuzenden Straßenbahnen weitergesteigert. Der Fotograf hat sicher auf diesen Augenblick einige Zeit gewartet. Lichtdruck vor 1905.

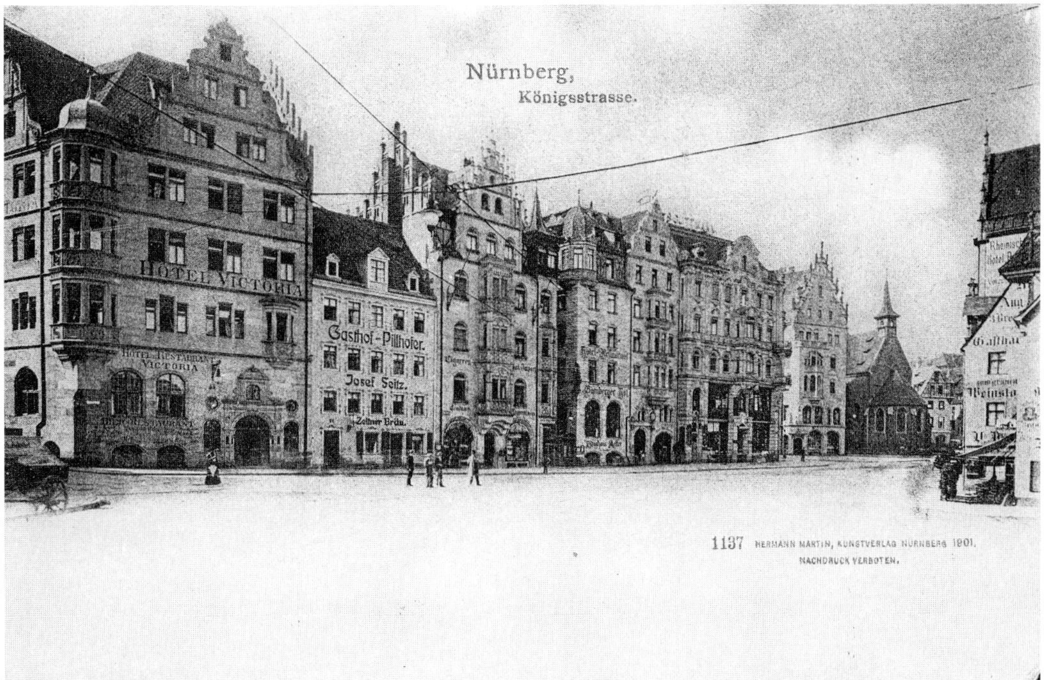

Abb. 237: Die Neubaufront am Stadteingang auf der linken Seite der Königstraße stadteinwärts zwischen 1900 und 1905. Nur die Klarakirche und der Gasthof Pillhofer haben ihr altes Gesicht behalten und wirken in Höhe und schlichter Außenschale ein wenig deplaziert neben den neureichen Fassaden links und rechts. Allerdings haben die Häuser, auch in ihr Alter gekommen, inzwischen viel von dem damaligen Zierat verloren und wirken heute wesentlich bescheidener. Lichtdruck vor 1905.

Abb. 238: Der Stadteingang durch die Königstraße ist auf der linken Seite schon völlig umgestaltet und wird von den Neubauten bestimmt. Der Gasthof „Pillhofer" wurde wohl bewußt ausgeblendet. Rechts haben sich noch einige alte Häuser gehalten wie das Wirtshaus „Zum grünen Weinstock" neben dem Hotelriesen des „Rheinischen Hofs". Auch die Mauthalle ist schon umgebaut und hat die Ladeneinbauten im Erdgeschoß erhalten. Lichtdruck 1902.

Abb. 239: Der Künstler (K. Mutter) war auch bei diesem Aquarell bemüht, den neuen City-Charakter der Königstraße hier in ihrem mittleren Teil vor der Silhouette der Lorenzkirche in eine Synthese mit Alt-Nürnberg zu bringen. Pferdebahn, elektrische Beleuchtung, Einkaufsgeschäftigkeit vermischt mit romantisierender Farbgebung auf den noch historischen Fassaden und Himmelsgestaltung entwickeln ein reizendes, lebendiges Bild von der neuen Großstadt mit dem einmaligen historischen Stadtbild. Das Aquarell für diese Lithographie (gelaufen 1903) entstand vor 1896.

Abb. 240: In der Königstraße 56 am Eck zum Hallplatz entstand 1910/12 für ein abgerissenes Gebäude der gediegene Neubau mit einer Filiale der Lebkuchenbäckerei Metzger. Im ersten Obergeschoß befand sich das „Königs-Café". Auch die Traditionsbäcker legten Wert darauf, die Zeugen des Fortschritts, von links die Straßenbahn, rechts das Automobil, in ihre Karte einzubauen. „Königs-Café" und Königstraße ein Treffpunkt der Eleganz der Epoche, so könnte man meinen, wenn man 1912 diese Farbdruckkarte vom Postboten überreicht bekam.

Abb. 241: *Großstädtische Eleganz und Straßenbahn verbinden sich auf dieser Reproduktion eines Aquarells von Franz Schmid von der Karolinenstraße mit gepflegter Vergangenheit. Rechts im Vordergrund noch die barocken Chörlein an schlichten Fassaden, im Hintergrund aber bereits die neobarocke Fassade des Kaufhauses Leykauf. Vierfarbdruck nach 1905.*

Abb. 242: *Nach Plänen von Emil Hecht wurde 1903 in der Karolinenstraße 57 am Eck zum Hefnersplatz beim Bau der „Nürnberger Bank" noch einmal der „Nürnberger Stil" aufgegriffen. Das schöne Gebäude hat den Krieg heil überstanden und wird heute schön renoviert von der „Bayerischen Vereinsbank" genutzt. Die schöne Lithographie von 1903 zeigt in leicht impressionistischer Manier eine frühe Nachmittagsstunde in der belebten Citystraße mit St. Lorenz im lichten Hintergrund.*

Abb. 243: Zwei Züge der 1896 elektrifizierten Straßenbahn schon mit geschlossenem Führerhaus (seit der Jahrhundertwende), aber noch mit offenem Anhängerwagen an der Abzweigung Königstraße/Luitpoldstraße vor den Neubauten von „Café Habsburg" und „Café Imperial". An Alt-Nürnberg erinnert nur noch der Frauentorturm und der Waffenhof. Lichtdruck 1908.

Abb. 244: Die Luitpoldstraße ist ein Kind der raschen Wandlung der Lorenzer Stadtseite zur City und der in der Königstraße prosperierenden Hotelneubauten. Als notwendige Querverbindung zur Sterngasse in die ehemaligen Gartenanlagen des Klaraklosters geplant, wurde die neue Straße erst 1897 eröffnet und nach dem beliebten Prinzregenten Luitpold benannt. Daß in dem Neubaugebiet wenig Rücksicht auf historische Gegebenheiten genommen werden mußte, zeigen die üppigen Fassaden der bis zum 2. Weltkrieg erstrangigen Geschäftsstraße auch heute noch bei einem Spaziergang tagsüber. Nachts hat sich das wertneutrale Amüsement nach dem 2. Weltkrieg Jahrzehnt für Jahrzehnt verschlechtert auf das heutige Peepshow-Niveau. Lichtdruck vor 1905.

Abb. 245: Als Sohn eines Büttnermeisters wurde Sigmund Schuckert 1846 in der Johannesgasse 20 geboren. Seine Erfindungen und der rasche Aufstieg seines Unternehmens bis 1890 zur größten Fabrik in Nürnberg hatten großen Anteil an der dynamischen Entwicklung der Industriestadt Nürnberg nach 1870 und insbesondere für die Entfaltung der Nürnberger Elektroindustrie. 1897, zwei Jahre nach seinem Tode, wurde durch die Vereinigung der Schuckert-Beamten eine Gedenktafel am Geburtshaus des Firmengründers befestigt. Als das Geburtshaus 1907 abgerissen wurde, wurde die Tafel kurzfristig entfernt und am Neubau befestigt, auch wenn Sigmund Schuckert dort nicht zur Welt gekommen war. Die Tafel befindet sich auch heute noch an dem Gebäude. Lichtdruck um 1900.

Abb. 246: Die Pfannenschmiedsgasse, auch um die Jahrhundertwende bereits eine rege Citystraße wurde nach den Zerstörungen des Krieges vollkommen neu aufgebaut und wird heute weitgehend durch die beiden Kaufhausneubauten bestimmt. Aber auch auf diesem Lichtdruck von 1910 dominieren die Geschäftsbauten: Links das Hotel „Wittelsbach", rechts die Häuserfront vom Eck: „An der Mauthalle".

Abb. 247: Die Breite Gasse, heute eine ausgesprochen gesichtslose Einkaufsstraße und geprägt von den rasch wechselnden Boutiquen und Jeansshops, hier von ihrem oberen Ende beim Weißen Turm in Richtung Pfannenschmiedsgasse gesehen. In der niedrigen Bebauung überwiegen noch die Wohnhäuser, im dritten Haus von rechts befand sich das Restaurant Ludwigs-Bad. Einige kleine Häuser aus der alten Bebauung, hier im oberen Abschnitt, lassen sich hinter den bunten Auslagen der heutigen Boutiquenstraße noch entdecken. Der Fiaker ist im übrigen ins Bild montiert. Farbdruck um 1905, gelaufen 1910.

Abb. 248: Die östliche Ludwigstraße (heute Ludwigsplatz) mit Blick zum Josephs- und Hefnersplatz: Ganz links das Spielwarengeschäft „Kaufhaus zum Christkind“ und eine abwechslungsreiche Front von Laden- und Geschäftshäusern, die rege frequentiert werden. Diese ganze Seite wird heute von architektonisch recht gleichförmigen Bekleidungshäusern eingenommen, wogegen das in den achtziger Jahren gebaute Eckhaus (Ludwigsplatz 1a) zwischen dem heutigen Hefners- und Josephsplatz sich fast wie ein städtebauliches Juwel ausnimmt und den Vorgängerbau weit übertrifft. Farbdruck vor 1905.

Abb. 249: Blick über die Ludwigstraße zum Spittlertorturm nach Gostenhof. Als Hauptausfahrtstraße nach dem Südwesten und Rothenburg und Verbindung zur neuen Verkehrsdrehscheibe Plärrer hat die westliche Ludwigstraße in gewisser Weise bis heute ihr altes Gesicht bewahrt. Auf dieser vermutlich von St. Elisabeth aus gemachten Aufnahme dominiert, unverkennbar bis heute, die Fassade des 1889 entworfenen Geschäftshauses Ludwigstraße 40. Rechts die Schlehengasse. Ganz links oben das neue Gaswerk und – immer wieder erstaunlich für heutige Betrachter – hinter Gostenhof beginnt die grüne Natur. Farbiger Rasterdruck 1904.

Abb. 250: „Behüt Dich Gott, es ist so schön gewesen." Selbst von den käuflichen Abenteuern in den als Weinhandlungen deklarierten eindeutigen Etablissements konnte per Ansichtskarte gegrüßt werden – vielleicht nicht unbedingt die Ehefrau, aber eventuell aus kulturhistorischen Gründen gekauft (unsere Lithokarte stammt aus der Guido v. Volckamerischen Norika-Sammlung aus dem Jahr 1900 und ist nicht auf dem Postweg gelaufen): Immerhin ist der Bezirk hinter der Frauentormauer historisch gesehen Deutschlands älteste Bordellstraße. Auch die Mode hat sich gewandelt: Die heutige Berufskleidung ist eindeutig kürzer und transparenter geworden.

Abb. 251: Regen Fahrzeugverkehr in der Königstraße in der Nähe der Luitpoldstraße dokumentiert diese Lichtdruckkarte, die auf das Hotel „Bamberger Hof", Nr. 74, aufmerksam machte. Gegenüber dem Eckhaus zur Luitpoldstraße mit dem Café „Habsburg" erscheint das Gebäude aber vergleichsweise bescheiden. Wer die Passanten und den Verkehr aufmerksam mit der Lupe betrachtet, entdeckt mitten in dem Gewühl von Autos, Pferdewagen und Handkarren zwei Buben auf einem Dreirädchen, die die beste Fahrspur der Königstraße für sich beanspruchen. Lichtdruck um 1910.

Abb. 252: Blick durch die Breite Gasse zum Weißen Turm: Abgebildet ist die niedere Bebauung auf der Straßenseite ab Haus Nr. 83 bis zum Turm, einem Teil der vorletzten Stadtbefestigung, erbaut Mitte des 13. Jahrhunderts. Links daneben die 1902 und 1904 nach Plänen von Paul Seegy angebauten modernen Tordurchfahrten. In der Nr. 91 (5. Haus von links) befand sich das Ludwigs-Bad, zwei Häuser weiter wartete das Café „Union" auf Besucher. Lichtdruck 1905.

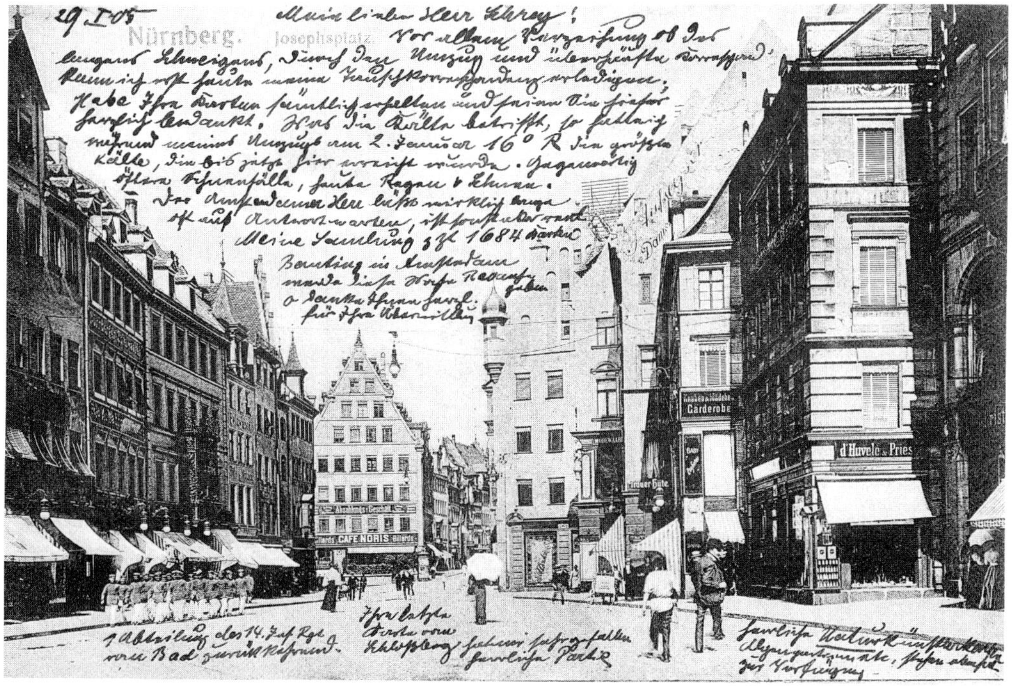

Abb. 253: Diese Ansicht des Josephsplatzes mit Blick in die Adlerstraße gewinnt ihren Reiz von der Momentaufnahme des Straßenlebens – eingefrorene Bewegung eines längst vergangenen Augenblicks: Vorne rechts die eilenden Männer, die Damen mit Sonnenschirmchen und, welcher besondere Zufall, eine offensichtlich ganz frisch gewaschene Abteilung des 14. Infanterieregiments (der Schreiber kommentiert es), die vom Bad – vermutlich dem Militärbad an der Pegnitz bei der Wöhrder Wiese – zurückmarschiert. Lichtdruck 1905.

Abb. 254: Blick in den vorderen Teil der Ludwigstraße, heute Ludwigsplatz: Im hohen Gebäude mit der Dachantenne rechts vom Weißen Turm befand sich der erste Teil des Kaufhauses Tietz, das nach und nach die anschließenden Häuser bis zum Kaufhaus „Zum Christkind" (mit schräger Gebäudeaufschrift) zum stückweisen Neubau eines modernen Warenhaus übernehmen sollte. Lichtdruck um 1902.

Abb. 255: Blick auf die Deutschhauskaserne, St. Elisabeth, den Weißen Turm mit der neuerbauten Tordurchfahrt und die Jakobskirche. In diesem Bereich begann vom alten Königshof ausgehend die Besiedlung der Lorenzer Stadtseite. Die Aufnahme entstand vom Eckhaus Ludwigstraße 40, dessen Schatten ins Bild fällt. Lichtdruck vor 1905.

Abb. 256: Blick von der Jakobskirche durch die Ludwigstraße zum Spittlertorturm: Links die um die Jahrhundertwende noch fast vollständige Altbebauung. Hinter dem Laternenpfahl die seit 1610 bestehende Lebkuchenfabrik Goers, die damals älteste Nürnberger Lebküchnerei. Am rechten Bildrand angeschnitten die Deutschhauskaserne, daneben im Hintergrund das 1880–1910 entstandene Haus Schlehengasse 2, der heutige „Bäckerhof", der einiges seines damaligen Zierats abgespeckt hat. Lichtdruck um 1900.

Abb. 257: Das 1671 vom Rat erbaute städtische Waizenbräuhaus lag am Ende der Waizenstraße (heute Karl-Grillenberger-Straße) zur Schlotfegergasse. 1855 wurde es an die neugegründete Tucher-Brauerei verkauft, die von hier ihren Aufstieg nahm. Seit den 1880er Jahren wurde dann die Produktion allmählich auf das neue Brauereigelände an der Langen Gasse verlagert. In dem barocken Gebäude befanden sich neben den Braueinrichtungen auch Wohnungen für die Beschäftigten, der Schlot gehörte zu der nach 1855 installierten Dampfmaschine. 1913 fiel das Gebäude wieder an die Stadt und wurde anderweitig genützt und wurde Opfer des Krieges. Lichtdruck um 1905.

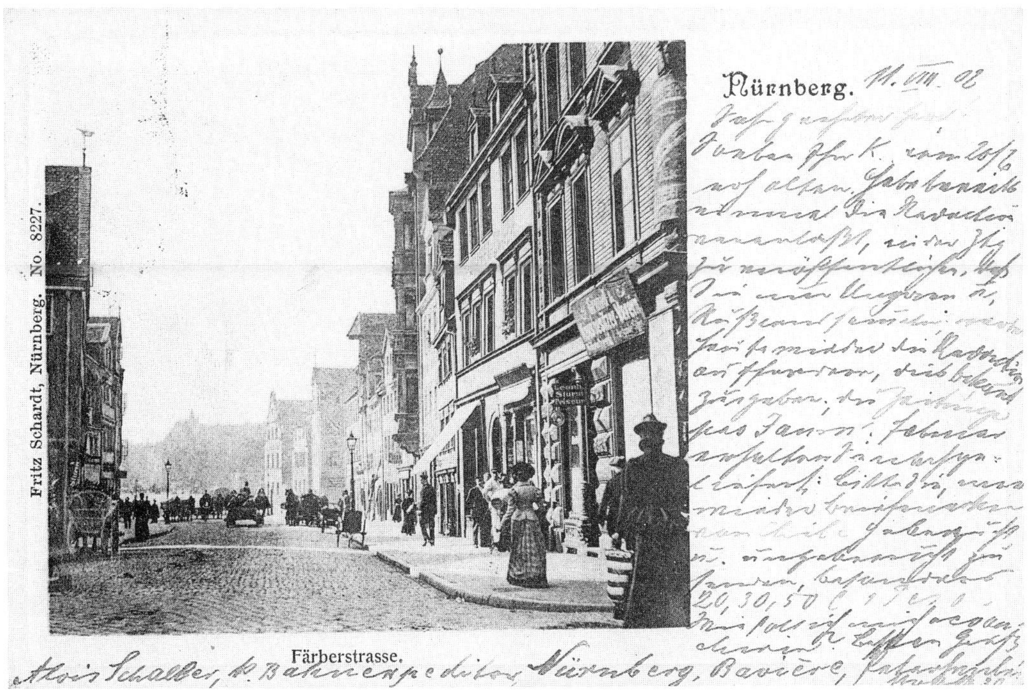

Abb. 258: Blick in die Färberstraße, eine der unspektakulären Hauptstraßen und Nord-Süd-Verbindungen in der Altstadt, die vor allem auf der westlichen Seite mit der erhaltengebliebenen, niedrigen Bebauung und mit kleineren Einzelhandelsgeschäften gegenüber der Ansicht auf der Lichtdruckkarte der Jahrhundertwende sich eigentlich nur wenig verändert hat. Auch schon damals ist sie nicht in den Neubausog weiter östlich geraten, obwohl nach der Öffnung des Färbertors der Geschäftsverkehr in die südliche Vorstadt durch die bis 1811 „Auf der Walck" (nach dem Walkplatz der Färber) genannte Straße verlief.

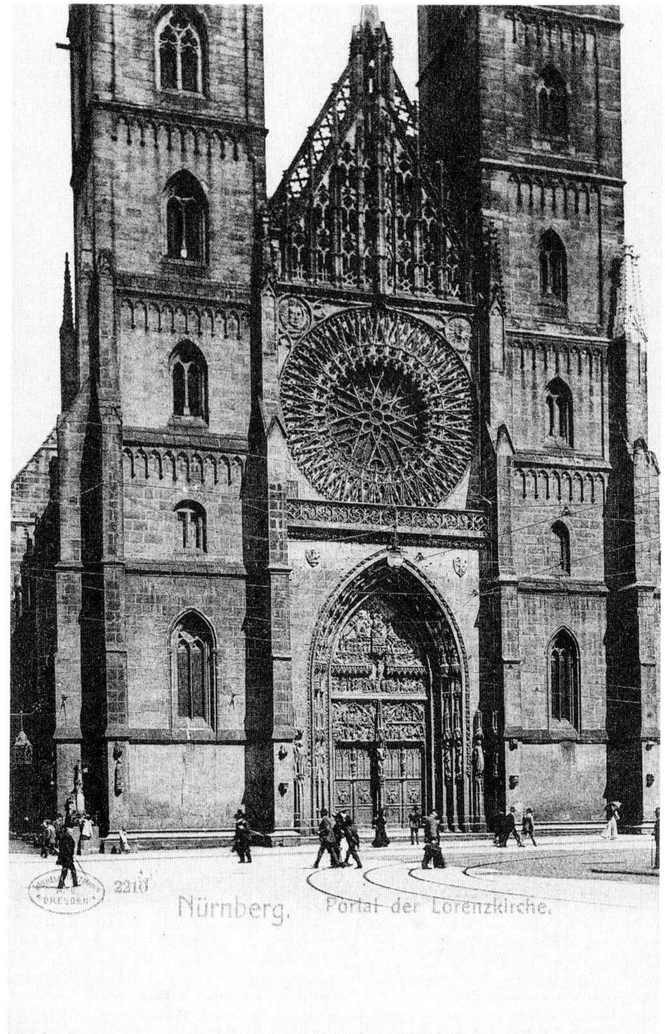

Abb. 259: Als „Bürgerdom" ist St. Lorenz, die Hauptkirche der südlichen Stadthälfte nicht zu Unrecht wegen seiner den großen gotischen Kathedralen entsprechenden Gestaltung der Westfassade bezeichnet worden. Portal, Rose und der darüber aufsteigende Schmuckgiebel zwischen den beiden älteren Türmen bilden den Abschluß und das Ziel der auf die Kirche zulaufenden Karolinenstraße. Der durch die Wappen Kaiser Karls IV. und seiner Gemahlin gekennzeichneten „Kaiserfassade" (Eichhorn) im Westen entspricht der das Langhaus großartig übersteigende Hallenchor, erbaut zwischen 1439 und 1477 aus Mitteln der Bürgerschaft, als einer der Höhepunkte der reichsstädtischen Kirchenbaukunst. Lichtdruck 1899.

Abb. 260: Heute sind die Straßenbahnschienen verschwunden, der Verkehr verläuft im Untergrund und der Blick auf die Westfassade von St. Lorenz ist imposanter denn je. Im hochgezogenen Portal unter der Fensterrose ist die Heilsgeschichte zusammengefaßt wie in einem plastischen Bilderbuch. Gerade im Verweilen und im Blick in diese Figurenwelt an einer der von den heutigen Nürnbergern am häufigsten begangenen Stellen vermag sich ganz überraschend und einfach ein Gefühl von Verbindung und Kontinuität zu längst verschwundenen Bewohnern und Generationen dieser Stadt entwickeln, die ebenfalls zu den steinernen, anrührenden Figuren sahen und diesen Ort als besonderen Mittelpunkt ihrer Stadt erlebten. Lichtdruck um 1900.

Abb. 261: St. Elisabeth ist nicht nur die einzige klassizistische Kuppelkirche der Stadt, auch ihre Baugeschichte ist einzigartig. 1784 nach Abriß der baufälligen Deutsch-Ordens-Kapelle als vollständiger Neubau begonnen, war der Außenbau 1809 fast vollendet, aber der Bauträger, der Deutsche Orden, wurde aufgehoben. Nach wechselnden Zweckentfremdungen wurden erst 1902/03 Dach- und Innenausbau nach den alten Plänen fertiggestellt, um der mit der Industrialisierung stark angewachsenen katholischen Bevölkerung eine weitere, längst notwendige Kirche zu geben. Der Lichtdruck von 1902 erinnert daran.

Abb. 262: Die Karte vom Innenraum der Elisabethenkirche mit den Apostelfiguren von Heinrich Schwabe und Philip Kittler in der Kuppel diente der weiteren Geldsammlung für den Kirchenbau: Auf der Rückseite dankte Kaplan Josef Wolf mit einem tausendmaligen „Vergelts Gott für die hochherzige Spende". Mit ihrer Fertigstellung zu Beginn des Jahrhunderts ist St. Elisabeth ein Denkmal zur Erinnerung an die große Wanderungsbewegung zu Beginn des Jahrhunderts infolge der Industrialisierung, die den katholischen Bevölkerungsanteil rasch emporsteigen ließ. Lichtdruck nach 1905.

Abb. 263: Blick in den zweigeschossigen Hallenchor von St. Lorenz mit seiner einzigartigen Ausstattung mit religiösen und künstlerischen Meisterwerken. Auf der Karte sind der Englische Gruß und der Kruzifix von Veit Stoß und das Kraftsche Sakramentshäuschen in einem Ausschnitt aus dem Raum vereint. Erkennbar wird vielleicht auch hier die Ambivalenz des neuen visuellen Mediums: Einerseits die Möglichkeit für viele Menschen, einen Eindruck oder eine Erinnerung von diesem Reichtum zu erhalten, andererseits die Reduzierung von Kunst und Raum auf die Ansichtskarte als bleibendes oder allein bestimmendes Bild der Realität. Lichtdruck um 1900.

Abb. 264: Die Katharinenkirche, ehemalige Klosterkirche und Singschule der Meistersinger nach einem Gemälde von Wilhelm Ritter. Im Jahr 1295 erhielt der Dominikanerinnenorden sein an der Pegnitz gelegenes Kloster, in den ersten Jahrzehnten des 14. Jahrhunderts die dreischiffige gotische Kirche mit großem Chor. Nach der Klosteraufhebung nach der Reformation diente die Kirche seit 1620 den Meistersingern für ihre Singschulen. Im Krieg zerstört, wird die gesicherte Ruine heute als Ort für Freiluftveranstaltungen und Konzerte des alljährlichen „Sommer in Nürnberg" genützt. Als einziges Ruinendenkmal soll sie aber auch an die Kriegszerstörungen erinnern. Farbdruck 1935, verkleinert.

Abb. 265: Von ursprünglich sieben ist St. Klara neben St. Egidien die zweite noch als Gotteshaus dienende Klosterkirche in der Altstadt. 1270 mit dem Bau begonnen, 1339 der Hl. Klara geweiht, sind Kirche und das ehemalige Klarissenkloster bis heute vor allem mit dem Namen seiner letzten Äbtissin Caritas Pirckheimer (gest. 1532) verknüpft. Nach der Reformation 1525 in Nürnberg wurde das Kloster nach dem Tod der letzten Nonne 1590 aufgehoben. Nach schweren Kriegsschäden bis 1953 wiederhergestellt, bildet die äußerlich unscheinbare Kirche mit dem Caritas-Pirckheimerhaus einen der Ruhepunkte in der Geschäftigkeit der Königstraße. Lichtdruck 1910.

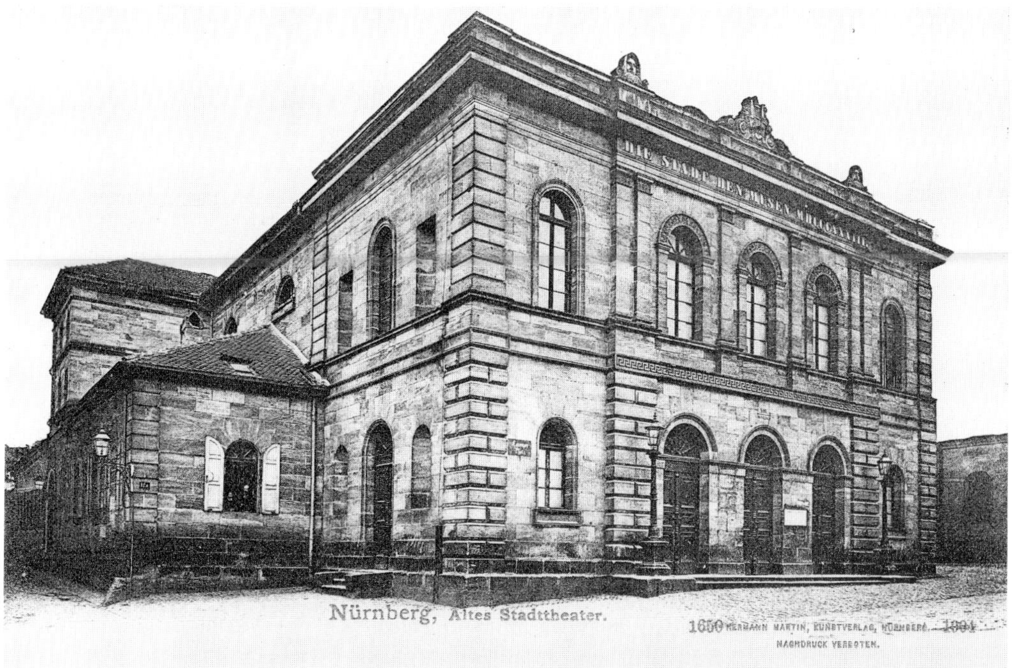

Abb. 266: Auf dem schon für den Vorgängerbau zugeschütteten Graben der alten Stadtumwallung am Lorenzer Platz entstand 1832 zwischen Theatergasse und Weikertsgäßlein als erstes großes Neubauprojekt im 19. Jahrhundert in der Altstadt ein städtisches Theater. Finanziert wurde es durch Theaterbauaktien. Hier spielte das städtische Theater bis 1905, als das Neue Theater, unser heutiges Opernhaus, fertiggestellt wurde, und dann erneut von 1923 bis 1944. Heute stehen an dieser Stelle Teile der Hauptgeschäftsstelle der Stadtsparkasse. Lichtdruck um 1900.

Abb. 267: Diese Ansicht des Germanischen Nationalmuseums nach 1905 über die Stadtumwallung hinweg zeigt die enorme Bautätigkeit für das Museum in knapp 25 Jahren: Von links der sogenannte Südwestbau, vollendet 1905, daran anschließend der Augustinerbau von 1875, danach der offene Treppenturm über den Südbau, fertiggestellt 1886, und rechts davon das 1901 für Bibliothek und Archiv erworbene Königsstiftungshaus. Lichtdruck nach 1905.

Abb. 268: Die Luftaufnahme aus dem Beginn der zwanziger Jahre zeigt das große Areal des Germanischen Nationalmuseum. Im Vordergrund die Neubauten, in der Mitte die Gebäude des Kartäuserklosters und das Herz des Museums, die alte Klosterkirche: Das 1852 gegründete Museum bezog nach einem bescheidenen Anfang im Tiergärtnertorturm 1857 das Kloster. Inzwischen hat es sich durch den neuen Erweiterungsbau auch über die links tief eingeschnittene Kartäusergasse ausgedehnt. Ganz hinten das große Speicherhaus am Kornmarkt. Rasterdruck nach 1921.

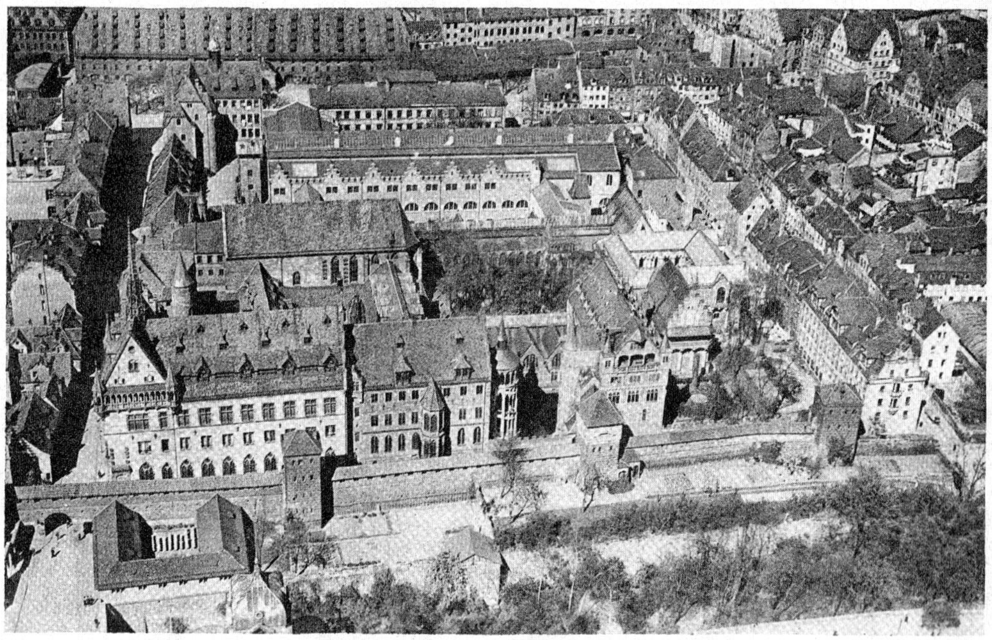

Abb. 269: Nach den Plänen von Stadtbaurat Bernhard Solger entstand 1847/49 zwischen Findelgasse und der Nordseite des Lorenzer Platzes der große neugotische Zweckbau der Königlichen Bank. Für die Grünanlage im Vordergrund wurde die romanische Nikolauskapelle abgetragen. Nach der Zerstörung des Bankgebäudes 1945 entstand an der gleichen Stelle 1951 das inzwischen umgebaute Gebäude der Bayerischen Vereinsbank nach Plänen von Sep Ruf. Lichtdruck 1905.

Abb. 270: Blick vom Marientor in die Lorenzer Straße: Links das Gebäude der dort seit 1874 untergebrachten Baugewerbeschule. Auf der Stelle des kriegszerstörten Hauses, Lorenzer Straße 26-30 steht heute das Amtsgebäude des Stadtplanungsamtes. Dort ist auch das Bild-, Film- und Tonarchiv des Stadtarchivs untergebracht, in dem dieser Katalog größtenteils entstand. Lichtdruck 1900.

Abb. 271: 1905 wurde in der inzwischen schon sehr gemischt modernisierten Karolinenstraße ein neues Postgebäude zur Adlerstraße fertiggestellt. Architekt des in renaissancehaltiger, neobarocker Stilmischung erbauten Amtsgebäudes war Ludwig Ullmann. Lichtdruck um 1905.

Abb. 272: Erinnerungskarte an den „Neubau des Deutschen Metall-Arbeiter-Verbandes zur Erinnerung an die Eröffnung am 19. Dezember 1908". Der Stolz der Gewerkschafter auf ihren Neubau in der Kartäusergasse 12 (Entwurf: Ochsenmayer u. Wissmüller, Architekten, Nürnberg) spricht deutlich aus dem Aufdruck auf der Rückseite. Das leicht jugendstilgeprägte Gebäude diente noch bis zum Neubau des DGB-Hauses am Kornmarkt in den sechziger Jahren als Gewerkschaftshaus, erlebte am 9.3.1933 die Demolierung durch die Nazis und ist heute neben dem Erweiterungsbau des Germanischen Nationalmuseums in das Museum einbezogen. Lichtdruck 1908.

Abb. 273: Im Verlag Carl Müller, Metallarbeiter-Verband Nürnberg, erschien dieser Blick in den Hof und Wirtschaftsgarten des Hauses der Metaller-Gewerkschaft in der Kartäusergasse, um 1910. Im Vorderhaus befanden sich Wirtschaft und Versammlungsräume, die noch bis in die achtziger Jahre genützt wurden. Hier im Hof war auch der Eingang zum Keller der in den siebziger Jahren noch wildbewegten Jusos. Kaum mehr vorstellbar, daß damals dort etliche der heutigen sozialdemokratischen kommunalen Spitzenpolitiker propagierten, „meilenweit für den Sozialismus zu marschieren". Fotokarte um 1910.

Abb. 274: Ganz im neugotischen Stil entstand zwischen 1898 und 1901 am Kartäusertor der Südwestbau des Germanischen Nationalmuseum. Eingeweiht wurde das von Direktor Gustav v. Bezold geplante Gebäude zum fünfzigjährigen Jubiläum des Hauses am 16. 6. 1902, wozu auch Kaiser Wilhelm II. mit großem Gefolge in die Stadt kam und vor der obligatorischen Militärparade seine Nürnberger als Zollernscher Burggraf begrüßte. Lichtdruck 1903.

Abb. 275: Zwischen Schlotfegergasse, Schlehen- und Ludwigstraße entstand zwischen 1862 und 1865 die großdimensionierte, mit gotischen Zinnen bekränzte Deutschhauskaserne, die alle bisherigen Baumaßstäbe in der Altstadt sprengte. Der Name erinnert an die ehemalige dort befindliche Niederlassung des Deutschen Ordens, die nach 1855 abgerissen wurde. Die Truppenbewegungen in der Altstadt, untergebracht waren in der Kaserne rund 1000–1500 Mann des 14. Infanterie-Regiments, brachten wie hier auf dem Lichtdruck vor 1905 selbst den Straßenverkehr zum Erliegen.

Abb. 276: 1901 entstand an der Agnesbrücke, Marientormauer 1, nach Plänen des Architekten Josef Schmitz das Gebäude der Poliklinik, das abseits aller Gotisierung mit ganz modernen Formelementen als gelungenes Beispiel für historisch angepaßtes und eigenständiges Bauen gelten konnte. Lichtdruck von 1907.

Abb. 277: Die Findel, das städtische Waisenhaus für Knaben und Mädchen wurde 1672 im ehemaligen Barfüßer- oder Franziskanerkloster oberhalb der heutigen Museums-, damaligen Barfüßerbrücke untergebracht. Nach Aufhebung des Klosters hatte es vorher bereits als Gefängnis gedient. Der Name der Findelgasse erinnert noch daran. Der auf der Karte gezeigte gotische Chor der ehemaligen Franziskanerkirche wurde nach einem Brand 1681 von Johann Trost wieder aufgebaut – mit barocken Fensterformen. Er steht noch heute als Anbau der Hypobank und dient – wie stilvoll – als Einfahrt in eine Garage. Lichtdruck vor 1905.

Abb. 278: Die Fotokarte etwa von 1911 zeigt das sogenannte „Brockenhaus“ am Gräslein 3b, einer Sammel- und Verkaufseinrichtung für gebrauchte Waren für den „Luthardtschen Unterstützungsverein für verschämte Arme“, 1886 gegründet von Mathilde Luthardt. Die Einrichtung, am 5. 11. 1910 unter Anwesenheit einer bayerischen Prinzessin eingeweiht, eröffnete im Jahr 1912 zusätzlich eine Arbeitsvermittlungsstelle. Die Bezeichnung „Brockenhaus“ stammt von dem Spruch „sammelt die überzähligen Brocken, daß nichts umkomme“.

Abb. 279: Um die Jahrhundertwende war Nürnberg Zentrum des weltweiten Hopfenhandels. Die Anfänge des ab Mitte des 19. Jahrhunderts stark expandierenden Hopfenmarktes reichen zurück bis ins 17. Jahrhundert. 1897 gab es in der Stadt rund 300 Handelshäuser für das Biergewürz, und ein Chronist schrieb: „Wo nur auf dem weiten Erdenrund eine Brauerei gegründet wird, sind die Vertreter der Nürnberger Hopfenhändler zur Stelle.“ Die Lichtdruckkarte von 1908 nach einem Foto von Ferdinand Schmidt zeigt einige Vertreter der kapitalkräftigen Branche mit ihrer Ware am Kornmarkt.

Abb. 280: Seit 1872 bis zu ihrer Zerstörung 1943 dienten die großen ehemaligen Kornspeicher auf der Nordseite des Kornmarktes als Lager für den Hopfenhandel. Die Karte zeigt die Verladung der großen Säcke, die den ganzen Platz beanspruchte. An die große Zeit des Nürnberger Hopfenhandels erinnern noch die aufwendigen Fassaden der stehengebliebenen Häuser am Beginn der Fürther Straße, wo die reichgewordenen Firmeninhaber ihre Wohn- und Geschäftshäuser im letzten Drittel des 19. Jahrhunderts konzentrierten. Lichtdruck 1897.

Abb. 281: 1878 wurde in der „Alten Schranne" am Kornmarkt die städtische „Central-Feuerwache" eingerichtet. 1904/05 entstand dort ein neues Wachgebäude. Heute steht an der Stelle der Bibliotheksbau des Germanischen Nationalmuseums. Die Aufnahme vom Ausrücken der Feuerwehr – die Pferde standen für den Fotografen extra still – stammt von Ferdinand Schmidt. Lichtdruck vor 1900.

Abb. 282: Auch das Einrücken wegen der Bewegungsunschärfe im Stillstand fotografiert. Diesmal blicken die Kollegen der anderen Wagenseite uns an. Daß es nur ein kurzer Einsatz war, zeigen die nahezu unverändert aufgenommenen Zuschauer. So baute der Reportagefotograf Ferdinand Schmidt um die Jahrhundertwende einen „Türken" fürs Publikum. Lichtdruck vor 1900.

Abb. 283: Die Aufnahme zeigt die Westseite des von seinem Direktor Theodor von Cramer entworfenen Gewerbemuseums, das 1897 eröffnet wurde; dahinter Gebäudeteile des Katharinenklosters. Die Sammlungen des in seiner Art einzigen Gewerbemuseums, das für die gewerblich-industrielle Entwicklung der Stadt von erheblicher Bedeutung war, befinden sich heute im Germanischen Nationalmuseum. Lichtdruck um 1900.

Abb. 284: In diesem ehemaligen Ausstellungsgebäude der Landesgewerbeausstellung 1882 auf dem Maxfeld, war seit 1899 das Eisenbahnmuseum, 1902 ergänzt um ein Postmuseum, untergebracht, bis es 1925 in den neuen Bau des Verkehrsmuseums in der Lessingstraße umzog. Danach diente die alte „Norishalle" wechselnden Ausstellungen und Veranstaltungen. Lichtdruck 1905.

Abb. 285: Nach Abriß des Königstors 1892 sollte anstelle des Salzstadels am Stadteingang ein repräsentativer Neubau stehen – ein Haus für die Nürnberger Künstler, auch um das Niveau der Nürnberger Kunst auf die frühere, lange vergangene Höhe zu heben. Die Karte von 1905 zeigt einen, in dieser prachtvollen Form dann doch nicht verwirklichten Entwurf. Lichtdruck 1905.

Abb. 286: Das Künstlerhaus am Königstor nach seiner Eröffnung in der von Konradin Walther entworfenen Form. Im März 1906 war der erste Spatenstich, am 3. 7. 1910 folgte die pompöse Eröffnung. Nach der teilweisen Kriegszerstörung und einer wechselvollen Nachkriegsgeschichte ist das nur notdürftig reparierte Haus als „Komm“ = Kommunikationszentrum seit den siebziger Jahren geliebter und umstrittener Treffpunkt für die Nürnberger Jugend, aber auch für Senioren und verschiedene Kulturinitiativen. Lichtdruck um 1910.

Abb. 287: 1875 wurde in die noch nahezu vollkommen historisch und relativ niedrig bebaute Karolinenstraße (Nr. 43) der von Theodor Eyrich und Emil Hecht entworfene Neubau des Luxushotels Strauß gesetzt. Die 52 m breite Prunkfassadenfront sollte der Straße ein „lebhaftes, großstädtisches Gepräge" geben. Das drückt sich auch auf der Ansicht dieser lithographischen Werbekarte aus. Wer die Aufschrift nicht liest, sucht das Gebäude eher in Baden-Baden oder Wien als in der Karolinenstraße. 1905 wurde das Hotel dann zum „Grand Bazar zum Strauß" als Warenhaus umgebaut (vgl. Abb. 226). Umschlagkarte um 1890.

Abb. 288: Das Hotel „Kaiserhof" in der Königstraße 39 am Eck zum Weikertsgäßchen entstand 1894 nach Plänen von Emil Hecht als protzender Neorenaissancebau. Die Gebäudeansicht links zeigt den gegenüber den viel niedrigeren Häusern in der Königstraße überdimensionierten Prachtbau. Das Weikertsgäßchen wird aufgehoben, vor der langgestreckten Seitenfassade tummeln sich wie bei einem Kurhotel Flaneure und Fiaker, während am Abend die gehobene Gesellschaft in den riesigen Kellergewölben des Rathauskellers Entspannung findet. Die demgegenüber kleine Lorenzkirche wirkt nur noch als Zugabe und notwendige Reminiszenz an Alt-Nürnberg, vielleicht auch weil diese lithographierte Werbekarte vor 1899 bei einem Frankfurter Verlag entstand.

Abb. 289: In der Königstraße 46, zwischen dem Zettelmeierschen Hotel „Monopol“ und vom „Rothen Hahn“ getrennt durch das Wollengäßchen, stand der Gasthof „Weißer Hahn“. Auch auf dieser Werbekarte wurde mit graphischen Mitteln nicht gegeizt, den Betrieb besonders gut herauszustellen: Das fast südlich in der hellen Vormittagssonne wirkende Haus mit einer Ansicht von der Seite, wie sie durch den nebenstehenden „Rothen Hahn“ nie zu bekommen war, Straßenbahn und Flaneure konzentriert vor dem Gebäude, der Saal strahlend und modern beleuchtet – ein Haus geradewegs zum Absteigen. Lithographie 1898.

Abb. 290: Zwischen 1894 und 1896 wurde der Neubau des Hotels „Rother Hahn“ in der Königstraße nach Plänen von Georg Richter in Renaissanceformen mit Alt-Nürnberger-Elementen mit Chörlein und Dacherkern neu errichtet. Die Reklamekarte des alten Gasthofs ist ein schönes Beispiel, wie bewußt der Abend gewählt wird, um die elektrische Beleuchtung drinnen und draußen, die vorbeifahrende elektrische Straßenbahn, den Lichtschimmer auf der Straße, gezielt als Werbemittel für das neue, großstädtische Ambiente einzusetzen. Lithokarte vor 1900.

Abb. 291: Der Tugendbrunnen, von Benedikt Wurzelbauer zwischen 1584 und 1589 im Stile der Spätrenaissance geschaffen, hat einen fast idealen Standort. Über der geschmückten Brunnensäule stehen auf der Hauptschale die weiblichen Allegorien der sechs Haupttugenden: Glaube, Hoffnung, Liebe, Tapferkeit, Mäßigkeit und Geduld, darüber posaunenblasende Knaben mit Wappenschildern. Bekrönt wird das vornehm wirkende Kunstwerk von der Allegorie der Gerechtigkeit. Lichtdruck vor 1905.

Abb. 292: Heute noch erinnert am Köpfleinsberg zwischen Kaiser- und Adlerstraße die Säule mit der Siegesgöttin an den Krieg von 1870/71. Entworfen von Friedrich Wanderer, die Plastik stammt von Hans Rößner, sollte das Denkmal ursprünglich größer für einen anderen Standort ausfallen, doch trotz des beschworenen Patriotismus reichten die Spenden nicht aus. Unterhalb des Denkmals halten drei Tafeln die Erinnerung an kolonialimperialistische Unternehmungen des Kaiserreiches wach, die nicht unbedingt zu den positivsten Denkwürdigkeiten zählen. Lichtdruck 1902.

Abb. 293: Von den Einweihungsfeierlichkeiten des Henlein-Brunnens am 1. 7. 1905 erschien diese Fotokarte. Oberbürgermeister Ritter von Schuh hält gerade vor Magistrat und Ehrengästen die Festrede, im Hintergrund die Bevölkerung. Die wilhelminische Zeit liebte Denkmalsenthüllungen, die Stadt und ihre Bürgerschaft suchte nach dem Wiederaufstieg durch die Industrialisierung ihre Leitbilder in der Anknüpfung an die große Vergangenheit.

Abb. 294: Die Königstraße als nach der Jahrhundertwende wichtigste Hotel- und Übernachtungsstraße der Stadt mit der Abfolge der Hotels „Monopol", „Weißer Hahn" und „Rother Hahn" erscheint auf diesem Farbdruck nach 1905. Angeschnitten ist die Mauthalle. Zwischen den beiden „Hähnen" zweigte das Wollengäßchen in die Pfannenschmiedsgasse ab. Das noch verbliebene kleine Haus Nr. 50 mit dem Geschäft der Firma Hausknecht duckt sich bescheiden neben der protzenden Fassade des „Monopol".

Abb. 295: Aus dem Jahr 1889 stammt diese frühe Ansichtskarte: Sie diente der Reklame für den Gasthof Pillhofer, Königstraße 78 und die Lederer-Brauerei: Die Pferdebahn verschwindet gerade im Waffenhof, von der Kutsche wird das Gepäck in den Gasthof verladen. Links neben dem „Pillhofer", der ja immer noch etwas von dieser behäbigen Atmosphäre besitzt, das bald darauf zugunsten des Neubaus des Hotels „Viktoria" abgerissene Eckhaus. Lithographie 1889.

Abb. 296: Der „Mohrenkeller" in der Königstraße 34 rühmte sich nicht nur, das älteste Bierlokal in Nürnberg zu sein, der Wirt ließ die selbst gereimte Speisekarte auf die Ansichtskarte drucken, darunter auch einige Gerichte (Papierfleisch, sauere Rempen) deren Zusammensetzung heutigen Gourmets nicht auf Anhieb klar sind. Eine originelle Werbezusammenstellung ist auf der Karte vereint: Leberknödel, Kartoffelklös und elektrische Straßenbahn. Lithographie um 1905.

Abb. 297: Eine der wenigen Gasthaus-Karten, die auch heute noch, vielleicht mit Ausnahme der Bieranlieferung, zur Werbung für das fortbestehende Traditionslokal eingesetzt werden könnte: So wenig scheint sich im Gasthaus Steichele in der Jakobsstraße (heute Knorrstraße 2) in den vergangenen neun Jahrzehnten verändert zu haben. Lithographie 1899.

Abb. 298: Neben der Klarakirche und am Eck zur Luitpoldstraße entstand 1901 im „Nürnberger Stil“ nach Plänen von Emil Hecht das Gebäude für das „Café Imperial“. Der Mode entsprechend gab es auch kurzzeitig ein Automaten-Restaurant in dem Haus, nicht zu verwechseln mit der Automaten-Halle von Adami auf der anderen Seite der Königstraße gegenüber. Das ansprechende Haus ist stehengeblieben, erfreut auch heute noch durch ein Café mit reicher Kuchentheke und ist vor allem im Sommer mit den Straßentischen eine angenehme Belebung der Geschäftsstraße. Farbdruck 1912.

Abb. 299: *Fleischbrücke 4, in der südlichen Verlängerung der Fleischbrücke, war früher Standort und Adresse der „Kronfleischküche". Heute ist das gleichnamige Lokal ums Eck in der Kaiserstraße 12 zu finden und ein wenig größer als dieses schmale Handtuch, in dem die Gäste froh sein durften, wenn sie den Wirt nicht behinderten. Lichtdruck 1905.*

Abb. 300: *Für Freunde welschen Weines bestand um die Jahrhundertwende die Möglichkeit der Degustation im „ersten und einzigen" italienischen Weinkeller, heute noch und besser bekannt als das „Mausloch", Adlerstraße 38. Der Weinkoster dieser Karte scheint auf die Wirtshäuser der Gegend um Kaiserstraße/Adlerstraße spezialisiert gewesen zu sein, denn wie er schreibt, hatte es ihn am Sonntag ins „Bärleinhuter" getrieben. Rasterdruck 1897.*

Abb. 301: Am Unschlittplatz 14, Ecke Obere Kreuzgasse gab es die Bierwirtschaft Lotter, die mit dieser Karte Reklame machte. Das Wirtshaus gibt es nicht mehr, aber die drei Häuser rechts im folgenden Block haben den Krieg überlebt und verdanken ihren Nichtabriß und die schöne Renovierung einer der spektakulärsten Aktionen der Nürnberger Altstadtfreunde. Lichtdruck um 1905.

Abb. 302: Am südlichen Ende der Peter-Vischer-Straße als Hausinsel mitten in der Straße und mit der Eingangsfront zur Pegnitz schauend, stand das Gasthaus „Holzwurm“ von Heinrich Strauß. Für den Fototermin hat der Stammtisch denselben im Freien aufgebaut, Gäste, Personal und Nachbarschaftskinder mit Baby haben sich in Pose gesetzt und schauen ernst: Namenlos gewordene und vergessene Nürnberger, vor zwei, drei Generationen, an die nur noch diese Karte erinnert. Lichtdruck nach 1905.

Abb. 303: Vom alten Stadttheater nur durch das schmale Weikertsgäßchen getrennt, stand am Lorenzer Platz 14 das Theatercafé, dessen ganz große Zeit mit der Verlegung des Theaterbetriebs in das heutige Opernhaus nach 1905 wohl vorbei war. Auf dieser Lithokarte hat der Künstler jedoch noch einmal alle Register gezogen, um die Atmosphäre eines beinahe weltstädtischen Besucherandrangs auf die Karte zu zaubern: Elektrische Beleuchtung, Straßenbahn, fein gekleidete Menschen und das festlich erleuchtete Café. Der offensichtlich regennasse Lorenzer Platz steigert die Lichteffekte um ein weiteres. Lithokarte 1898.

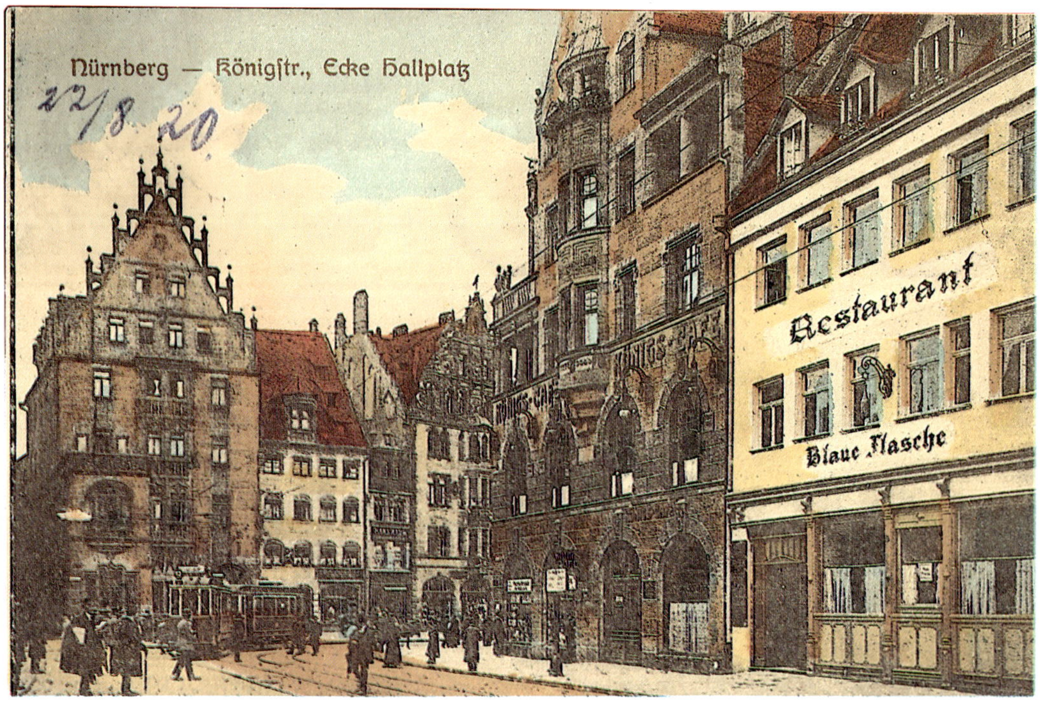

Abb. 304: Mit diesem Blick von der Mauthalle über das Eck Königstraße-Hallplatz warb das Gasthaus „Blaue Flasche" am Hallplatz 3 neben dem „Königs-Café", Besitzer waren die Geschwister Heiden. Die Karte ist offenbar erst am Ende oder kurz nach dem 1. Weltkrieg auf schlechtem Papier gedruckt worden, was den Sandsteinhäuserfronten und dem Leben auf der Straße aber einen eigenartigen Reiz gibt. Farbdruck, gelaufen 1920.

Abb. 305: Neben dem Zeughaus, erbaut 1588 und nach dem Krieg in seinem Turmbau wiedererstanden, ließ der Nürnberger Großgastronom Zetlmeier 1896 das mit bunter Stilmixtur aufwartende Hotel Wittelsbach errichten. Das Haus war mit Restaurant, Café und am weitaus wichtigsten mit einem 2000 Plätze umfassenden Theater versehen. Im „Apollo-Theater", wie es ab Eröffnung 1896 hieß, amüsierten sich zwei Generationen von Nürnbergern bis zu seiner Zerstörung im letzten Krieg. Lithographie um 1900.

Abb. 306: Die Lithographie warb vermutlich schon 1896 für das Hotel „Wittelsbach" und das „Apollo-Theater" und zeigt im Stile der Potpourrikarten den Hotelbau, die Theaterfassade im Hof und das Innere des „Apollo". Das Haus widmete sich der leichten Muse: Im Sommerhalbjahr standen Lustspiele und Unterhaltung auf dem Programm, im Winter Varietévorstellungen und Kabarett. Das „Apollo" zählte in diesen Sparten zu den besten Bühnen Deutschlands.

Abb. 307: Die distinguiert über ihre Bierkrüge in die Kamera blickenden Herren sitzen in der „Baumwolle“ in der Adlerstraße 18. Gasbeleuchtung und Gesichter haben gewechselt, aber am Abend immer so gefüllt ist das Wirtshaus auch heute noch, angenehmerweise inzwischen mit einem höheren Damenanteil gegenüber dem einzigen weiblichen Wesen auf dieser blau eingefärbten, lichtgedruckten Wirtschaftskarte nach 1905.

Abb. 308: Das vegetarische Restaurant „Thalisia“ öffnete am 8. Januar 1903 in der Theatergasse 14 seine Pforten. Es war offenbar Teil einer frühen Restaurantkette, denn „Thalisias“ gab es auch in München und Bad Wörishofen. Nach der Karte zu schließen, überwog unter den Besuchern die Damenwelt. Lichtdruck 1908.

Abb. 309: An der Ecke der Klaragasse 18 zum Hallplatz befand sich das Gasthaus „Zum scharfen Eck". Besitzer war Georg Maul, hier mit Frau und Nachwuchs in der Tür stehend. Der Fotograf hatte wohl die Ankunft des Fiakers zu lange abgewartet, denn nun fallen ihm die Schatten der Nachbarhäuser in der Klaragasse 7–9 von links ins Bild. Lichtdruck nach 1905.

Abb. 310: Das Gasthaus „Zur Bratröhre" in der Zirkelschmiedsgasse 12, hier auf einer 1920 verschickten Fotokarte noch von recht schlichter Ausstrahlung, wandelte sich Ende der zwanziger Jahre zu einer gemütlichen Weinstube für gehobene Ansprüche. Böse Zungen behaupteten, der Name des Lokals komme von der Enge, die den Gästen das entsprechende Bratröhrengefühl vermittelt habe.

Abb. 311: Das Kaufhaus von Georg Leykauf für gehobene Ansprüche warb nach dem spektakulären Neubau mit einer ganzen Serie von Karten wie dieser Lithographie und präsentierte das neobarocke Gebäude mit den verschiedenen Abteilungen. Hier erscheint zwischen verschlungenen Ornamenten, Stadtwappen, Noriskrone, schneebedeckten Tannenzweigen und Weihnachtskerzen das „Elektrische Zimmer". Der Entwurf von Franz Brochier für den völlig stilfremden Neubau in so exponierter Lage gegenüber der Lorenzkirche hatte in der Stadt heiße Diskussionen ausgelöst, aber wie es scheint den zum gefälligen Barock tendierenden Geschmack des Kgl. Hoflieferanten Leykauf vollkommen getroffen. Lithographie um 1899.

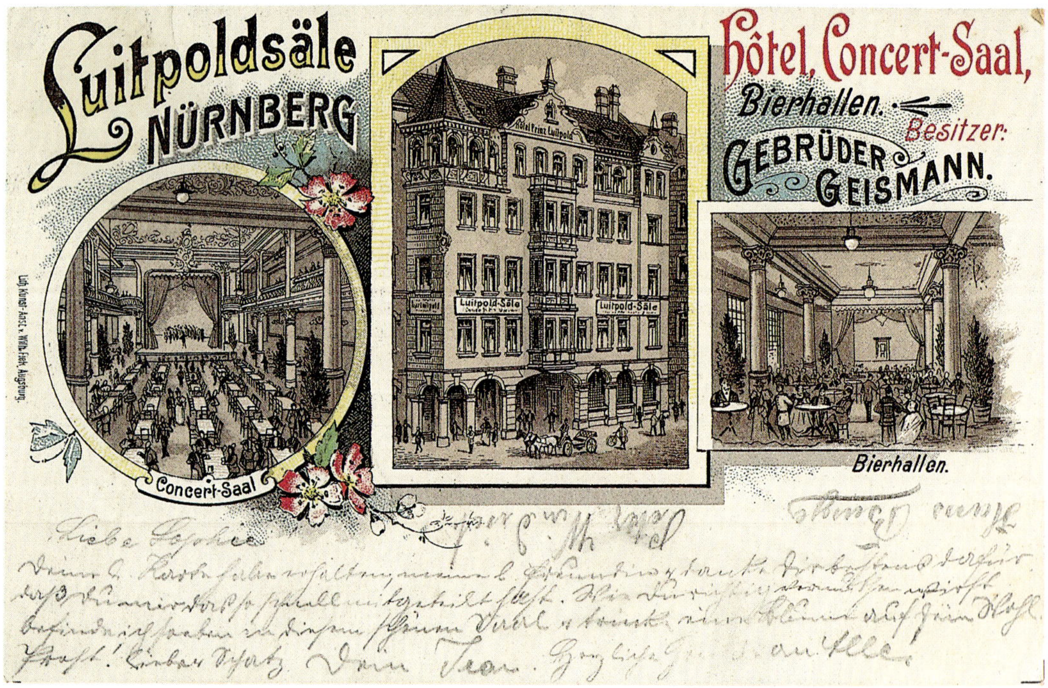

Abb. 312: Das Hotel „Luitpold" mit Luitpoldsälen in der Luitpoldstraße 3 war eine der guten Adressen in der Gründerzeit der neuen Straße. Mit Bühne und Konzertsaal ausgestattet, sogar ein Luitpoldtheater hat es in dem Haus gegeben, war die Fürther Brauerei Geismann Besitzer des großen Gastronomiebetriebes. In dem Gebäude befanden sich später die „Königin-Bar" und der „Wintergarten". Heute sind die an dieser Stelle der Luitpoldstraße gebotenen „Unterhaltungen" dem gewandelten Charakter der Straße entsprechend sehr viel schlichter. Farbdruck um 1900.

Abb. 313: In der Pfannenschmiedsgasse 20, nahe der Abzweigung zur Breiten Gasse und neben dem Hotel Wittelsbach, befand sich der Gasthof „Zur blauen Traube", der mit einem Stadtpanorama und einer Aufnahme der Pfannenschmiedsgasse zur Lorenzkirche auf dieser Lichtdruckkarte um die Jahrhundertwende Reklame machte. Vom Tucherstempel fast verdeckt sind im Eingang Kellner und vermutlich der Besitzer erkennbar.

Abb. 314: Der farbige Lichtdruck (gelaufen 1928) zeigt die beiden alten Gasthäuser „Drei König" und „Böhms Herrenkeller" in der Theaterstraße 21 und 19 (heute Theatergasse). Während an der Stelle der „Drei Könige" heute ein Neubau steht, zählte der „Herrenkeller" bis zu diesem Jahr noch immer, äußerlich kaum verändert, zu den bekanntesten Nürnberger Traditionslokalen. Entstanden im 16. Jahrhundert aus einem Ausschank für das Weinlager in der Mauthalle, erhielt es den zusätzlichen Namen nach dem Pächter Friedrich Böhm Ende des letzten Jahrhunderts. Die Pachtpreisentwicklung in der Altstadt veranlaßten den heutigen Wirt offenbar zur Verlegung des Lokals in die Südstadt.

Abb. 315: 1903 wurde das „Tucher Bräustübl" an der Ecke der Vorderen zur Hinteren Ledergasse eröffnet. Es gehörte bald zu den großen und von allen Bevölkerungsgruppen gern frequentierten Bierwirtschaften der Stadt. Aus einer Reihe bestehender Bauten wurde durch neue Erkerchen, Türmchen und neue Fensterformen so etwas wie ein Nürnberger Brauhausstil kreiert. Heute befindet sich an der Ecke in ganz moderner Architektur ein großes Elektronik-Warenhaus. Lichtdruck 1905.

Abb. 316: Der Biergarten des Tucher-Bräustübls direkt hinter dem Haus an der Hinteren Ledersgasse brauchte über Besucher nicht zu klagen. Die Fotokarte aus dem Jahr 1905 wurde als Souvenir an die Besucher verkauft.

Abb. 317: Zu den kleinsten, aber gerade auch deswegen, der Name sagt es bereits, zu den originellsten Nürnberger Bierwirtschaften in der Altstadt zur Jahrhundertwende gehörten Rösels „Centralsäle" in der Johannesgasse. Als „internationales Bierlokal" ausgewiesen, warb der Einzimmersaal mit Attraktionen wie den berühmten Wasserfällen, worunter die Klospühlung zu verstehen war, und dem Palmengarten, einem Pälmchen im Blumentopf. Die Frau Wirtin wartet schon auf diesem Lichtdruck nach 1905.

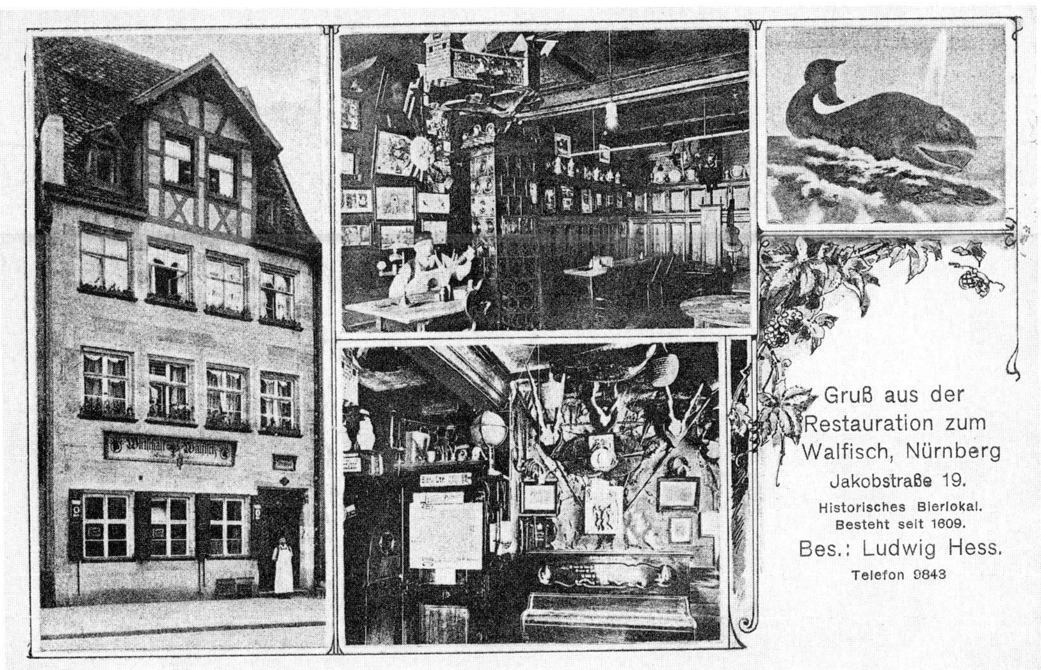

Abb. 318: Der „Walfisch" in der Jakobstraße 19, vor dem 1. Weltkrieg Treffpunkt der Schauspieler der Nürnberger Theater, war bis zum Beginn der dreißiger Jahre durch die Kabarettstückchen und musikalischen Einlagen seines Wirtes Ludwig Heß stadtbekannt. Peter Luginsland hat dem Nürnberger Original in seinem ersten Bändchen ein literarisches Denkmal gesetzt. Lichtdruck 1916.

vordere Sterngasse
2.
In Vertretung:
Aktien-Gesellschaft für Glasindustrie vorm. Friedr. Siemens, Dresden.
Arbeiterzahl: 3700.
NIEDERLAGE
der
leistungsfähigsten Porzellanfabrik
für Hotelgeschirre
Gebr. Bauscher, WEIDEN.
A. F. Schmied & Sohn
Glas & Porzellan-
Geschäft
H. Dibbern & Schneller, Nürnberg
Aus
Lagerhaus & Comptoir.

Abb. 319: Mit dieser prachtvollen Chromolithographie, die mit den Schaufensterauslagen, Reklameaufschriften wie mit dem eigenen Lagerhaus die Leistungsfähigkeit der Firma demonstrierte, warb das Haushaltswarengeschäft Friedrich Schmied u. Sohn in der Sterngasse vor der Jahrhundertwende bei einem Publikum mit gehobenem bürgerlichen Haushalt und gastronomischen Betrieben. Daß die Kundschaft vorgefahren kam, demonstriert der wartende Zweispänner. Die Karte wurde 1899 zusammengeklappt als offene Drucksache von der Post befördert.

Abb. 320: 1889/90 entstand nach dem Entwurf von Franz Ruepp in der Königstraße 52 am Eck zur Mauthalle das Hotel „Monopol". Es war aus den verschiedensten Stilelementen zusammengesetzt und brach auch mit seiner Protzigkeit mit allen Diskussionen um einen „Nürnberger Stil", wonach die Neubauten in der Altstadt die historischen Formelemente aufnehmen und sich so ins Stadtbild einpassen sollten. Bauherr war der Großhotelier Johann Baptist Zeltmeier. Den Absender der Karte jedenfalls animierte der Hotelaufenthalt oder der Nürnberg-Besuch zu seinem Jubelfestmarsch für Mundharmonika. Lithographie 1897.

Abb. 321: Als 1901/02 der „Monumental-Neubau" des Ostermayer-Kunstgewerbehauses in die Königstraße Nr. 33–37 gesetzt wird, hat sich die Diskussion und das Streben nach einem die Bauweise der Nürnberger Vergangenheit aufgreifenden Stil zumindest in der Altstadt schon weitgehend erledigt. Durchgesetzt haben sich das zeitgemäße Repräsentations- und Prachtentfaltungsbedürfnis, das sich zwar ebenfalls an historischen Stilen wie hier an barocken Schloßformen orientiert, auf historische Gegebenheiten aber keine Rücksichten mehr nimmt und schon gar nicht eigene moderne Formen aufnimmt. Die Lichtdruckkarte von 1901 zeigt einen Entwurf.

Abb. 322: Daß das Fahrrad als schnelles Fahrzeug für innerstädtische Transportdienste besonders geeignet ist, zeigt die Konjunktur für die neu entstandenen Fahrradkuriere unserer Tage. Sie nehmen nur einen Beschäftigungszweig wieder auf, der bereits vor dem 1. Weltkrieg in der Stadt verbreitet war. Die Karte zeigt das Boteninstitut „Braune Radler" in der Brunnengasse 48. Ein Adolf Walter gründete die Firma im Jahr 1913: Daneben gab es auch die „roten" und „grünen Radler" vom Messenger Boy Institut in der Klaragasse 10. Fotokarte 1913.

Abb. 323: 1905 wurde das Luxushotel „Zum Strauß" umgebaut zu einem Warenhaus nach Pariser Vorbild und hieß von nun an „Grand Bazar zum Strauß". Fotokarten wie diese aus dem Jahre 1907 mit der Ansicht, präsentiert von einem Träger, waren offenbar gerade der letzte Schrei, auch wenn sie sich nicht gerade durch besondere Schönheit auszeichneten.

Abb. 324: Um die Jahrhundertwende warb das exklusive Ludwigs-Bad in der Breiten Gasse mit dieser schönen Lithographie und einem Schuß Exotik im Interieur um Besucher. Die Hausansicht mit den vielen Menschen vor dem Gebäude im eingefügten Bildchen von der Breiten Gasse scheint allerdings im Vergleich zur Fotografie (s. Abb. 247) ein wenig übertrieben. Dafür sorgt der Fabrikschlot im Nachbarhaus für gesunde Luft. Der Betrachter fragt sich, ob die Dame auf dem Weg vom Fauteuil ins Marmorbecken auch noch ablegt? Lithographie um 1900.

Abb. 325: Das in der Bankgasse 1, Ecke Königstraße gelegene Ausstattungsgeschäft Adolf Hecht warb um 1905 mit dieser Lithographiekarte. Die Leistungsfähigkeit und auch der moderne Standard des Unternehmens wurde ganz ohne die sonst in der Altstadt üblichen Nürnberg-Attribute allein durch extensiv eingesetzte elektrische Beleuchtung demonstriert.

Abb. 326: Auf dieser auch heute noch die Nürnberg-Nostalgie ansprechenden Reklamekarte der Spielwarenhandlung und kgl. bayerischen Hoflieferfirma Wahnschaffe vom Josephsplatz 18 sind in Potpourrimanier um die übervollen Spielwarenfenster verschiedene Elemente der gängigen Nürnberg-Symbolik angeordnet: Burg und Stadtpanorama, Weinstadel bei Nacht, Gänsemännchen, dazu ein christbaumbeladener Weihnachtsmann. Es ist das Besondere an Nürnberg, daß trotz der großen industriellen Bedeutung der Stadt diese romantische Sicht fast völlig ungebrochen blühen konnte und kann. Lithographie 1905.

Abb. 327: Alles was ein Kinderherz höherschlagen ließ, gab es im Spielwarenhaus von Emil Lanzendorf in der Ludwigstraße 18 mit dem schönen und sicher werbewirksamen Namen „Kaufhaus zum Christkind“ unmittelbar neben dem späteren Kaufhaus Tietz. Der Farbdruck von 1900 zeigt das Geschäftshaus mit dem Personal vor dem Eingang und an den Fenstern und den Weißen Turm, noch ohne die kurz danach errichteten Gebäude mit den neuen Durchfahrtstoren.

Abb. 328: Das Gasthaus „Zum Frauentor", ein altes Gasthaus auf der östlichen Seite der Königstraße Nr. 67 warb 1905 gegenüber der vornehmeren Konkurrenz in den zahlreichen neuen Hotelgroßbauten mit seinen niedrigen Preisen. Das Geld einer Übernachtung im „Frauentor" entsprach dem zeitüblichen Preis eines Huhns, einer halben Gans, eines Kilos Ochsenfleisch oder drei Kilogramm Weizenbrot. Lichtdruck 1905.

Abb. 329: Auch das Hotel Victoria, Königstraße 80 mit seiner sich an der Frauentormauer entlangziehenden Front hat den Krieg überstanden. Direkt beim Waffenhof eröffnete es die bis zur Lorenzkirche fast ununterbrochene Kette von Hotels und Gasthöfen mit Übernachtungsgelegenheiten. Lichtdruck vor 1905.

Abb. 330: Eine wechselvolle Geschichte hat auch das Café Kerzinger, Luitpoldstraße 16, Ecke Sterngasse. Zu Jahrhundertbeginn vornehmes Café mit Jugendstilambiente und Gaststätte mit Fremdenheim, „Haus Kerzinger“, hat es in den letzten Jahrzehnten diverse Pächter, Umbauten und Gästeszenen gesehen, Lichtdruck nach 1905.

Abb. 331: Nur mehr schwer vorstellen lassen sich beim heutigen Charakter der Luitpoldstraße die gewiß lauschigen Sommernachmittage einstmals im Kaffeegarten des Café „Neptun“, Luitpoldstraße 8, mit Blick auf die Westfassade der Klarakirche. Dennoch, auch der heutige Citybummler findet beim Eintreten in den Innenhof des Caritas-Pirckheimer-Hauses eine vom Trubel der Königstraße abgeschiedene kleine Oase der Stille und einen Blick auf die Fassade der Klosterkirche mit dem alten Eingang, der ihm ansonsten entzogen ist. Lichtdruck vor 1905.

Ansichtskarten aus der „Stadt der Reichsparteitage“

Die große Zeit der Ansichtskarte als bedeutendem visuellen Massenmedium verging mit dem Ende des 1. Weltkriegs. Zwar erschienen auch in den folgenden Jahrzehnten nicht wenige Karten aus verschiedensten aktuellen Anlässen, um Veranstaltungen und Ereignisse anzukündigen oder zu dokumentieren, aber auch Reklamekarten usw., doch die Funktionen, die die Ansichtskarte zur Jahrhundertwende als Massenbildträger besessen hatte, übernahmen andere, modernere Medien, allen voran der Film und der Rundfunk. Das fotografische Bild wanderte in die Tages- oder Wochenzeitungen und in die Illustrierten, deren Aufstieg begann. Auch die Amateurfotographie wurde für breitere Schichten erschwinglich und erlebte durch kleinere Apparate und den Rollfilm einen ungeheueren Aufschwung. Die Themenbreite der Ansichtskarten verengte sich wieder auf ihre ursprüngliche Ausgangsfunktion, auf die Wiedergabe topographischer, herausgehobener Motive überwiegend für touristische Zwecke.

Mit dem Ende des verlorenen Kriegs hatte die Ansichtskarte auch aus anderen Gründen viel von ihrer Attraktivität und ihrem Fortschrittsnimbus verloren – zu sehr war sie mit dem Zukunftsoptimismus, den gesellschaftlichen Leitbildern und Moden, in hohem Maße auch mit dem Patriotismus der wilhelminischen Kaiserzeit verknüpft gewesen, die mit Kriegsende und der folgenden Inflation zusammengebrochen waren. Noch in den Massen von Ansichtskarten aus dem Weltkrieg von allen Schlachtfeldern und Etappenorten, in der Heimat von den zu Beginn des Krieges in Schulen und öffentlichen Gebäuden eingerichteten Lazaretten, von den Nagelungen des Eisernen Kreuzes und anderen, von Patriotismus und Siegesgewißheit getragenen Veranstaltungen zeigte sich noch einmal die überragende Bedeutung dieses Bildträgers als einem „Leitmedium“ für die Kaiserzeit. Mit dem Ende dieser Periode war auch dessen große Zeit abgelaufen. Die Not der Nachkriegsjahre tat das ihrige – das Ende des berühmten Nürnberger Ansichtskarten-Sammelvereins „KOSMOPOLIT“ kam mit der Inflation im Jahre 1923[45].

Schon während der Kriegsjahre war die Zahl der mit Nürnberger Motiven herausgegebenen Karten deutlich zurückgegangen. Das setzte sich während der Weimarer Jahre fort. Die damals erschienenen Karten waren zudem in der Regel von bedeutend schlechterer Druck- und Papierqualität. In den dreißiger Jahren scheint sich der Absatz von Ansichtskarten wieder deutlich gesteigert zu haben[46]. Auch für Nürnberg erschienen wieder mehr neue Motive, herausgegeben von Verlagen, die vor dem Kriege noch nicht auf dem Markt gewesen waren; ältere Traditionen, etwa die Produktion von Festkarten für das Volksfest, wurden mit der Herausgabe neuer Kartenserien wieder aufgenommen[47].

Eine Renaissance ganz anderer Art entwickelte sich aus der Entdeckung und gezielten Verwendung der Ansichtskarte durch die Nationalsozialisten als Reklame- und Propagandainstrument im großen Stil, so daß sich für Nürnberg im Zusammenhang mit den bis zum 2. Weltkrieg in der Stadt stattfindenden Reichsparteitagen der Nazipartei ein weiteres Kapitel Ansichtskartengeschichte anschließen ließe, das natürlich in den Zusammenhang der propagandistischen und medialen Inszenierungen selbst zu stellen wäre. Das liegt außerhalb unseres Themas und kann hier nur angedeutet werden. Interessant erscheint in unserem Zusammenhang vor allem die Frage nach der Verwendung von Bildern der Altstadt und nach Kontinuitäten im Gebrauch der damit verbundenen Nürnberg-Symbolik. Wie einleitend angeführt, ist eine Sicht auf das Altstadtbild um 1900 in Ansichtskarten nur schwer möglich, ohne die Zerstörung und Verbrennung dieser

Abb. 332: Der „Deutsche Tag" am 1. und 2. September war nicht nur Vorspiel für den Hitlerputsch am 9. November des gleichen Jahres in München, er wurde auch zum Vorläufer und Vorbild für die später in die Stadt gelegten Reichsparteitage der Nazi-Bewegung. Die Fotokarte aus einer Serie des Nürnberger Fotografen Harren von dem provozierenden Aufmarsch in der Stadt zeigt einen in Nordbayern noch kaum bekannten und linkisch wirkenden Adolf Hitler neben dem besonders gekennzeichneten Julius Streicher im Kreis der reaktionären Veranstalter beim Vorbeimarsch der Wehrverbände und der SA auf dem Hauptmarkt.

Altstadt in den Kriegsjahren miteinzubeziehen und mitzudenken. Daß die Brandsätze dazu nicht erst mit den anfliegenden Bombergeschwadern gelegt wurden, sondern bereits erheblich früher, gehört zu den historischen Kausalitäten.

Bereits vom „Deutschen Tag" am 1. und 2. September 1923 in Nürnberg, der in mehrfacher Weise zum Vorbild und Muster der späteren Reichsparteitage werden sollte, erschienen Ansichtskarten nach Aufnahmen von Hitlers Leibfotografen Heinrich Hoffmann, aber auch eine eigenfotografierte Serie von Bromsilberkarten des Nürnberger Fotografen Ludwig Harren[48]. Sie zeigen unter anderem Hitler in Nahaufnahmen beim Vorbeimarsch der Wehrverbände und der SA am Hauptmarkt (s. Abb. 332). Herausgehoben ist hier noch nicht der „Führer", sondern der Lokalmatador Julius Streicher, der mit Hitler damals noch in erheblicher Konkurrenz um die Vorherrschaft in der bayerischen Partei stand und sich den „Deutschen Tag" in Nürnberg aufs eigene Konto buchen wollte. Auch zu den beiden Reichsparteitagen der Nationalsozialisten in Nürnberg 1927 und 1929 erschienen Erinnerungskarten, auf denen erstmals Stadt- und Burgpanorama mit der Hakenkreuzfahne verknüpft wurden.

Am ersten Parteitag nach der Machtübernahme 1933, dem der Beiname „Parteitag des Sieges" gegeben wurde, verkündete Hitler „er habe sich entschlossen zu bestimmen, daß unsere Parteitage jetzt und für immer in dieser Stadt stattfinden"[49]. Der Titel „Stadt der Reichsparteitage" wurde 1935 zum offiziellen Namensbestandteil Nürnbergs erhoben. Der Name der Stadt und ihr Bild, vor allem das der Altstadt, wurden nach 1933 durch die alljährlichen Aufmärsche über Film und ungezählte Fotografien in Zeitungen und Illustrierten in die ganze

Abb. 333: Fackelzug der NS-Funktionsträger entlang des Westtorgrabens zum „Deutschen Hof", der Unterkunft Hitlers beim NS-Reichsparteitag 1938. Fotokarte 1938.

Welt getragen. In diesen Bildern von der Altstadt mit braunen Marschkolonnen, jubelnden Menschen und dem erdrückenden Hakenkreuzschmuck wurde die Verknüpfung mit der historischen Rolle Nürnbergs als Stätte der ersten Reichstage der deutschen Könige gesucht und propagandistisch inszeniert. Als symbolträchtige Kulisse für die braunen und schwarzen Marschgruppen und für die Fiktion des Nationalsozialismus als Vollendung der deutschen Geschichte benutzt, leidet die Stadt noch heute unter der damals massenhaft verbreiteten Darstellung Nürnbergs als besonderer Hochburg der NS-Bewegung.

Hinter der propagandistischen Ausbeutung der Stadtgeschichte verschwindet die Tatsache, daß vor allem pragmatische Gründe für die Entscheidung bestimmend waren, die NS-Parteitage nach Nürnberg zu verlegen[50].

In der Ansichtskartenproduktion führte diese Festlegung durch die immer gigantischere Organisation der Parteitage und der dazu aufgelegten Propaganda zu zwei miteinander zusammenhängenden Formen: Der Herstellung von speziellem, zu den Reichsparteitagen selbst hergestellten Kartenmaterial und zu Ansichtskarten, die sozusagen als „Dauerbrenner" die Funktion der „Stadt der Reichsparteitage" zu vermarkten suchten.

So erschienen zu den Parteitagen nach 1933 nicht nur Sonderbriefmarken, besondere „Gruß"telegramme sowie amtliche Bildpostkarten der Reichspost und wurden mit Sonderstempeln verziert, sondern der NS-Hausverlag Franz Eher in München sorgte für die jährliche Neuherausgabe „parteioffizieller" Festpostkarten. Weitaus zahlreicher und bedeutender waren daneben die konkurrierend vor allem vom Hoffmann-Verlag in München, aber auch einer stattlichen Anzahl anderer Verlage herausgegebenen Erinnerungs- und Propagandakarten zu den jeweiligen Parteitagen[51].

Der Stellenwert dieser halbamtlichen oder im Umfeld der NSDAP und ihrer Nutznießer heraugegebenen Ansichtskarten im Gesamtrahmen des gigantischen Propaganda- und Reklameaufwandes der einzelnen Veranstaltungen ist schwer zu bemessen. Sie bildeten ja nur einen kleinen Teil der Inszenierungen und des Propagandaaufwandes. Der massenhafte Einsatz von Ansichtskarten mit sehr plakativer Botschaft ausschließlich für die politische Propaganda und die Wiederbelebung des Mediums durch die Nazis für ihre Zwecke führte zu einer völlig neuen Qualität, die sich durch den Verbund mit der Gesamtmaschinerie der Veranstaltungen weiter potenzierte: So richtete die Reichspost zum Vertrieb ihres Materials und Abstempeln eigene mobile Zweigpostämter in den Lagern und Einrichtungen für die Parteitagsteilnehmer ein. Für die Dauer des Reichsparteitags 1938 sollen 1200 Postbedienstete zusätzlich nach Nürnberg versetzt worden sein und wurden 15 Zweigpostämter in den Zeltlagern eingerichtet[52].

Die Ermittlung der Zahlen der entstandenen offiziellen und „privaten“ Reichsparteitagspostkarten beschäftigt die Sammlerliteratur. Danach erschienen für die Zeit von 1933–1938 im NS-Verlag Eher 14 verschiedene offizielle Karten, im Verlag von Hitlers Leibfotografen Hoffmann mindestens 50 verschiedene Farbpostkarten und eine aufgrund des Chaos in dem millionenschweren Unternehmen nicht mehr rekonstruierbare Zahl von schwarzweißen, jährlich neu herausgegebenen Karten. Von 36 weiteren Verlagen, darunter auch einige Nürnberger Firmen[53], wurden für den Zeitraum mindestens 190 verschiedene Karten zu den Reichsparteitagen gezählt, meist schwarzweiße Ansichten des Geländes der Massenspektakel, aber auch Ansichten der Stadt mit

Abb. 334: Marschkolonnen des Reichsarbeitsdienstes in der Königstraße während eines Reichsparteitages. Die Bromsilberkarte von Foto-Harren enthält keinerlei Datierung oder Hinweis auf einen bestimmten Parteitag. Marschierende Kolonnen werden so zum zeitlosen Bestandteil des Stadtbilds stilisiert.

den einzelnen Parteitagen zugeordneten Aufdrucken[54].

Erschienen diese Propaganda- und Erinnerungskarten in direktem Bezug zu den jeweiligen Veranstaltungen, so bestand in der „Stadt der Reichsparteitage“ selbst, die ja wirtschaftlich, im Ausbau des Verkehrswesens und baulich (auch ohne das Parteitagsgelände) nicht unbeträchtlich von ihrer Erwählung profitierte, auch während des laufenden Jahres ein florierender Andenkenmarkt für eine Vielzahl von Erinnerungsstücken: Vom Bierkrug über poetische Werke eines „Pausala“ bis zu Wimpeln und selbstverständlich auch Ansichtskarten, die den Beinamen der Stadt in klingende Münze verwandeln sollten.

Bei der Gestaltung von Ansichtskarten reichte das von der Kennzeichnung der besonders beliebten Stadtansichten vom Weinstadel bis zur Burg als in der Stadt der Reichsparteitage befindlich wie der Erhebung der NS-Bauten zu neuen Sehenswürdigkeiten der Stadt. Zum Alltagsrepertoire gehörten auch die durch die Marschkolonnen „veredelten“ Ansichten der Innenstadt: Die NS-Bewegung wurde zum festen Bestandteil des auf Ansichtskarten verbreiteten Stadtbilds. Ins Dauerangebot wanderten auch die attraktiv wirkenden Karten von der Stadt im Fackel- und Lichterschmuck der nächtlichen Umzüge. Aber selbst die ganz herkömmlichen, während der Parteitage natürlich besonders gut verkauften Ansichtskarten – Schulhauskarten erlebten eine neue Konjunktur durch die dort untergebrachten Teilnehmer – verbreiteten über die ganz normalen Poststempel den Ruf der zum Nazi-Symbol gekürten Stadt millionenfach in der Welt.

Für unser Thema weniger interessant sind die vielen Karten mit den NS-Bauten, Massenzeltlagern und Parteitagsvergnügungsstätten, vielmehr sollen die Verknüpfung und Benutzung des historischen Stadtbilds für die NS-Propaganda und den Führerkult in Beispielen vorge-

Abb. 335: Nächtlicher Aufmarsch durch das Ludwigstor. Die Karte von Foto-Harren aus der gleichen Serie wie oben zeigt mit den Fahnendrapierungen, den Scheinwerfern links und rechts und den Fackelträgern, wie die historische Stadt als Kulisse in die Inszenierungen der Parteitage eingebaut wurde. Fotokarte ohne Datierung.

Abb. 336: Offizielle NS-Karte des Franz-Eher-Verlags zum Reichsparteitag 1936. Farbdruck 1936.

Abb. 337: Parteitagskarte des Hoffmann-Verlags 1937 mit Kaiserburg und der Lichtdom-Symbolik.

Abb. 338: Ein Beispiel für die umfangreiche Kategorie der Reichsparteitagskarten mit Ansichten der Massenunterkünfte und Zeltlager. Das abgebildete Adolf-Hitler-Tor zum Arbeitsdienstlager 1936 wirkt angesichts der ansonsten monströsen Parteitagsmaschinerie schon beinahe wieder lächerlich. Rasterdruck, Zerreiss-Verlag 1937.

stellt werden. Das bestimmt auch die Auswahl der zu diesem Thema gezeigten Karten in Ausstellung und Katalog.

Angelehnt an den „Deutschen Tag" 1923, stellten die Marschzüge durch die Altstadt sicher am eindeutigsten im geplanten und alljährlich wiederholten Ritual der Parteitage die Verbindung zwischen der inszenierten nationalsozialistischen Mobilmachung und der mit dem Stadtbild assoziierten Geschichtsmächtigkeit her. Einen der Höhepunkte im zahlreichen Marschgeschehen in und um die Altstadt bildete dann jeweils auch der „Festzug" der SA- und SS-Männer am Parteitagssonntag zum Hauptmarkt, damals Adolf-Hitler-Platz, wo Hitler die Parade abnahm. Die symbolträchtige Umgebung ist in ihrem ideologischen und emotionalen Stellenwert nicht zu unterschätzen. Siegfried Zelnhefer bringt in seiner Untersuchung zu den Nürnberger Reichsparteitagen die Rolle des Nürnberger Stadtbildes als Kulisse in einer spekulativen These auf den Punkt: „Hätte es dieses Nürnberg nicht schon gegeben und wären die Nationalsozialisten nicht durch das mehr oder weniger zufällige Zusammentreffen verschiedener Umstände schon in den zwanziger Jahren auf diese Stadt als Veranstaltungsort für die Parteitage gestoßen, sie hätten womöglich eine derartige mittelalterlich-heimelige Kulisse genauso aus dem Boden gestampft wie die erschlagenden Gewaltbauten rund um den Dutzendteich. Die historischen Gebäude Alt-Nürnbergs vermittelten den Eindruck einer Zeit, in der scheinbar alles in Ordnung war, sie strahlten Ruhe und Sicherheit biedermeierlicher Bürgerlichkeit aus."[55] Allerdings sorgte die massive „Stadtverschönerung" durch wahre Fahnenorgien für das zeitgemäße Kostüm,

Der Führer vor dem Modell des gigantischen Kongreßbaues

Abb. 339: Im Verlag Foto-Harren, Nürnberg, erschien diese Collage zum NS-Parteitag 1935 und zeigt den Baumeister Adolf Hitler vor dem Kongreßhallenmodell. Im Kontrast zwischen der Kaiserburg als Silhouette und dem angestrahlten Modell wurde die Verknüpfung von Vergangenheit und gigantischer Gegenwart suggeriert. Lichtdruck 1935.

das die „angebliche Traditionslinie“ vom ersten zum „Dritten Reich“ herstellen sollte.

Betrachtet man die von diesen Umzügen erschienenen Karten (s. Abb. 333–335), so läßt sich die dahinterstehende Botschaft durchaus als Wechselwirkung des Geschehens auf zwei Ebenen festhalten: Erhebung der Marschkolonnen durch die historische Umgebung und Erhöhung der „steinernen“ Stadtgeschichte durch die Mobilmachung und Demonstration der Nationalsozialisten in dieser Stadt als den vorgeblichen neuen Trägern der deutschen Geschichte. Die bewußte Anknüpfung der Nationalsozialisten an den großen historischen Festzügen um die Jahrhundertwende erscheint dabei eher deklamatorisch. Ein Vergleich etwa zu den Ansichtskarten und Bildern von den Festzügen vom Deutschen Turnfest 1903 oder vom Sängerbundesfest 1912, die ja ebenfalls das Stadtbild als sinnbildlichen Hintergrund für ihre Festzüge wählten, läßt diese Unternehmungen als vergleichsweise harmlose und zivile Unterhaltungsveranstaltung erscheinen. Dagegen wecken die marschierenden Blocks der Parteiformationen durchaus die Assoziation einer Inbesitznahme der Stadt durch eine paradierende (fremde) Armee (s. Abb. 334).
Die inszenatorische Verknüpfung von Stadtbild und Marschbetrieb fand einen weiteren Höhepunkt in den nächtlichen Fackelzügen, wie dem der „Politischen Leiter“ (s. Abb. 333) entlang des Rings zum „Deutschen Hof“, wo Hitler die Parade abnahm. Karten wie die Totalaufnahme der zu einem Lichterstrom zusammenfließenden Marschierenden vor der illuminierten Altstadtkulisse mit der besonders herausgehobenen Burg in Höhe des Spittlertorgrabens transportierten ihre Botschaft vom Zusammenhang der „Bewegung“ mit der

Abb. 340: Parteitagskarte des Hoffmann-Verlags in München zum NS-Parteitag 1938 mit SS-Fahnenträgern vor dem fünfeckigen Turm. Auf den immer bunter und greller werdenden Karten des Hoffmann-Verlags dominierten von Jahr zu Jahr stärker die martialisch aus den Karten blickenden oder marschierenden Funktionsträger der NS-Partei- oder Militärgliederungen. Farbdruck (verkleinert) 1938.

Abb. 341: Karte des Hoffmann-Verlags zum NS-Parteitag 1937 mit Reichsarbeitsdienstmann und Kaiserburg. Der in Fürth geborene und zu Hitlers Leibfotografen anvancierte Heinrich Hoffmann wurde als privater Großverleger durch die Vermarktung des ihm eingeräumten Sonderstatus bei der Hitler-Fotografie und durch die verschiedensten NS-Propagandawerke, darunter auch seine Ansichtskarten und Parteitagsbücher, in wenigen Jahren zum Multimillionär. In den Nachkriegsverfahren versuchte sich Hoffmann mit der Rolle eines „unpolitischen Chronisten der Zeit“ zu verteidigen. Farbdruck 1937 (verkleinert).

großen Vergangenheit optisch nahezu perfekt. Wer mochte bei einem solchen Bild noch vermuten, daß hinter den Kulissen die Disziplinlosigkeit gerade der hier marschierenden politischen Leiter während des Parteitages regelmäßig Anlaß zu ernsten Beanstandungen bot oder auch, daß der Appell der Politischen Leiter von Speer in die Abendstunden gelegt wurde, um die dick gewordenen Bäuche der Funktionäre in den Schutz der Dunkelheit zu überführen[56].

Die angestrebte Verknüpfung der Nürnberg-Symbolik und der angeblichen Geschichtsmission des „Führers" und seiner „Bewegung" ließ sich mit weniger Aufwand auch im Foto-Studio herstellen. Eine Fotomontagekarte der Nürnberger Firma Ludwig Harren aus dem Jahre 1936 weist frappierende Ähnlichkeiten in ihrem Aufbau mit einer Fremdenverkehrswerbekarte des Nürnberger Verkehrsvereins aus dem Jahre 1912 auf (s. Abb. 14 und 339). Albrecht Dürer als künstlerische Personifizierung der Nürnberger Blütezeit wird ersetzt durch den „Führer" und „Künstler" Adolf Hitler, der in bedeutender Pose vor dem Hintergrund der dramatisch hinterleuchteten Silhouette der Kaiserburg über das von zwei imaginären Lichtquellen ausgestrahlte Gipsmodell der Kongreßhalle in eine außerhalb des Bildes liegende Zukunft schaut. Die beabsichtigte Botschaft der Karte, eine geschichtliche Verbindungslinie der alten Kaiserstadt zur neuen Führerstadt in Collageform herzustellen, enthält bei einem genauen Blick eine Reihe von Widersprüchen und Widersinnigkeiten, die die dahinterstehende Geschichtsklitterung deutlich machen:

Die gigantische, dem Führer gegenüber wiederum miniaturisierte Torte der Kongreßhalle wird zur Vollendung (oder zum modernen Gegenstück) des den historischen Ruhm der Stadt begründenden mittelalterlichen Stadtbilds. Ganz offensichtlich hatte der „Nürnberg-Mythos" sich inzwischen als Collagestückchen schon so von seinen Ursprüngen gelöst, daß er beliebig verwendet werden konnte, selbst in Zusammenhängen, die zu diesem Ursprung eigentlich in Widerspruch standen.

Während die Harren-Karte die propagierte Entwicklungslinie der Kaiserstadt zur Führerstadt noch mit modernen Mitteln umzusetzen versucht, ist die Bildsprache der vor allem vom Hoffmann-Verlag herausgegebenen Karten zu den einzelnen Parteitagen graphisch deutlich schlichter, wurde dafür von Jahr zu Jahr aber grellbunter. In den mit Reichsadler und Hakenkreuz zu den Parteitagen 1936 und 1937 symbolisch gestalteten Karten ist noch ein klarer Aufbau der Aussage gestaltet – die Kaiserburg als Basis der auf einer Parteitagssäule stehenden oder im Lichtdom schwebenden NS-Symbole (s. Abb. 336 und 337).

Auf den vielen Karten der späteren Jahre dominieren die martialisch aus dem Bild blickenden Arbeits- oder Parteisoldaten in der aggressiven schwarz-weiß-roten Farb- und Fahnensymbolik mit dem Hakenkreuz. Die geballte Farb- und Symbolwirkung der nebeneinandergedruckten Parteitagskarten auf dem Andruckbogen (s. Abb. 342) kann im Original im ersten Moment fast den Atem nehmen. Die zum sogenannten „Parteitag des Friedens" 1939 entworfenen Karten auf dem Andruckkarton, der wegen des Überfalls auf Polen kurzfristig abgesagt wurde, galten als verschollen und wurden erst kürzlich erworben[57]. Stärker als in den Einzelkarten wird in der nebeneinanderstehenden Variation und Wiederholung der Motive deutlich, wie das nunmehr als fast idyllische Hintergrundstaffage eingebaute Bildsegment von der Burg mit dem Fünfeckigen Turm zum Randzitat wird, als Abziehbildchen grell übertüncht von den Propagandafarben und -motiven. Im unfertigen Zustand des Druckbogens und in der Zusammenballung der immer gleichen Stilmittel entlarvt sich das NS-Propagandamaterial als martialisch-grotesk aufgemachter Kitsch.

Reichsparteitag Nürnberg
Reichsparteitag Nürnbe
Reichsparteitag Nürnberg
Reichsparteitag Nürnbe
Reichsparteitag-Gelände in Nürnberg
GESAMTPLAN
Reichsparteitag Nürnbe

Abb. 342: Zum NS-Parteitag 1939 sollten diese Karten des Hoffmann-Verlages erscheinen. Das als Parteitag „des Friedens" vorgesehene Spektakel wurde 14 Tage vor seinem Beginn abgesagt, der Überfall auf Polen war in der Vorbereitung und der Kriegsbeginn geplant. In der Häufung der Motive – besonders guten Absatz versprach man sich von SA-Mann und Wehrmacht als Partnern und den Karten mit neuen „friedlich" errungenen Gebietszuwächsen des „Großdeutschen Reiches" – wird die aggressive und grelle Propagandatechnik der Hoffmann-Karten besonders deutlich. Die in zwei Variationen einmontierte Burg wird nur noch als Stereotyp und Hintergrund für die sich verselbständigende Nazi-Symbolik verwendet. Der Bogen stammt aus einer Amberger Druckerei und wurde auf der Rückseite später anderweitig überdruckt. Mehrere Exemplare sind vor wenigen Wochen auf dem Sammlermarkt aufgetaucht. Farbdruck, stark verkleinert, 1939.

Abb. 343: Zum Reichsparteitag 1933 erschien diese Karte bei H. Hunsinger, Nürnberg. Der auf seinen „Original-Entwurf“ stolze Fürther Graphiker Gustav Goetschel hatte einen tiefen Griff in die Kiste mit Versatzstücken der Nürnberg-Symbolik getan: Nürnberger Tand und die Stadt der Reichsparteitage, der über der Kaiserburg aufsteigende Adolf Hitler – die Karte verrät einiges vom biedermännischen Geschmack der Bewegung. Auf dem ersten Druck sind noch die örtlichen Paladine Julius Streicher und Willy Liebel in den vom „Führer“ ausgehenden Strahlenkranz zu erkennen. Farbdruck, verkleinert, 1933.

Abb. 344: Die gleiche Karte in zweiter Ausführung: Streichers und Liebels Köpfe wurden mit den Stadtwappen zugedruckt, die nun aus den Oberkörpern aufsteigend links und rechts von Adolf Hitler hängen. Vermutlich wurde der notwendige Abstand zum „Führer“ nicht gewahrt. Mit den beiden Wappen erinnert die Propagandakarte zumindest weniger gläubige Betrachter doch mehr an die Gestaltung diverser Nürnberger Lebkuchendosen. Farbdruck, verkleinert, 1933.

Abb. 345: Das Gemälde von Wilhelm Ritter entstand im Jahr 1893 und zeigt den Hauptmarkt mit der darüberliegenden Burgsilhouette. Die Karte macht durch ihre Textzeilen die übliche Geschichtsklitterung in der Verwendung des historischen Stadtbildes für die Nazibewegung recht deutlich. Wilhelm Ritter hatte niemals einen „historischen" Adolf-Hitler-Platz gemalt, wie suggeriert wird. Das historische Moment des Adolf-Hitlers-Platzes wird erkennbar in Abb. 348, einer Fotografie der Ruinenlandschaft als dem Ergebnis dieser Historie. Farbdruck, gelaufen am 20. April 1937 mit Sonderstempel und Gruß „Heil-Hitler" als einziger Mitteilung zu „Führers Geburtstag", verkleinert.

Aber auch in der unmittelbaren Vermarktung des romantischen Nürnberg-Bildes für den Nationalsozialismus zeigt sich die Herauslösung von Versatzstücken aus dem typisierten Ansichtenrepertoire und deren Umwidmung unter die NS-Symbolik, etwa in dem Beispiel des vom kranzumwundenen Hakenkreuz bekrönten Schönen Brunnens mit einer Christkindlesmarkt-Idylle nach einer Vorlage von Wilhelm Ritter (s. Abb. 347).

Auf einer 1933 in Nürnberg erschienenen Parteitagskarte (s. Abb. 343 und 344) scheint dabei fast des Guten an Nürnberg-Symbolik zuviel getan: Nürnberger Kaufmannszug und Nürnberger Tand, Kaiserburg und ein darüber in einer Hakenkreuz-Sonne (oder ist es ein Lebkuchen?) aufsteigender Adolf-Hitler, links und rechts eingerahmt von seinen Nürnberger Statthaltern Julius Streicher und Willy Liebel, fast auf gleicher Höhe wie der Führer. Daß das des Guten doch zuviel war, läßt sich daraus schließen, daß die beiden, auf einer zweiten Ausgabe noch gut zu erkennen, überdruckt wurden mit den Nürnberger Stadtwappen. Ob der Abstand zum Führer unangemessen war? Der Grund für den Überdruck konnte nicht geklärt werden. Nun hängt der Führer, eingerahmt von den Stadtwappen, über der Burg als der aufgestiegene Vollender der Nürnberger Geschichte. Hätten bei dieser Anhäufung von Versatzstücken anstelle der Wappen nicht auch gleich Albrecht Dürer und Hans Sachs zum Überdruck und zur Verklärung des Führers

Abb. 346 und 347: Zwei sich ergänzende Karten aus der „Stadt der Reichsparteitage“: Links die bei der Renovierung des ehemaligen Telegraphenamtes zwischen Hauptmarkt und Obstmarkt 1934 angebrachte antisemitische Wandschrift mit entsprechendem Wandbild an einem städtischen Verwaltungsgebäude im Herzen der Stadt als Ansichtskartenmotiv, rechts die anheimelnde Christkindlesmarktidylle nach einem Bild von Wilhelm Ritter und dem Hakenkreuz als Weihnachtsstern, nur wenige Schritte am Hauptmarkt voneinander entfernt. Die Karten zeigen, wie dicht, nicht nur räumlich, süßliche Idylle und haßerfüllte Hetze der NS-Ideologie in Szene gesetzt wurden.
Abb. 346: Lichtdruck 1937,
Abb. 347: Farbdruck 1934, verkleinert, Spandel-Verlag.

eingesetzt werden können? Propagandakitsch dieser Art zeigt nicht nur, wie mit der Geschichte der Stadt im Blick auf Verkaufserlöse Schindluder getrieben wurde, Nürnberg-Surrogate dieser Art entsprachen offenbar der verbreiteten Nürnberg-Tümelei vieler Parteitagsbesucher. Ein Auszug aus der Schilderung einer alten Kämpferin von ihren Erlebnissen beim Reichsparteitag 1927 kann in ihrer Schlichtheit durchaus als repräsentativ gelesen werden und zeigt das fatale Zusammenfinden von nationalsozialistischer Erlösungssehnsucht mit der zum kitschigen Abziehbild verkommenen Nürnberg-Schwärmerei:

„Ich hatte auch Dr. Göbbels, Julius Streicher und Alfred Rosenberg gehört, auch sie sprachen unvergeßliche und herrliche Worte, doch stand über allen anderen der Führer. Später haben wir uns noch die Stadt Nürnberg angesehen, diese herrliche Stadt, des deutschen Reiches Schatz- und Schmuckkästlein. Wie innig habe ich mich gefreut, über all das unsagbar Schöne, über die Burg, die gewaltigen himmelstürmenden Dome mit den herrlichsten Kunstwerken, die nur eine deutsche Meisterhand erschaffen konnte, das Germanische Museum mit seinem Reichtum gotischer Kunst. Mir war es immer, als gingen diese großen unvergeßlichen Alten, ein Albrecht Dürer, ein Veit Stoß, Peter Vischer und – nicht zu vergessen – Hans Sachs durch die Straßen und sähen mich an und fragten mich: 'Hast Du Deutschland lieb, dieses Deutschland, für das wir Tag und Nacht diese Kunstwerke geschaffen haben? Kannst Du es mit ansehen, daß man dieses Deutschland verschachern und verhandeln und versklaven will für ewige Zeiten? Willst Du das?' Und ich sagte mir in meinem Innern: 'Nein, das will ich nicht, ich will nicht, daß einst diese herrlichen Dome in Schutt und Trümmer fallen, will nicht daß die Versailler Ketten uns ewig zu Boden drücken, ich will nicht, daß vielleicht in Kürze der Bolschewismus, der im Osten lauert, uns zermalmt und zertritt und alles vernichtet, was groß, gut, edel und schön in unserem deutschen Vaterland ist!' Darum gehöre ich auch zu Adolf Hitler, in die Reihen seiner Kämpfer! ... So fuhren wir denn – einige Tage später – zurück in die Heimat. Unerschütterlich stand es für mich fest: 'Nun läßt Du Dich sofort in die Partei aufnehmen, den Beitrag wirst Du Dir verdienen, und sei es durch Waschen und Putzen!' So habe ich es auch gemacht; mein Eintrittsdatum lautet auf den 5. September 1927, und ich trage die Mitgliedsnummer 66995.“[58]

Die Zerstörung der Altstadt

Auf dem Reichsparteitag 1933, als Nürnberg zur „Stadt der Reichsparteitage“ erklärt wurde, stellte Hitler ein Goethewort, „Was du ererbt von deinen Vätern hast, erwirb es, um es zu besitzen“, an den Beginn seiner Rede in der Luitpoldarena: Der Bezug zum historischen Erbe Nürnbergs war hergestellt, auch wenn Hitler in der Rede sich auf das deutsche Volk als seine Erbschaft bezog. An den zerstörerischen Umgang mit diesem Erbe erinnert nicht nur das 1995 besonders begangene Gedenkjahr.

Die Zerstörung der Nürnberger Altstadt erfolgte über einen Zeitraum von mehr als zweieinhalb Jahren. Sie begann mit dem ersten großen Luftangriff auf die Stadt in der Nacht vom 28. zum 29. August 1942 und endete mit der Einstellung der Kämpfe in Nürnberg am 20. April 1945, als noch die Türme von St. Sebald in Brand geschossen wurden. Schon vor dem 2. Januar 1945 wurden wichtige Teile der Altstadt vernichtet oder schwer beschädigt, und hatten 2143 Menschen in der Stadt ihr Leben verloren[59]. Die großen Luftangriffe vom 8./9. März, 10./11. August, 27./28. August 1943, am 30./31. März und 3. Oktober 1944, dem ersten Tagesangriff, hatten bereits wesentliche Teile der westlichen Sebalder Altstadt und in der südlichen Lorenzer Stadt zerstört, während der Ostteil der bebauten Sebalder Stadthälfte zwischen Pegnitz und Theresienstraße noch verhältnismäßig glimpflich davongekommen war. Das Ende kam durch den Feuersturm am 2. Januar 1945. Die britischen Bombenflugzeuge hatten das Ziel solcher Einsätze, durch einen möglichst konzentrierten Abwurf einen Flächenbrand zu entwickeln und die Stadt „zu einem sich selbst zerstörenden Ziel“[60] zu machen, erreicht, bei diesem Angriff sogar mit weniger Flugzeugen und Bombenlast als bei anderen Versuchen vorher. Der Zielbereich auf die Mittelpunkte der Städte mit der engsten und am leichtesten entflammbaren alten Bebauung ergab sich zur Realisierung dieser Militärtechnik. Daß das an diesem Abend nach 19.20 Uhr gelang, ist auch auf die guten Sichtverhältnisse am wolkenlosen Himmel zurückzuführen. In dem ausgelösten Flammeninferno und den zusammenstürzenden Häusern starben 1794 Menschen, darunter 173 Kinder. Total vernichtet wurden 4553 Wohngebäude, eine noch größere Zahl wurde stark beschädigt, rund 100.000 Nürnberger verloren ihre Wohnungen[61]. Alle Zahlen vermögen nur begrenzt wiederzugeben, was sich auf dem Boden in den Straßen und Häusern abspielte.

Die Zerstörungen und Schäden in der historischen und kunsthistorischen Substanz der Altstadt sollen hier nicht bilanziert werden. Im geheimen Stimmungsbericht an seine übergeordneten Stellen fand der Regierungspräsident von Ansbach am 8. Februar 1945 die folgenden Formulierungen:

„Diese gedrückte Stimmung (durch die Offensive der Roten Armee, die sie bis 100 km vor Berlin brachte. H.B.) wurde in Franken noch verschärft durch den Terrorangriff vom 2. Januar 1945 auf die Stadt der Reichsparteitage Nürnberg, dessen Folgen noch viel schwerer sind, als sich bei der Abfassung meines letzten Monatsberichtes übersehen ließ. Es sind 1794 Personen gefallen. Während bei früheren Angriffen durch Einzeltreffer Einzelverluste in der Substanz der Nürnberger Altstadt eintraten und dadurch das Gesamtbild der Stadt in ihren wesentlichen und charakteristischen Formen noch erhalten blieb, wurden durch den Terrorangriff vom 2. Januar 1945 fast ausnahmslos alle Gebäude, Plätze und Straßen zerstört, die den einmaligen Begriff „Alt-Nürnberg“ bildeten. Insbesondere in der von späteren Zutaten fast völlig verschonten nördlichen Altstadt ist mit Ausnahme einer kleinen Zone im Westen das mittelalterliche Nürnberg vernichtet worden. In der Lorenzer Seite, die bei früheren Angriffen bereits schwer getroffen war, sind

Abb. 348: Die zerstörte Stadt über den Hauptmarkt aufgenommen. Fotokarte des Stoja-Verlags nach 1945.

weitere umfangreiche Zerstörungen eingetreten, so daß auch dort der Eindruck der typischen mittelalterlichen Stadt vernichtet wurde".[62]

Weitere schwere Luftangriffe auf die Stadt folgten am 20. und 21. Februar, in der Nacht vom 16. und 17. März mit der Brandzerstörung von Steinbühl und Gibitzenhof. Ein letzter Bomber-Großangriff am 11. April 1945 galt dem Rangierbahnhof und den dortigen Wohngebieten.

Am 16. April 1945 setzten die Amerikaner zu ihrem Angriff auf die Stadt an. Der sinnlose Verteidigungskampf, angeführt von Gauleiter Holz, kostete weitere Menschenleben und zerstörte nochmals Teile der Stadt durch Artillerie- und Panzerbeschuß. Am 24. April sprengten die amerikanischen Soldaten das Hakenkreuz auf der Zeppelintribüne, das im Gegensatz zu der Stadt, der dieses Symbol angeheftet worden war, die Zerstörungen überstanden hatte.

Die historische Altstadt von Nürnberg bestand beinahe vollständig nur noch aus Ruinen und Schutt. Es wurden ernsthafte Überlegungen angestellt, die Stadt an anderer Stelle neu zu errichten.

Auch von diesen Ruinen wurden sehr schnell wieder Ansichtskarten hergestellt. Zu den ersten Produzenten gehörte wiederum der Fotoverlag Harren, der bereits 1923 Hitlers erstes Auftreten beim „Deutschen Tag" in Nürnberg in einer ansprechenden Kartenserie auf den Markt gebracht hatte und dem wir auch die Karte vom „Führer" als Baumeister vor der Kaiserburg verdanken (s. Abb. 339).[63] Auch

Abb. 349: Fotokarte mit Blickrichtung von der Heugasse zur zerstörten Egidienkirche. Ohne Verlagsangabe, nach 1945.

der Stoja-Verlag, der bereits mit der Herausgabe eigener Reichsparteitagskarten in der NS- und Stadtvermarktung tüchtig mitgemischt hatte, sah in den Ruinen wiederum eine gute Möglichkeit, Geld zu verdienen.[64] Ansichtskarten greifen die aktuellen Themen und Bilder der Zeit auf, die sich vermarkten lassen. Sie sind in vielerlei Hinsicht eine hervorragende stadtgeschichtliche Quelle – auch in dieser.

Die Stadtverwaltung hatte, wohl nicht in weiser Voraussicht, im Jahr 1935 damit begonnen, durch vier Holzschnitzer ein Modell der Altstadt im Maßstab 1:500 anfertigen zu lassen, das pünktlich zu Beginn des Krieges fertiggestellt war. Am 9. Oktober 1939 wurde es dem Oberbürgermeister Willy Liebel in einer kleinen Feier übergeben, „dessen persönlichem Interesse am alten Nürnberg eine solche Arbeit sicher entgegenkam", wie es Julius Lincke als Verantwortlicher dieser Arbeiten 1985 formulierte.[65] Basierend auf von Studenten der städtischen Bauschule seit 1929 gefertigten Aufrißzeichnungen gibt dieses Modell den Bauzustand der Altstadt zu Beginn des Krieges wieder – eine einzigartige plastische Erinnerung im Sinne des Wortes „einzig". Das Modell (s. Seite 8 u. 9), das seinen Standort im Stadtgeschichtlichen Museum im Fembohaus gefunden hat, bildet den Mittelpunkt der Ausstellung und soll unsere Stadtansichten plastisch ergänzen – auch wenn das traurig stimmen kann. Dieses Modell enthält 2580 kleine Gebäude, jetzt auf die Größe von Zigarettenschachteln miniaturisiert, die die städtische Baubehörde in einer 1942 fertiggestellten amtlichen Karte als historisch verzeichnet hat. 280 dieser Gebäude rund um den damaligen „Adolf Hitler-Platz" wurden als „besonders wertvoll" klassifiziert[66], wie wenig ist geblieben.

Unsere Ausstellung zeigt die Altstadt auf Ansichtskarten, einem Medium der Gegenwart für künftige Erinnerung. Daß diese heute nur mit Trauer gleichzusetzen ist, mag ein Grund mehr sein, nachzudenken.

Abb. 350: Blick vom Schleifersteg über die Fleischbrücke. Fotokarte des Stoja-Verlags nach 1945.

Abb. 351: Blick über den Hauptmarkt auf die Ruine von St. Sebald. Fotokarte des Stoja-Verlags 1945.

Abb. 352: Blick über die Ruinen in der Winklerstraße zur Frauenkirche. Fotokarte des Verlags Ludwig Harren, Nürnberg, nach 1945.

Abb. 353: Das Hans-Sachs-Denkmal in der „Steppe“ um den Spitalplatz. Fotokarte des Stoja-Verlags, gelaufen 1953.

Statt eines Nachwortes:

Am Ende einer über drei Jahre gelaufenen, zumindest in ihren ersten beiden Folgen recht erfolgreichen Ausstellungsserie, seien einige kurze Nachbemerkungen erlaubt: Zumindest was die Zahl und das Lob der Besucher angeht, kann das Ziel des Stadtarchivs, stadtgeschichtliche Themen für eine breitere Nürnberger Öffentlichkeit anzubieten, als gelungen bezeichnet werden. Natürlich zieht eine „Bilderausstellung" eine größere Zahl von Menschen an, als eine mit wichtigen, aber oft unverständlichen Dokumenten vollgestopfte Vitrinenausstellung der alten Art.

Daß die angelockten Besucher sich überwiegend der Anstrengung unterzogen, die Ausstellungen mit Texten und jeweils mehr als 1300 Karten recht gründlich anzusehen, zeigt die durchschnittliche Verweildauer von fast zwei Stunden. Viele Besucher kamen mehrfach. Daneben wanderten Teile der ersten Ausstellung in bisher ununterbrochener Folge in Einrichtungen und Kirchen der Stadtteile, deren Jahrhundertwendebild sie wiedergeben. Neben der Freude, die viele ältere Besucher immer wieder darüber äußerten, daß sie sich im dargestellten Stadt- und Zeitraum selbst wiederfinden konnten, war das Interesse der vielen jüngeren Besucher an den Ausstellungen ebenso groß.

Weniger gelungen ist offenbar die Vermittlung der wichtigen Funktion der Ansichtskarte als Massenbildträger und Bildmedium. Das läßt sich zumindest aus einigen Äußerungen diverser Fachkollegen schließen, die die Ausstellung als eher überflüssig oder Hobby des Verantwortlichen qualifizierten. Vermutlich ist es die Banalität des Mediums, die auf wiederum sehr banale Weise es manchem schwermacht, sich auf das Gewicht und die Wertigkeiten solcher „Banalitäten" im Kontext von Stadtgeschichte und Archivarbeit einzulassen. Im übrigen werden Ausstellungen auch nicht primär für Fachkollegen gemacht.

Was das persönliche Hobby betrifft, auch dazu eine persönliche Bemerkung: Ich habe durch die Ansichtskarten in zwei Jahren viel dazugelernt, und das auf eine sehr anschauliche Weise. Daß die entstandenen Kataloge verschiedentlich die Wirkung, mit offeneren Augen durch die Stadt zu gehen, anregt, wurde mehrfach geäußert. Das war ja auch ihr Zweck. Daß er erreicht wurde, bringt Freude.

Daß aus dem Ansichtskarten-Novizen in den vergangenen zwei Jahren ein auch in Sammleraugen ernstzunehmender Ansprechpartner im Stadtarchiv Nürnberg wurde, verdanke ich vor allem Maximilian Rosner, Rainer Gantikow und dem leider verstorbenen Herrn Wilhelm Quast. Dafür meinen großen Dank. Für fachliche Informationen und Mithilfe geht dieser Dank an Michael Diefenbacher, Thomas Dütsch, Mathias Mende, Christoph Neidiger, Matthias Ulherr und Udo Winkel.

Kataloge müssen geschrieben werden, zusätzlich zur sonstigen Arbeit: Das besorgten in perfekter Weise Tanja Thaler und vor allem Ulrike Kettner. Danke dafür, auch für das Korrekturlesen und die Kartenverzeichnung durch unsere Frau Helga Köhler.

Ausstellungen werden geplant und zusammengebaut: Daß das gelang und mit Lob versehen wurde, dafür geht mein Dank an Heinz Glaser, dessen Passion für Nürnberg neben der für Ansichtskarten vom Bratwurst-Glöcklein spürbar wird. Er gilt ganz besonders unserer Restauratorin Wiebke Böschemeyer, bei der alles zusammlief und dann Form gewann.

Und das letzte, nicht geringste Dankeschön geht an Herrn Niebauer und den Tümmels-Verlag. Ohne sein Engagement und seinen Idealismus wäre nicht einmal ein einziger Katalog finanzier- und machbar gewesen.

Anmerkungen und Zitatennachweise

1 Geplant ist eine weitere Ausstellung zum Thema „Nürnberg – Bilder und Vorstellungen um 1900", die die verschiedenen Sichten und Darstellungen der Nürnberger selbst von ihrer Stadt, aber auch die Sichtweisen von außen aufgreifen soll. Die Ausstellung soll sich nicht auf Ansichtskarten beschränken, sondern auch um anderes Material wie Plakate, Werbemarken, Sammelbilder etc. aus der Bilderflut der Jahrhundertwende ergänzt werden.

2 Siehe dazu die Kataloge „Grüße aus Nürnberg – Nürnberg in Ansichtskarten um 1900" Bd. 1 „Auf dem Weg zur Großstadt", Nürnberg 1992, und Bd. 2 „Ereignisse, Feste, Freizeit", Nürnberg 1993.

3 Vgl. dazu Helmut Beer, Zwischen Prosperität und Vergangenheitsmythos, S. 20 ff, in „Grüße aus Nürnberg" Bd. 2.

4 Der Nürnberg Graphiker Heinz Glaser hat seit vier Jahren eine Sammlung ausschließlich von Ansichtskarten mit dem Thema „Bratwurstglöcklein" angelegt. Sie umfaßt nach dieser relativ kurzen Zeit bereits 443 verschiedene Karten. Das zeigt die große Variationszahl und -breite für ein einziges, geschätztes Motiv im Fremdenverkehrsbereich.

5 Vgl. dazu Walter, Karin: Postkarte und Fotografie, S. 193 ff. Die hochinteressante neue Dissertation aus Würzburg untersucht erstmalig unter medien- und fotografiegeschichtlichen Fragestellungen das Thema Ansichtskarten und bietet eine Fülle von neuen Informationen und Überlegungen.

6 Der Lichtdruck, von dem Franzosen Poitevin bereits 1855 entwickelt, von dem deutschen Fotografen Josef Albert entscheidend verbessert, war das erste Flachdruckverfahren bei dem fotografische Vorlagen unter Wiedergabe der Halbtöne vervielfältigt werden konnten. Das ist möglich durch die Belichtung einer angetrockneten Chromgelatineschicht auf einer Glasplatte, wobei je nach Lichtwirkung die Gelatineschicht stärker oder schwächer erhärtet. Ausgewaschen wirken die schwach belichteten Stellen fettabstoßend, während die stärker belichteten Stellen das Fett der Druckfarbe annehmen und so ein Bild in starker Annäherung an die Fotovorlage gedruckt werden kann. 1898 sollen im Deutschen Reich bereits 300–400 Millionen Lichtdruckkarten gefertigt worden sein (Karin Walter, S. 83). Heute ist der Lichtdruck praktisch vergessen.

7 Walter: Postkarte und Fotografie, S. 72 ff. Das „Gesetz betr. des Urheberrechts an Werken der bildenden Künste und der Photographie" schützte erstmals Fotos vor dem unentgeltlichen Nachdruck auch auf Ansichtskarten.

8 Walter: Postkarte und Fotografie, S. 203 f.

9 Ebd. S. 205.

10 Vgl. dazu die Beispiele in Grüße aus Nürnberg, Bd. 2, S. 53 ff.

11 Die Beliebtheit der Karten vom Hochwasser 1909 wurde auch in der zweiten Ausstellung deutlich: In dieser Abteilung verweilten die Besucher in der Regel am längsten. Hochwasserkarten aus dem gleichen Jahr oder Jahrzehnt gibt es auch aus vielen anderen Orten, wo sie überall in besonders hohen Auflagen Absatz fanden.

12 Siehe Grüße aus Nürnberg, Bd. 2, Abb. 4, 42, 43, 51.

13 Griebens Reisebücher, Bd. 62: Führer durch Nürnberg und Umgebungen. Berlin 1900, S. 17 f.

14 Ebd., S. 19.

15 Besonders deutlich wurde die Hervorhebung des modernen großstädtischen Angebots auch in den Werbeüberlegungen des Fremdenverkehrsvereins, vgl. dazu Beer: Zwischen Prosperität und Vergangenheitsmythos, S. 26 f.

16 Grote, Ludwig: Die romantische Entdeckung Nürnbergs, München 1967, S. 28.

17 Ebd.

18 Ebd.

19 Atterbom, Per Daniel, Reisebilder aus dem romantischen Deutschland, Berlin 1867, zitiert bei Brix, Michael, Nürnberg und Lübeck im 19. Jahrhundert. München 1981, S. 24.

20 Friedrich Brückmann, Studien und Bilder aus Süddeutschem Land und Volk, Leipzig 1862, S. 30. Norbert Götz zitiert diesen Autor in seiner Untersuchung „Um Neugotik und Nürnberger Stil", S. 118; ausführlich als Vertreter einer sich verstärkenden „vaterländischen" Reiseliteratur.

21 Ebd.

22 Grüße aus Nürnberg, Bd. 1, Abb. 1, 4, 5, 7.

23 Ebd. Abb. 9.

24 Statistisches Jahrbuch der Stadt Nürnberg, 1. Jg. für 1909, Nürnberg 1910, S. 49, Tab. 82.

25 Statistisches Jahrbuch der Stadt Nürnberg, 5. Jg. für 1913, Nürnberg 1914, S. 85, Tab. 150–152.

26 Ebd. S. 86, Tab. 153.

27 v. Wurmb, Dietrich: Die städtebauliche Entwicklung von 1806–1914, Nürnberg 1969, S. 57 u. Abb. 24.

28 Zitiert bei Brix, Nürnberg und Lübeck, S. 117.

29 Zitiert bei Brix, Nürnberg und Lübeck, S. 118.

30 Fränkischer Kurier, Nr. 71, 12. 3. 1870, zitiert bei Götz, Neugotik und Nürnberger Stil, S. 132.

31 Atterbom, Reisebilder, zitiert bei Götz, Neugotik, S. 5.

32 Mulzer, Erich: Die Nürnberger Altstadt. Das architektonische Gesicht eines Großstadtkerns. Nürnberg 1976, S. 6.

33 Karl Alexander Heideloff, geb. 1789 in Stuttgart, gest. 1865 in Haßfurt, war von 1818–1865 in Nürnberg tätig. Professor an der Polytechnischen Schule, blieb sein Status innerhalb der Stadt im Zusammenhang mit seinen Plänen zu einem gotischen Gesamtstadtbild zu kommen, auf die Restaurationsmaßnahmen in den Kirchen und nur einzelne Baumaßnahmen sehr eingeschränkt.

34 Bernhard Solger, geb. 1812, wurde 1838 zum städtischen Baurat berufen. Zu seinen wichtigsten realisierten Bauten gehörten die Königliche Bank, die Maxbrücke, das alte Krankenhaus vor dem Frauentor und der Justizbau in der Augustinerstraße. 1872 Ruhestand, 1889 gestorben.

35 Brix, Nürnberg und Lübeck, S. 157.

36 Ebd., S. 160.

37 Ree, Paul Johannes: Nürnberg, Leipzig 1907, S. 215.

38 Brix, Nürnberg und Lübeck, S. 139.

39 Stärker zum Tragen kamen Formen eines „Nürnberger Stils" im Wohnhausbau der Vorstädte. Ein besonderes Charakteristikum der glatten, in der Regel in Sandstein ausgeführten Außenfassaden sind die eingezogenen plastischen Fensterrahmungen. In den Bauformen für den Mietwohnungsbau ist tatsächlich eine Annäherung an den historischen Bürgerhausstil in den größeren Dimensionen der Jahrhundertwende erreicht worden.

40 Graphisch-Statistischer Atlas der Stadt Nürnberg, Nürnberg 1913, Abschnitt IV: Die statistischen Bezirke und ihre Bevölkerungsdichtigkeit 1910.

41 Ebd., Der abgedruckte Plan ist dem Atlas unter dem gleichen Abschnitt entnommen.

42 Fränkischer Kurier, 24.9.1906, S. 6.

43 Die Angaben beruhen auf einer Auszählung der Registernennungen für die jeweiligen Sammlungen. Die Burg wurde auch gezählt bei Total- und Panoramaansichten, in denen sie als wichtiges Element des Stadtbilds erscheint. Die Motivhäufigkeiten in beiden Sammlungen unterscheiden sich nur geringfügig.

44 Ferdinand Schmidt, geb. 1840 in Nürnberg, seit etwa 1860 als Fotograf tätig, hat bis zu seinem Tode 1909 in rund 2200 bekannten Aufnahmen die reichhaltigste und interessanteste fotografische Dokumentation Nürnbergs in der 2. Hälfte des 19. Jhdts. hinterlassen. Vgl. dazu auch das schöne Buch hg. v. Centrum Industriekultur, Nürnberg 1865–1909. Photographien von Ferdinand Schmidt, München 1987. Das Stadtarchiv, das den umfangreichen, stark von Schädigung bedrohten Nachlaß Schmidts verwahrt, wird in den nächsten Jahren eine größere Ausstellung mit Originalfotografien des Künstlers durchführen.

45 Vgl. Rosner, Maximilian: Über das Sammeln von Ansichtskarten um 1900 und heute, in: Grüße aus Nürnberg, Bd. 2, S. 218 sowie Schmidt, Claus-Torsten: Geschichte des Welt-, Kauf- und Tauschverbandes für Ansichtspostkartensammler KOSMOPOLIT, Düsseldorf 1983.

46 Der für Nürnberg in den dreißiger Jahren deutlich zu beobachtende Anstieg neuer Motive in größeren Auflagen, wie das Auftauchen neuer Verlage wird auch bei Karin Walter bestätigt durch die Auswertung der Plattenbücher des Tübinger Verlages Metz. Danach lagen die Auflagen der Karten in den Jahren 1930–1939 fast ebenso hoch wie in den Jahren 1900–1914; vgl. Walter, Postkarte und Fotografie, S. 150 ff.

47 Vgl. Grüße aus Nürnberg, Bd. 2, Abb. 202–204.

48 Vgl. dazu Herz, Rudolf: Hoffmann und Hitler, München 1994, S. 150 ff. Der Nürnberger Fotograf Harren schoß nahezu identische Fotos und vermarktete sie in Ansichtskarten. Zum bei Herz angeführten Streit zwischen verschiedenen Fotografen („Die Jagd nach dem ersten Hitlerbild") waren auch diese Aufnahmen hinzuzurechnen. Auch bei späteren Fotografiergelegenheiten bei den Reichsparteitagen besaß Harren offenbar eine privilegierte Stellung.

49 Zelnhefer, Siegfried: Die Reichsparteitage der NSDAP, Nürnberg 1991, S. 6.

50 Tatsächlich verdankte Nürnberg die „Ehre", 1927 und 1929 als Austragungsort der Nazi-Aufmärsche gewählt worden zu sein, einer unter den Großstädten im Deutschen Reich einmaligen Kooperation des staatlichen Polizeipräsidenten Gareis mit der NS-Bewegung. Daß der historische Hintergrund der Stadt der Meistersinger gleichzeitig durch die von der Stadt eingeräumten baulichen Möglichkeiten auf dem Gelände um den Luitpoldhain und Dutzendteich ergänzt wurde, legt auch Zelnhefer dar: Die Reichsparteitage, S. 60 ff.

51 Zu dem auf hohem Preisniveau laufenden besonderen Spezialsammelgebiet NS-Ansichtskarten, die einschlägigen Auktionshäuser verzeichnen teilweise fantastische Preise für Reichsparteitagskarten, gibt es seit kurzem einen, die gigantischen Organisationsleistungen und Aufmarschzahlen staunend bewundernden Katalog aus England: John Rawlings und Michael Passmore, Die Postgeschichte der Nürnberger Reichsparteitage, Weinheim 1993. Der deutsche Übersetzer und Herausgeber (?) Günter Deckert, gerichtsbekannt durch seine neonazistischen Aktivitäten, jammert in seinem Vorwort über die Schwierigkeiten im „unbefangenen Umgang" mit dem Thema, insbesondere, was das Zeigen der Nazi-Symbole angeht. Der englische Text liefert die technischen Daten und Sammlerinformationen in akribisch-wertfreier Auflistung mit viel Bildmaterial, das zur Identifizierung der Propagandakarten und der Herausgeber gebraucht werden kann.

52 Rawlings, Postgeschichte, S. 68 f.

53 Ebd., S. 115.

54 In den Sammlungen des Archivs befinden sich sämtliche in der Sammlerliteratur angeführten Kartentypen. Der weit überwiegende Teil, insbesondere die Karten von den Massenlagern und vom RPT-Gelände sind ungebraucht.

55 Zelnhefer, Reichsparteitage, S. 170.

56 Vgl. ebd., S. 110, Anm. 72.

57 Es handelt sich um Karten des Hoffmann-Verlages nach Entwürfen von Hans Friedmann. Der Bogen ist wie andere in diesen Monaten erstmals im Handel aufgetauchte Exemplare auf der Rückseite anderweitig überdruckt.

58 Zitiert in: Müller-Rytlewski, Marlene: Alltagsmühsal und Parteitagsherrlichkeit. Aus Erlebnisberichten der „Alten Garde", in: Faszination und Gewalt, Nürnberg 1991, S. 115. (Erlebnisbericht E. Kranz, Bundesarchiv NS 26-533.)

59 Zahlen nach Schramm, Georg Wolfgang: Der zivile Luftschutz in Nürnberg 1933–1945. Nürnberg, S. 493.

60 Mulzer, Erich: Die Zerstörung der Nürnberger Altstadt im Luftkrieg, in: Nürnberger Altstadtberichte, Nr. 4, 1979, S. 49 u. Anm. 14.

61 Schramm, Wolfgang Georg: Bomben auf Nürnberg. Luftangriffe 1940–1945. München 1988, S. 146 ff.

62 Abgedruckt ebd. S. 163.

63 Der Fotograf der Gauleitung Harren war auch bei den mit krimineller Gewalt durchgeführten und in Nürnberg besonders korrupten sog. „Arisierungen" des Eigentums jüdischer Bürger beteiligt. So beschaffte er sich einen Daimler-Benz mit einem Listenpreis von 9800 RM für 100 RM. Vgl. dazu Wollenberg, Jörg: Enteignung des „raffenden" Kapitals durch das „schaffende

Kapital", in: „Niemand war dabei und keiner hat's gewußt" (hg. v. Jörg Wollenberg), München 1989, S. 177; und Schneider, Wolf-Kristian: Der Arisierungsskandal in Nürnberg und Fürth (Diplomarbeit, masch.) Nürnberg 1969, S. 98.

64 In einem Bericht der „Nürnberger Nachrichten" vom 3. 7. 1992 wird das Bedauern des Sohnes des damaligen Verlagsinhabers Paul Janke wiedergegeben, daß er die Karten von den Reichsparteitagen aufgrund bestehender Gesetze heute leider nicht nachdrucken kann, ein netter Hinweis zum Thema „Ansichtskarten und Kommerz".

65 Lincke, Julius: Entstehung und Schicksale des großen Holzmodells der Nürnberger Altstadt. In: Nürnberger Altstadtberichte, Nr. 10, 1985, S. 66.

66 Mulzer, Erich: Der Wiederaufbau der Altstadt von Nürnberg 1945–1970, Erlangen 1972, S. 73. Nach Mulzer ist seine Auszählung noch um ca. 12 % zu erhöhen, da in der Karte selbst heute noch existierende historische Häuser fehlen.

Literatur (Auswahl)

Beer, Helmut: Aufbruch zur Großstadt und Arbeiterhochburg. Zur Entwicklung Nürnbergs 1850–1900, in: In die neue Zeit. Nürnberg 1850–1900. Ausstellungskatalog des Stadtarchivs Nr. 6. Nürnberg 1991.

Ders.: Bildpostkarten und Stadtgeschichte, in: Grüße aus Nürnberg, Bd. 1. Auf dem Weg zur Großstadt. Ausstellungskatalog des Stadtarchivs Nürnberg Nr. 7. Nürnberg 1992.

Ders.: Zwischen Prosperität und Vergangenheitsmythos, in: Grüße aus Nürnberg, Bd. 2. Ereignisse, Feste, Freizeit. Ausstellungskatalog des Stadtarchivs Nürnberg Nr. 8. Nürnberg 1993.

Brix, Michael: Nürnberg und Lübeck im 19. Jahrhundert. Denkmalpflege. Stadtbildpflege Stadtumbau. Studien zur Kunst des 19. Jahrhunderts. Bd. 44. München 1981.

Centrum Industriekultur (Hg.): Nürnberg 1865–1909. Photographien von Ferdinand Schmidt. München 1987.

Dehio, Georg: Handbuch der Deutschen Kunstdenkmäler. Bayern I, Franken. München-Berlin 1979.

Eichhorn, Ernst: Das historische Nürnberg, in: 3 x Nürnberg. Eine Bilderfolge aus unserem Jahrhundert. Nürnberg 1988.

Fehring, Günther; Ress, Anton: Bayerische Kunstdenkmale – Kurzinventar: Die Stadt Nürnberg. München 1977.

Götz, Norbert: Um Neugotik und Nürnberger Stil. Nürnberger Forschungen Bd. 23, Nürnberg 1981.

Ders.: Historismus, Jugendstil und Nürnberger Stadtbild, in: Peter Behrens und Nürnberg. Ausstellungskatalog des Germanischen Nationalmuseums. München 1980.

Grote, Ludwig: Die romantische Entdeckung Nürnbergs. Bibliothek des Germanischen Nationalmuseums. Bd. 28. München 1967.

Gruber, Friedrich: Die Nürnberger Straßennamen. Nürnberg 1989.

Häußler, Helmut: Brunnen, Denkmale und Freiplastiken in Nürnberg. Nürnberg 1977.

Herz, Rudolf: Hoffmann und Hitler. Fotografie als Medium des Führer-Mythos. Ausstellungskatalog des Fotomuseums im Münchner Stadtmuseum. München 1994.

Hofmann, Hans Hubert: Die Nürnberger Stadtmauer. Nürnberg 1967.

Käs, Rudolf; Dollhopf, Gerd: Stadtwandel. Nürnberg in Photographien von einst und Neuaufnahmen heute. München 1990.

Lincke, Julius: Entstehung und Schicksale des großen Holzmodells der Nürnberger Altstadt, in: Nürnberger Altstadtberichte, Nr. 10. Nürnberg 1985.

Mulzer, Erich: Der Wiederaufbau der Altstadt von Nürnberg 1945–1970. Erlanger Geographische Arbeiten. Heft 31. Erlangen 1972.

Ders.: Nürnberg. Hundert Bilder und hundertmal Geschichte. Nürnberg 1970.

Ders.: Die Nürnberger Altstadt. Das architektonische Gesicht eines historischen Großstadtkerns. Nürnberg 1976.

Ders.: Die Zerstörung der Nürnberger Altstadt im Luftkrieg, in: Nürnberger Altstadtberichte, Nr. 4. Nürnberg 1979.

Nürnberg, Festschrift zur 65. Versammlung deutscher Naturforscher und Ärzte. Nürnberg 1892.

Rawlings, John; Passmore, Michael: Die Postgeschichte der Nürnberger Reichsparteitage. Weinheim a.d.B. 1993.

Müller-Rytlewski, Marlene: Alltagsmühsal und Parteitagskerrlichkeit. Aus Erlebnisberichten der „Alten Garde“, in: Faszination und Gewalt. Zur politischen Ästhetik des Nationalsozialismus. Nürnberg 1992.

Ree, Paul Johannes: Nürnberg, in der Reihe: Berühmte Kunststätten, Bd. 5. Leipzig 1907.

Rusam, Hermann: Die nördliche Nürnberger Altstadt: Beispiel einer heimatkundlichen Exkursion. Didaktischer Brief 101 des Pädagogischen Instituts Nürnberg, Nürnberg 1989.

Schramm, Georg Wolfgang: Der zivile Luftschutz in Nürnberg 1933–1945. Nürnberger Werkstücke zur Stadt- und Landesgeschichte, Bd. 35. Nürnberg 1983.

Ders.: Bomben auf Nürnberg. Luftangriffe 1940–1945. München 1988.

v. Schuh, Georg: Die Stadt Nürnberg im Jubiläumsjahre 1906. Nürnberg 1906.

Schwemmer, Wilhelm: Nürnberg. Historische Entwicklung einer deutschen Stadt in Bildern. Nürnberg 1971.

Ders.: Nürnberg in alten Ansichtskarten. Zaltbommel 1976.

Stadtarchiv Nürnberg (Hg.): Der Luftkrieg in Nürnberg. Quellen des Stadtarchivs zum 2. Januar 1945. Quellen zur Geschichte und Kultur der Stadt Nürnberg. Nürnberg 1985.

Walter, Karin: Postkarte und Fotografie. Studien zur Massenbild-Produktion, (Diss. masch.). Würzburg 1994.

v. Wurmb, Dietrich: Die städtebauliche Entwicklung Nürnbergs von 1806–1914, (Diss. masch.). Nürnberg 1969.

Zellnhefer, Siegfried: Die Reichsparteitage der NSDAP. Geschichte, Struktur und Bedeutung der größten Propagandafeste im nationalsozialistischen Feierjahr. Nürnberger Werkstücke zur Stadt- und Landesgeschichte, Bd. 46. Nürnberg 1991.

Abbildungen:

Sammlung Rainer Gantikow, Nürnberg:
Abb. 1, 30, 38, 48, 53-56, 59, 60, 74, 80, 88, 100, 125, 150, 212, 223, 242, 333, 338, 341, 345, 352, 353

Sammlung Heinz Glaser, Nürnberg:
Karten der Collage auf S. 2 (ohne Abbildungsnr.)

Sammlung Maximilian Rosner, Nürnberg:
Abb. 5, 235.

Alle weiteren Abbildungen:
Stadtarchiv Nürnberg, A 5 und A 34.

Abbildungstexte: Helmut Beer.